新道家与当代中国新哲学
——以老庄为核心的阐释

陆建华／著

图书在版编目(CIP)数据

新道家与当代中国新哲学：以老庄为核心的阐释/陆建华著.
—合肥：安徽大学出版社，2016.3
(博学文库)
ISBN 978-7-5664-1053-5

Ⅰ.①新… Ⅱ.①陆… Ⅲ.①道家-哲学思想-研究-中国-现代
Ⅳ.①B223.05②B26

中国版本图书馆 CIP 数据核字(2016)第 010241 号

新道家与当代中国新哲学
—— 以老庄为核心的阐释

陆建华 著

出版发行：	北京师范大学出版集团
	安 徽 大 学 出 版 社
	(安徽省合肥市肥西路 3 号 邮编 230039)
	www.bnupg.com.cn
	www.ahupress.com.cn
印　　刷：	合肥远东印务有限责任公司
经　　销：	全国新华书店
开　　本：	152mm×228mm
印　　张：	16.75
字　　数：	203 千字
版　　次：	2016 年 3 月第 1 版
印　　次：	2016 年 3 月第 1 次印刷
定　　价：	33.00 元

ISBN 978-7-5664-1053-5

策划编辑：马晓波	装帧设计：李　军　金伶智
责任编辑：程中业　马晓波	美术编辑：李　军
责任校对：程中业	责任印制：陈　如

版权所有　　侵权必究

反盗版、侵权举报电话：0551—65106311
外埠邮购电话：0551—65107716
本书如有印装质量问题，请与印制管理部联系调换。
印制管理部电话：0551—65106311

目 录

关于建构新道家的沉思(代序) ……………………………… 001

第一辑　道家与当代 ……………………………………… 001

　道家与当代中国新哲学的建构 ……………………………… 003
　道家与当代政治 ……………………………………………… 014
　道家与当代人生(第一稿) …………………………………… 030
　道家与当代人生(第二稿) …………………………………… 042
　道家与当代环境 ……………………………………………… 060

第二辑　老子的思想世界 ………………………………… 073

　《老子》引文中的思想世界——兼及老子的思想世界 … 075
　老子的自然世界 ……………………………………………… 086
　老子的宗教世界 ……………………………………………… 096
　自然与宗教的双重存在——对老子之天的考察 ………… 101
　道之别名——读《老》札记 ………………………………… 113
　何谓"无为"、谁之"无为"——老子"无为"略论 ………… 118
　君王四类与治道四种——以《老子》十七章、三十八
　章为中心 ……………………………………………………… 122

圣人与士：老子的理想人格 …………………… 127
　　老子仁学略论 …………………………………… 131

第三辑　庄子的思想世界 ……………………………… 135
　　庄子视界中的儒家 ……………………………… 137
　　《逍遥游》之逍遥 ………………………………… 148
　　逍遥论——庄子心灵窥探 ……………………… 156

第四辑　当代中国新哲学的建构 ……………………… 205
　　建构当代中国新哲学的实践维度 ……………… 207
　　当代中国新哲学的建构——对中西马融合会通的
　　反思 ……………………………………………… 216
　　关于马克思主义中国化问题的沉思——从马克思主
　　义与中国固有思想文化相结合的角度看 ……… 230
　　困境与出路：对马克思主义哲学中国化研究的反思 …… 240

后　记 …………………………………………………… 249

关于建构新道家的沉思(代序)

作为对新文化运动反思的产物,作为儒家发展的新形式,现代新儒家应运而生。梁漱溟先生的《东西文化及其哲学》的出版,标志着现代新儒家登台亮相,正式登上现代学术的舞台。其后,冯友兰先生、张君劢先生、熊十力先生等接踵而至,创造了第一代新儒家的辉煌。屈指算来,现代新儒家的建立已有近百年的历史,而且,在其近百年的发展中,虽有曲折,但是,一直绵延不绝,香火不断。目前,牟宗三师门的牟门弟子活跃于台湾,杜维明先生、成中英先生活跃于西方世界,且俨然成为儒家文化在西方世界的代言人;在中国大陆,张立文先生的和合学、黄玉顺先生的生活儒学、蒋庆先生的政治儒学,代表大陆新儒学的最新形式[①]。而新道家呢,近三十年虽不断有学者呼吁,不

---

① 据笔者所知,很少有学者将张立文先生和黄玉顺先生列为大陆新儒家,其因可能是两位先生本人没有公开声明自己是新儒家。两位先生之所以没有声明自己是新儒家,可能是因为一些以大陆新儒家自居而又无多少学术创造的学者过于政治化,让两位先生有所顾虑。张先生的和合学主要是汲取中国传统哲学中的儒学资源加以创造性解读而成,黄玉顺先生的生活儒学则是传统儒学与西方哲学相撞击的产物,是可以算作大陆新儒家的。细究起来,大陆新儒家应分为意识形态的新儒家和学术形态的新儒家,意识形态的新儒家热衷于从政治层面阐释儒家,学术形态的新儒家潜心于从学术层面阐释儒家。张立文先生、黄玉顺先生无疑是学术形态的新儒家的代表人物。本文对新儒家的批评不涉及学术形态的新儒家。

断有学者尝试着建构①,但至今却仅有尝试性的论著②。在此意义上,新道家的建立已经晚于现代新儒家近百年,新道家的建立迫在眉睫,同时,新道家的建立也是历史留给我们的机遇。基于此,本文主要讨论建构新道家的意义或者说必要性,建构新道家的路径或者说方法,建构出的新道家的大致框架或者说应包括哪些主要的内容。

一

历史上,道家与儒家几乎同时产生,儒家的创始人孔子还曾问学于道家的开创者老子。儒道两家从来都是彼此竞争,又相互融合,并且在竞争和融合中各自发展、取长补短。如果没有儒家,如果道家不吸纳儒学的营养,道家就不可能出现战国黄老学、秦汉新道家、魏晋玄学等新的形态;如果没有道家,如果儒家拒绝道家的滋养,儒家就不可能出现战国末期的荀子学派、汉代以董仲舒为代表的宗教式儒学、宋明理学等新的形态。现代新儒家的产生,也或多或少得益于传统道家的滋养。现代新儒家的发展有停滞不前的趋势,有其难以解决的困境,有的新儒家学者为此甚至提出后新儒学的建构,试图以此克服现代新儒家的困境,超越新儒学。不过,所谓后新儒学本质上也是新儒学,只是新儒家的新的形态。现代新儒家的停滞与困境,主要的、深层的原因应该在于现代新儒家自身,乃是新儒家作茧自缚,自己束缚了自己。但是,没有现代意义上的新道家与其抗衡,使其失去危机意识、竞争意识以及外在动力、外在压力;没有现代意义上的新道家为其提供滋养,使其失去重要的理论营养特别是本土化的理论营养;没有现代意义上的新道家

---

① 董光璧先生、许抗生先生、胡孚琛先生、宫哲兵先生和孔令宏先生等都曾撰文提出建构新道家的构想。
② 陆建华:《建立新道家之尝试——从老子出发》,合肥:安徽大学出版社,2011年。

作为其参照,使其失去进一步发展的方向,从而"晕头转向",也是非常重要的原因。

历史上,在面临外来文化冲击时,道家的心态较为开放,不但可以宽容外来文化,容纳外来文化,而且,会主动利用外来文化以提高、发展自己。相应地,外来文化也常常主动与道家相亲近,并通过道家的接引得以在中国生根发芽。佛教从印度传入中国,即是依靠道家的接纳,才得以在中国大地开花结果,实现中国化。儒家的心态则较为保守,惧怕外来文化对其构成威胁,更惧怕外来文化取代其在中国文化中的固有地位,其对外来文化常常是持批评和排斥态度。在思想文化的交流、碰撞极为频繁,甚至极为平常的今天,单纯回避或粗暴拒绝外来文化已不再可能。新儒家虽然注意吸纳西方思想、文化,并以此标榜自己的包容、开放、先进,但是,其吸纳西方思想文化的一个重要目的就是为了从哲学、文化层面更好地排斥西方思想与文化,儒家至上、夷夏之防、华夷之辨幽灵般始终伴随新儒家的发展。无论是传统儒家,还是新儒家,对外来文化的拒斥,都不利于中华民族精神的发展。为了抵御新儒家的文化保守心态,真正客观公正地对待外来文化,以平等、开放的心态与外来文化交流、交融,以从容、自信的心态与外来文化竞高争长,从而在世界思想文化的舞台上既充分展示中国文化固有的独特魅力和强大无比的生命力,又能广泛汲取外来文化的精华为我所用,建立新道家,以新道家宽广的胸怀拥抱世界,以新道家的智慧积极主动地接受外来文化,吸收外来文化的优长之处,是应该的,也是必要的。

道家与儒家是中国传统文化、传统哲学最重要的组成部分,共同构成中国传统文化、传统哲学的主干,在给予中华民族以无穷无尽的精神滋养的同时,还自然地成为中华民族的精神支柱、精神家园。有的学者通过儒道比较,通过详细考察道家在中国传统文化、传统哲学中的地位,甚至认为只有道家才是中国传统文化和哲学的主干①。虽然这种观点不免有些偏激，但由此也可以看出道家在中国传统文化和哲学中的重要地位。试想，如果没有道家，中国传统哲学将不仅仅是另一番模样，而且将是残缺的。相应地，在新的时代、新的历史时期，如果仅仅有新儒家，而没有新道家，中国当代哲学将同样是残缺的。由于新道家迟迟未能建立，中国现代哲学中从传统哲学发展而来的新哲学，只有新儒家，不见新道家的踪影，中国现代哲学已经残缺。在当代，建构与新儒家相对应的新道家，并且尽量避免新儒家所具有的缺陷，克服新儒家所面临的理论困境，让新道家迅速成长壮大，尽快赶上甚至超过新儒家的学术水准，使中国当代哲学不再残缺，使中国当代哲学多一种发展样式，更是迫切。

　　发展、创新是任何一门学问的生命力所在。没有发展、创新的学问必将失去生命力，走向衰亡，成为"古董"，中国哲学也不例外。中国哲学的发展、创新主要表现在已有的哲学的不断发展以及新的哲学思想、哲学学派的不断诞生。儒家、道家从产生以来一直随着时代的变化发展而不断前行，构成了中国传统哲学在历史的长河中发展创新的具体形式。佛教传入中国，在完成本土化之后开枝散叶，薪火相续，构成了中国传统哲学发展创新的新的形式。立足于中国传统哲学以建构新哲学，从而适应新的时代，解决新的时代课题，是中国哲学发展、创新的重要形式之一，新儒家的建构即是如此，新道家的建构也是如此。通过建构新道家可以为中国哲学提供新的形态、样式，也可以让中国哲学在新的历史和社会条件下得以发展、更新，保持长久的生命力。可以说，建构新道家乃是中国哲学进入当代的内在需要。

---

① 周玉燕、吴德勤：《试论道家思想在中国传统文化中的主干地位》，载《哲学研究》，1986年第9期；陈鼓应：《论道家在中国哲学史上的主干地位》，载《哲学研究》，1990年第1期。

二

任何哲学的建构，都有其方法。哲学的诞生，是哲学从无到有，其方法，要么是借鉴、吸收、利用宗教、神话等的思想资源创建出哲学，要么是不借助于任何思想资源而独创发明出哲学。在哲学诞生之后，哲学的发展，都是从有到有，都无法离开已有哲学的影响。建构新哲学的方法，从哲学资源的选择的层面，大而言之，不外乎两种。要么是仅仅利用一家一派的哲学资源加以创造性诠释，建构出新哲学；要么是以一家一派的哲学为根基，广泛吸取其他哲学资源，建构出新哲学。所谓其他哲学资源，包括本土的哲学资源以及外来的哲学资源。我们当下所讨论的建构当代中国新哲学的方法，比如"综合创新"的方法、中西马融合的方法等等，没有实质的区别，本质上都属后一种方法。至于"综合创新"，是以哪一种哲学资源为主，例如，是以中哲为主还是以马哲为主；中西马融合，是否就一定要以马哲为主，以中哲和西哲为辅；"综合创新"与中西马融合之间的同和异、分歧和争论，又是另一回事。具体到新道家哲学的建构，从哲学资源的选择的层面来看，也就两种方法。一种是不仅以道家哲学为本，而且仅仅利用道家哲学资源，建构新道家；一种是以道家哲学为根基，广泛汲取其他哲学资源，建构新道家。这里所说的其他哲学资源应包括中国本土的哲学资源，比如儒家哲学、新儒家哲学、佛教哲学等的资源，还应包括外来的哲学资源，比如西方哲学的资源。

哲学的发展、新哲学的建构还受非哲学因素的影响，各种政治的、文化的、宗教的、科学的、技术的因素都影响着甚或左右着哲学的发展、新哲学的建构。不仅仅所谓政治哲学、文化哲学等等，既是从哲学层面解读政治、文化的产物，同时也是哲学与政治、哲学与文化相结合的产物，在某种意义上被政治、文化塑造着，通常的、一般意义上的哲学的发展、建构也是如此，受非哲学因素所影响。宋明理学虽然批评佛教、道教,然而受佛教、道教影响显著,许多宋明儒者都出入佛老;现代新儒家除受西方哲学影响外,受西方文化的影响也很明显。从非哲学资源的利用的层面来看,建构新哲学的方法,总体而言,也不外乎两种,一种是利用非哲学资源以建构新哲学,一种是不利用任何非哲学资源以建构新哲学。具体到新道家哲学的建构,从非哲学资源的层面来看,也就两种方法:一种是不仅利用哲学资源,特别是道家哲学资源,而且还利用宗教、文化、政治、科技等非哲学资源,以建构新道家;一种是只利用哲学资源,特别是道家哲学资源,而不利用任何非哲学资源,以建构新道家。

学术界讨论建构新哲学的方法,多局限于讨论哲学资源的利用,而对非哲学资源,罕有论及。还有,学术界讨论哲学资源的利用,多是倡导吸收古今中外一切哲学的精华。我以为局限于这么讨论,非常不够,也不正确。首先,哲学资源的利用,并非越多越好,利用很多的哲学资源所建构出来的新哲学未必就比利用较少的哲学资源所建构出来的哲学高明。其次,新哲学的建构依靠的是建构者个人的努力,虽然可以有很多人建构新哲学,但是,新哲学却不是集体简单合作的产物,也就是说,新哲学本质上是个体劳动的产物,而每一个个体的生命、精力是有限的,不可能阅尽古今中外一切哲学,就算有能力阅尽古今中外一切哲学,也因个人喜好等原因,未必就愿意呢。所以,建构新哲学,需要利用哲学资源,但是,需要多少哲学资源,需要哪些哲学资源,应该取决于新哲学的建构者,不可简单求多求全。有的学者提倡利用古今中外优秀的哲学资源,看起来很有理,其实,也经不起推敲。一方面,有些优秀的哲学资源是相对的,另一方面,利用优秀的哲学资源未必能建构出高水准的新哲学。哲学史上很多大哲学家建构新哲学,利用的恰是并不优秀的哲学资源。当然,并不优秀的哲学资源因为被大哲学家所利用,因为能生发出新的伟大的哲学,在后人看来也就变得优秀了。还有,有的优秀的哲学资源因为太优秀,几近完美,反而会制约建构新哲学者的信心、思绪。关键是,选择什么样的哲学资源作为生长点,能够生长出新哲学。如此说来,所选择的哲学资源本身是否优秀并不重要。对于建构新道家而言,利用什么样的哲学资源、利用多少哲学资源,应取决于每一个新道家建构者的需要和选择,切不可贪多求全,切不可忽视不优秀的哲学资源。

如何利用哲学资源以建构新哲学,一般论者多是以"批判继承"论述之。这非常笼统,也比较片面。准确地说,"批判继承"只是一种利用哲学资源的方法,而不是全部。对所选择的哲学的继承,通过继承这些哲学资源以建构新哲学,不一定就要"批判继承"。孔子以"述而不作"的方式建构儒家哲学,就是对夏商周礼乐文化的直接继承,而没有加以批判;庄子建构自己的哲学就是对老子哲学的直接继承,而没有加以批判。在孔子的心中,夏商周礼乐文化的代表性人物周公乃是圣人;在庄子的心中,老子乃是"博大真人"①。所以,利用所选择的哲学资源建构新哲学,切不可拘限于所谓"批判继承"。除"批判继承"之外,对所选择的哲学资源直接继承而不加以批判也是一种重要的方法。还有,对所选择的哲学资源加以批判,通过对所选择的哲学资源的批判以建构新哲学,也是一种重要方法。对于建构新道家而言,利用哲学资源以建构新道家,就有"批判继承"所选择的哲学资源以建构新道家、直接继承所选择的哲学资源以建构新道家、批判所选择的哲学资源以建构新道家这三种利用哲学资源的方法。

表面而言,批判继承的方法,就是从所选择的哲学资源中区分出精华与糟粕,批判所选择的哲学资源的糟粕,继承其精华;直接继承的方法,就是视所选择的哲学资源为精华、为没有

---

① 《庄子·天下》。

糟粕的存在,而整体地或者说全部地继承之;批判的方法,就是视所选择的哲学资源为糟粕、为总体上没有多少精华的存在,而予以几乎全盘否定、全面批判。事实上,并非如此简单。批判的,肯定是糟粕;继承的,不一定就是精华。糟粕,通过创造性解读,也可以发展为新哲学的组成部分。化腐朽为神奇,也是哲学创造的真功夫。就建构新道家来说,善于区分所选择的哲学资源的精华和糟粕,能够让所选择的哲学资源的精华为我所用,是值得赞赏的,但是,能够发现所选择的哲学资源的糟粕的价值,敢于从所选择的哲学资源的糟粕中创发新道家,也应值得肯定、赞扬。

三

道家哲学的体系是完备的。道家完备的哲学体系乃是众多道家代表性人物努力的结果。新道家哲学的建构,在体系上不可能一蹴而就。不仅新道家哲学体系的具体内容,就是新道家哲学体系的框架,都需要不止一代的新道家建构者的不懈努力、长期探索。就新道家哲学建构的实践来说,大体上应围绕道家的道、自然、逍遥、无为、社会理想和自然意识等来建构并赋予其新的哲学与时代意义,在此基础上,新道家还要拓展出传统道家乃至现有任何哲学所没有的新的哲学空间、哲学视域。

溯本求源,万法归一。哲学追问的最后,即是最高范畴的诞生。同时,人类能力的有限性,也使得人类需要高于自身的支撑。这个支撑在哲学上就是最高范畴。所以,哲学的最高范畴既有本原性,又有主宰性。哲学的最高范畴具有主宰性,并不意味所谓神秘性、宗教性。道家之所以有其哲学正是因为其有最高的哲学范畴,这个范畴名为"道"。在我看来,道家之所以是道家,道家之所以以道名家,关键在于其以道为最高范畴、以道为核心,其"哲学建构实质上即是道的建构"①,并以道区别于诸子百家。相应的,新道家的建构很有可能离不开道,围绕道而建立。当然,新道家之道应具有不同于道家之道的新的内涵,而且这新的内涵既应有哲学意义上的新意,也应有科学意义上的新意,要经得起哲学和科学双重意义的拷问。道家之道所回答的仅是天地万物所从生与何所归的问题、天地万物的秩序问题,新道家之道所回答的应是茫茫宇宙何从生与何处归的问题、茫茫宇宙的秩序问题。如果新道家离开道而另觅最高范畴,这新的最高范畴也应具有道家之道所本来具有的本质属性,有着道家之道所本来拥有的一切。道家之道还是万物之主宰,而道家之道主宰万物又是以无为的方式来进行的。这表明,道家之道的主宰性是表面的,道家赋予道以主宰性纯粹是为了精神的需求。新道家应该窥破道家之道之于万物既主宰又无为的真正秘密,淡化道(或别的新的最高范畴)的主宰性,突出道(或别的新的最高范畴)的无为属性,并设法把道(或别的新的最高范畴)的无为属性阐释为自然属性。

道家的自然有两种意思,一种是指包括人类在内的万物的自然本性,一种是指与人类相对的自然界。无论哪种意义上的自然,道家都是崇尚的。在道家看来,自然本来就是理想的,任何人为,不管其主观目的何在,都是对自然的破坏,因此,道家反对人为。新道家对自然的内涵要作明晰的界定,要严格区分两种意义上的自然的不同含义。新道家对万物的自然本性本身要做详细的分析,要划分出万物的自然本性的不同层面、不同的价值指向,然后,据此反思万物的自然本性,讨论对万物的自然本性的崇尚与批判、因顺与节制。新道家的自然界与道家的自然界是有重大区别的,道家的自然界主要指地球上与人类相对的存在、人类在地球上的生存环境,新道家的自然界除包

---

① 陆建华:《〈老子〉:哲学视域下的老子自传》,载《江淮论坛》,2011年第3期,第66页。

括道家自然界的含义之外，还包括人类存在的太空环境、宇宙环境。道家对自然界的崇尚，是惊讶于自然界的神奇伟大、感叹于自然界的完美无缺、习惯于自然界的变化莫测所致；道家反对破坏自然界，可同时又缺乏明确系统的保护自然界的意识。新道家对待自然界既要尊重，又要改造，而改造自然界，既要为了人类，也要为了自然界自身。这里所言的自然界是指地球上的自然环境。人类对于太空环境、宇宙环境知之甚少、影响更微，新道家对待太空环境、宇宙环境，主要是哲思、探索、认知，同时也要提出保护性设想，以应对人类未来对太空的开发利用。

逍遥是道家的人生理想、人生修持的最高境界，是精神层面的人生自由，或者说是精神层面的人生自慰。逍遥，执着于内圣的一面，不屑于外王的追求。无为是道家政治人物的为政理想，从为政的过程与效用来看，是为政天下的理想方式；从为政者的理想追求来看，也是为政者为政天下的理想境界。无为兼具内圣与外王两面，但是，侧重于外王的一面。新道家在阐释逍遥的精神性的同时，还应将逍遥落实到现实层面，使其同样具有现实性，化作生命的存在方式、生活式样，从而生发出其外王的一面。至于无为，可以将其扩展为所有人都能够具有的人生追求、实践指南，从而将无为从政治层面扩展到生活、道德、心灵等层面，显现出其内圣的一面。在庄子那里，无为有内在化的趋势，逍遥和无为有时意思相仿，可以互用。这提醒我们在建构新道家之时，也可以将逍遥和无为融合成一个新范畴，以代表新道家的人生境界、人生理想和政治诉求，以对应、超越新儒家所提出的新的内圣外王，同时，还可以因此而避免关于逍遥与无为的同异、逍遥与无为的关系的纠缠。此新范畴可以是直接合并"逍遥"和"无为"而称为"逍遥无为"，也可以是一个全新的名称。

道家认为人类社会的初始状态就是其理想状态，片片村落散落在自然之中,宁静安详,纯朴真实。这在老子的"小国寡民"、庄子的"至德之世"的表述中表述得最为清晰明白。这是基于对人的自然属性的肯定、对自然界的本然状态的迷恋以及对人与自然关系的赞美。在道家看来,人本来就是完美的、幸福的,自然界本来就是美好的、至善的,人与自然本来就是和谐一体、共生共在的。在新道家那里,重视和保护人的自然属性,敬重和善待自然界的本然状态,珍视和爱护人与自然原初的和谐关系,在尊重人的自然属性的前提下塑造人的社会属性,在尊重自然的平等的生存权利的前提下适度地人化自然,在尊重人与自然天然和谐的前提下调节人与自然的关系,都是应有之意。这样,在新道家那里,人类的发展不是对人类初始状态的简单否定,而是以人类的初始状态作为发展的理想化标尺;人类的发展既是对人类初始状态的超越、远离,又是对人类初始状态的更高层次的致敬、回归。与此相应,"至德之世"可以被重塑为人类的精神家园、心灵的栖息之处,可以成为人类重回自然、归向自然的永恒梦想。

  道家不同于儒家最显明的一点在于儒家的意识是人类意识,儒家对待任何问题都是从人类出发,强调人异于万物、人之于万物的优越性,即便珍爱万物、爱护自然,也是为了人类自己;道家的意识则是自然意识,道家看待任何问题都是从自然出发,主张人同于万物、人与万物平等,人甚至仅是自然的一个弱小的组成部分而淹没于无边的自然之中,即便人类生存发展,也被看作是自然的。儒家的人类意识容易导致实质上的人类中心主义,导致对地球生态的破坏,道家的自然意识则有利于真正意义上保护自然、保护人类自己,有利于维护地球的原生状态。由此可知,儒家的人类意识,只有人类自身,人类以外的存在统统被视作人类的生存环境而已,所谓保护环境也仅是为了保护自己,儒家的心中没有"自然",因此,儒家没有从地球出发、为地球的生存发展着想的地球意识;道家总是从作为自然和人类的总体的地球出发、为人类也为地球的生存发展着想,道家认为如果没有自然、没有地球的美好生存就一定没有人类的美好生存、美好未来,因此,道家的自然意识实质上即是地球意识。在人类离开自然越来越远、自然的人化以及被破坏程度越来越严重的今天,新道家的建构要继承道家的地球意识而加以创造性阐释。此外,随着人类科技的进步,人类的太空探险、太空研究的水平也越来越高,新道家除有地球意识之外,还要有太空意识、宇宙意识,不仅要保护人类生存的地球之家,还要保护人类生存的太空之家、宇宙之家,因为地球存身于宇宙之中,太空的变化、宇宙的变动影响着地球。虽然人类探测太空的水平还不是很高,但是人类探测太空所导致的太空污染已经明显;虽然人类还没有能力确知宇宙变化对地球的影响、改变究竟是怎样的,但是保护太空环境至少可以减少宇宙变化对地球的不利影响。这样,太空意识、宇宙意识应该是新道家所着力勾画的,也是其有别于传统道家、传统的中国哲学的最明显的创新之处。那么,何为太空意识、宇宙意识?太空意识、宇宙意识应该是从太空、宇宙的维度看待人类、看待地球、看待人类的生存环境、看待地球的生存环境、看待太空和宇宙,将人类的命运、地球的未来同太空和宇宙的变化发展相联系的意识。

由上可知,建构新道家,是新儒家进一步发展的需要,是从容应对外来文化进入中国、中外文化交流融通的需要,是中国哲学当代发展的需要,也是中国哲学保持旺盛的生命力的需要。建构新道家,从资源的选择上看,可以利用中外哲学资源与非哲学资源;从哲学资源的选择上看,可以利用一种哲学资源,也可以利用多种哲学资源;利用哲学资源,可以采用直接继承的方法、批判继承的方法、批判的方法等三种方法。建构新道家,不仅要对道家之道、自然、逍遥、无为等作创造性解读,赋予其新的内涵、新的意蕴,而且还要有传统道家所没有的内容、不曾涉及的领域,例如太空意识、宇宙意识。

第一辑 道家与当代

道家与当代中国新哲学的建构

任何民族都有属于自己民族的独特的哲学,中华民族应该有属于自己民族的独特的哲学;任何时代都有属于自己时代的哲学,当代中国应该有属于自己时代的哲学。中华民族所拥有的自己民族的哲学是中国哲学,当代中国所拥有的自己时代的哲学是当代中国新哲学。当代中国新哲学是中华民族当代智慧的结晶,当代中国新哲学的建构总体而言包括马克思主义哲学的中国化、中国传统哲学的现代转化,甚至还包括西方哲学的中国化,其中,中国传统哲学的现代转化主要包括儒家哲学的现代转化和道家哲学的现代转化。无论是马克思主义哲学的中国化,还是中国传统哲学的现代转化,乃至西方哲学的中国化,都离不开道家哲学,都需要道家哲学提供给养。可以说,如果没有道家哲学的积极参与,如果不积极汲取道家哲学的精华,当代中国新哲学的建构将是有遗憾的,建构出的当代中国新哲学将是残缺的。这表明,道家对于当代中国新哲学的建构有其不可替代或者说不可或缺的价值。

一

马克思主义哲学中国化乃是马克思主义哲学的中国特色

化、马克思主义哲学的中国本土化。马克思主义哲学的中国化是通过马克思主义与中国革命和建设实践相结合、马克思主义与中国固有的思想文化相结合来实现的。从马克思主义传入中国,登上中国的政治和思想舞台开始,中国第一代马克思主义哲学家陈独秀、李大钊、毛泽东等人在介绍马克思主义的同时,也进行了初步的中国马克思主义哲学的建构,并且,他们在建构中国的马克思主义哲学、实现马克思主义哲学中国化之时,都在不同程度上自觉地将马克思主义哲学同中国固有的思想文化相结合。其后,以邓小平、江泽民等为代表的中国第二代、第三代马克思主义哲学家在建构中国的马克思主义哲学、实现马克思主义哲学中国化之时,无不自觉地将马克思主义哲学同中国固有的思想文化相结合。

中国固有的思想文化包括中国传统的思想文化和中国近现代思想文化。中国传统的思想文化主要是中国"土生土长"的思想文化,包括道家、儒家、墨家、法家等的思想文化,还包括本土化、中国化的佛教思想、佛教文化。中国近现代思想文化大多或多或少地吸收了西方文化、外来文化,其中,尤以中国现代的思想文化最为明显。目前,学术界讨论的马克思主义哲学中国化、建构中国化的马克思主义哲学、马克思主义哲学同中国固有的思想文化相结合,集中在马克思主义哲学同中国传统思想文化的结合。姑且不谈这种把马克思主义哲学同中国固有的思想文化相结合限制于马克思主义哲学同中国传统思想文化相结合是否趋于狭隘,无论是马克思主义哲学同中国固有的思想文化相结合,还是马克思主义哲学同中国传统的思想文化相结合,都说明马克思主义哲学中国化离不开道家,马克思主义哲学同中国固有的思想文化相结合也离不开道家。

因为道家是中国传统思想文化不可或缺的、重要的组成部分,道家与儒家共同构成了中国传统思想文化的主体,如果没有道家,中国传统思想文化将不仅是残缺不全的,而且会丧失其原貌、丧失其最基本的特征。道家和儒家共同塑造着中国传统思想文化的形态和特质,共同确立中国传统思想文化的发展脉络,共同规划中国传统思想文化的走向。在中国传统思想中,只有道家和儒家一直生生不息、绵延不绝,始终伴随着中华民族的成长与发展,感受着中华民族的苦难与荣耀,凝聚着中华民族的精神与追求,引领着中华民族从苦难走向新生、从弱小走向强大、从衰落走向复兴。

另外,从马克思主义哲学中国化的实践来看,利用道家哲学,汲取道家哲学的精华,通过对道家哲学的马克思主义的解读,将马克思主义哲学与道家哲学相结合,以建构中国化的马克思主义哲学,中国第一代马克思主义哲学家就有过这样的尝试,并取得了初步成功。例如,李大钊在"青春哲学"中,不止一次引用老子的"一生二,二生三,三生万物"①,故意忽略老子的"道生一"②,从而将老子的宇宙本原论解读为具有马克思主义哲学特色的宇宙进化论、发展观以及人类文明的进化、发展模式③,即是如此。李大钊对道家哲学的吸纳,成为中国马克思主义哲学家建构中国化马克思主义哲学时利用道家资源的典范。当代的中国马克思主义哲学家建构马克思主义哲学,在当代的思想和文化境遇下实现马克思主义哲学的中国化,就更没有理由忽视道家,更没有理由不利用道家哲学的精华。

马克思主义哲学同中国固有的思想文化相结合以实现马克思主义哲学的中国化、建构中国化的马克思主义哲学,主要有三种路径:一种是将马克思主义哲学同中国传统的思想文化、中国近现代思想文化相结合,一种是将马克思主义哲学同

---

① 《老子·四十二章》。
② 《老子·四十二章》。
③ 许全兴、陈战难、宋一秀:《中国现代哲学史》,北京:北京大学出版社,1992年,第43~44页。

中国传统的思想文化相结合,一种是将马克思主义哲学同中国近现代思想文化相结合。将马克思主义哲学同中国传统的思想文化相结合又主要有三种具体的路径:一种是将马克思主义哲学同儒家哲学、儒家文化相结合,一种是将马克思主义哲学同道家哲学、道家文化相结合,一种是将马克思主义哲学同儒家和道家等的哲学、文化相结合。在这些路径中,马克思主义哲学同中国传统的思想文化、中国近现代思想文化相结合,同中国传统的思想文化相结合,同道家哲学、道家文化相结合,同儒家和道家等的哲学、文化相结合,都离不开道家的给养、道家的支持。

需要指出的是,相当一批学者在讨论马克思主义哲学中国化、建构中国化的马克思主义哲学时,忽视中国近现代思想文化,以为实现马克思主义哲学中国化、建构中国化的马克思主义哲学就是立足马克思主义哲学,将马克思主义哲学同中国传统哲学相结合。这是排斥中国近现代思想文化,同时又将中国固有的思想文化局限于中国古代的、传统的思想文化。更为严重的是,这批学者将中国传统的思想文化又限定于儒家文化,进一步以为实现马克思主义哲学中国化、建构中国化的马克思主义哲学就是立足于马克思主义哲学,将马克思主义哲学同儒家哲学、儒家文化相结合。在此思维影响下,少数学者竟然提出要以儒家哲学解读、解构马克思主义哲学,试图将马克思主义哲学儒家化,也即"儒化"马克思主义哲学。这不仅在学术上是错误的,而且在政治上也是错误的。基于马克思主义哲学中国化、建构中国化马克思主义哲学时所出现的上述错误情形,更要重视道家在马克思主义哲学中国化、建构中国化马克思主义哲学中的地位,提倡道家在马克思主义哲学中国化、建构中国化马克思主义哲学中的作用。

二

通过中国传统哲学的现代转化来建构当代中国新哲学,从目前来看,主要有通过儒家哲学的现代转化以建构当代新儒家,通过道家哲学的现代转化以建构当代新道家这两种路径。儒家的发展表明,无论是传统儒家的发生发展,还是现代新儒家的发生发展,都离不开道家的滋养;通过儒家的现代转化以建构当代新儒家,当然也离不开道家的滋养。

　　道家是中国最早的哲学学派,道家从创立起便绵延不绝,伴随着中华民族的成长,同时对其他哲学学派也产生了深远影响。儒家的创立者孔子就曾问学于道家的创立者老子,孔子思想中就有道家的因素,儒家的发展从总体上讲都是立足于儒家、吸纳道家等的产物。先秦最后一位大儒荀子,其对道家的包容与吸收在先秦儒家中最为明显,其天人相分、虚壹而静等思想有着深刻的道家印记。汉代诸儒董仲舒、扬雄等,更是从多方面吸纳道家,建构其思想。至于唐代的柳宗元、刘禹锡,其天论也有道家的自然理念;韩愈等所谓"醇儒"批评道家、排斥道家,其建构的思想体系反而不被宋明诸儒所认可。宋明理学家,从周敦颐、朱熹到王阳明,几乎个个出入佛老,利用道家建构宋明时期的"新儒学"。可以说,历史上,越是有创见的儒家人物,越是真正的"醇儒",其思想越有儒家以外的思想因素,越是注意汲取道家等思想资源,"为我所用";越是自我标榜为所谓"醇儒"的儒家人物,越是狭隘地对待各种思想资源的儒家人物,其思想越发缺少创见,陈腐不堪,虽自鸣得意,却被包括儒家在内的后世学者所嘲笑与唾弃。

　　现代新儒家是对新文化运动反思的产物,是对新文化运动批评传统文化特别是儒家文化的反拨,是对儒家文化的继承与弘扬,是对中华民族民族命脉的维系。梁漱溟先生的《东西文化及其哲学》的出版,标志着现代新儒家正式登台亮相,登上现代学术的舞台。现代新儒家对道家思想的利用不逊于传统儒家,从第一代新儒家代表人物之一冯友兰先生到当今新儒家中最具影响的人物牟宗三先生等,其建构新儒学体系,都是立足儒家,吸纳道家,融汇中西而成。就冯友兰先生的新理学系统来说,"从方法的应用、概论的设定到最高精神境界的描述,这个系统都深受道家哲学的影响"①;就牟宗三先生的新儒学体系来说,汲取了康德哲学等西方哲学的养分,也汲取了道家、天台宗等的思想,其《才性与玄理》《现象与物自体》《中国哲学十九讲》《圆善论》等著作,对道家有精彩的诠释。至于现代新儒家的另一著名人物方东美先生,由于其思想体系中的道家成分过于浓厚,有学者甚至判定其为新道家人物②。由此可知,道家始终是现代新儒家赖以建构新体系、赖以创造新思想的重要的思想资源。

目前,大陆学者中,有从哲学承传的层面研究儒学、从精神皈依的层面信奉儒学,还有从哲学建构的层面建构新的儒学体系。张立文先生的"和合学"、蒋庆先生的"政治儒学"、黄玉顺先生的"生活儒学"等先后建立,标志着大陆的当代新儒学的形成。但是,大陆的当代新儒学相对于由梁漱溟等人所开创、1949年以后在海外依然发展的现代新儒学来说,有其明显的优势,也有其明显的局限。这明显的优势是多数大陆的当代新儒家学者自觉利用马克思主义哲学建构新儒学体系,虽然有个别大陆的当代新儒家学者排斥马克思主义哲学,而明显的局限就是忽视对道家资源的挖掘利用,在道家资源的利用方面远不及现代新儒家。对道家资源的"集体遗忘"和"集体放弃",其结果便是建构新儒学体系时所利用的哲学资源尤其是本土哲学资源不够丰富;建构出的新儒学体系,在立场上相对保守,缺乏应有的开放力度,在思想上相对稚嫩,尚未"圆满"。

大陆学者通过儒家哲学的现代转化以建构当代新儒家,遭遇困境,一个主要的原因便是忽略道家、排拒道家,那么,克服

---

① 张永义:《道家思想对冯友兰"新理学"的影响》,载《中国哲学史》,1999年第4期,第92页。
② 胡军:《方东美哲学思想的道家精神》,载《中国哲学史》,2000年第1期。

困难、走出困境的一个重要方法就是积极利用道家资源,通过道家弥补儒家和当代新儒家之不足,化解当代新儒家之困境;在新儒学体系中给道家留有位置——不仅包括在建构当代新儒学时融合道家思想、道家精神,甚至还包括将道家的某些思想因素直接纳入当代新儒学体系之中,使之成为当代新儒学的重要的组成部分。

三

相比于儒家哲学在新文化运动中遭受批判,还能迅速从传统走向现代,以现代新儒家的面貌昂首出现于现代社会、现代学术舞台,道家因其对中国传统政治的影响相对较小,造成其在新文化运动中免遭批判,但是,也造成其没有能够迅速从传统走向现代,产生出与现代新儒家相对应、相匹配的现代新道家。相比于通过儒家哲学的现代转化以建构当代新儒家的"红红火火",通过道家哲学的现代转化以建构当代新道家,起步甚晚,虽不时有学者呼唤当代新道家,但是,直至今日,当代新道家的建构还处于尝试阶段①。基于此,通过道家哲学的现代转化以建构当代新道家就尤为迫切,也尤为艰难。

通过道家哲学的现代转化以建构当代新道家,更是离不开道家。如果没有儒家哲学、西方哲学、马克思主义哲学等的"加入",当代新道家依然能够建构出来,虽然建构出来的当代新道家未必能反映时代精神,未必有着很强的时代性以及理论创新性,但是,如果没有道家的"出场",如果没有道家的孕育,当代新道家是绝对不可能建构出来的,这是因为道家是建构当代新道家的最主要的源头活水,道家是当代新道家的立足点,道家为建构当代新道家提供最基本的立场和价值指向,当代新道家不管有多么的"新",依然是道家的范畴。试想,以道家为旨归

---

① 陆建华:《建立新道家之尝试——从老子出发》,合肥:安徽大学出版社,2011年。

的当代新道家,其自身没有道家根基,甚至也没有道家因素,这是不符合逻辑的,也是不具有可能性的。在此意义上,道家之于当代新道家的建构,是其他任何中外思想所无法取代的;道家之于当代新道家的建构,其地位与价值是独特的;道家之于当代新道家是"母",而当代新道家之于道家则是"子"。

建构当代新道家,其方法或者说路径大体有二:一种是从道家出发,不依托于其他任何别的哲学,直接开出当代新道家,这种方法、路径强调建构当代新道家的哲学资源的纯粹性、单一性;一种是立足于道家,兼收并蓄其他各种思想、文化,特别是儒家哲学、马克思主义哲学和西方哲学,通过融合儒道、融汇中西以建构当代新道家,这种方法、路径强调建构当代新道家的哲学资源的包容性、多面性。由此可以看出,无论采用上述两种方法、路径中的哪一种建构当代新道家,都需要将道家作为最主要的思想资源,都需要将道家作为"生长点"和成长"指南"。

目前,当代新道家的建构虽然处于尝试阶段,尚难以判断这一阶段的当代新道家的水准,但是,从当代新道家的成果来看,几乎无一例外地都是以先秦道家尤其是老庄哲学为出发点,以建构当代新道家,相应地,对汉代黄老学、魏晋玄学等重视不够。此外,对儒家哲学、马克思主义哲学和西方哲学等的利用也不够。就其优点来说,建构者试图保持建构当代新道家的哲学资源的纯洁性;就其弱点来说,建构者建构当代新道家的素养还显薄弱。如果所有的建构当代新道家的学者都仅仅从道家出发,不利用别的任何哲学派别的资源,以建构当代新道家,这是不应该的,也是狭隘的,甚至是危险的。它直接影响当代新道家哲学的框架结构和基本特色,也直接影响当代新家的后继者进一步前进的方向。此外,还要警醒的是,呼唤建构当代新道家的学者不是很多,真正从事当代新道家哲学建构的学者更少,在此情形下,当代新道家的建构不仅需要"呼唤",更需要"实践"。

四

西方哲学的中国化,也应是建构当代中国新哲学的应有之义。所谓西方哲学的中国化乃是指西方哲学的中国特色化、西方哲学的中国本土化,而不是指以中国固有的思想文化来比附、解读西方哲学,造成对西方哲学的有意无意的、各种各样的"误读",就像佛教刚传入中国,被中国学者通过"格义"的手段来理解、来"误读"。西方哲学的中国化主要是通过西方哲学与中国固有的思想文化相结合来实现的。

历史上,道家对本土文化和外来文化都持开放的态度、包容的心态,道家与儒家虽有争论,但是,相对宽容,不像儒家那般尖刻,佛教就是通过道家的接引进入中国,并最终实现中国本土化的,而儒家对本土文化和外来文化则持排斥态度、"嫉妒"心理,不仅佛教从传入中国始,一直为儒家所不容、所批评,就是本土文化道家、墨家等也为儒家所不容,孟子对道家和墨家的批评、韩愈对佛老的批评最为典型;思想上,道家更关注自然、宇宙、形上世界,儒家更关注社会、政治、道德伦理,道家对自然、宇宙、形上世界的探讨,与西方哲学更为切近、"默契",儒家对社会、人生、道德伦理的探讨,与西方哲学有些"距离""生疏"。这意味着,西方哲学的中国化更容易从道家那里获得资源、获得帮助、获得必要的思想支持,西方哲学的中国化首先或者更主要的是依赖于道家的接引,与道家融合,在西方哲学的中国化过程中道家的作用要超过儒家的作用。另外,西方著名哲学家海德格尔等人在建构其思想体系时极力从道家哲学中获取哲学智慧、思想营养,海德格尔本人"想通过熟悉老庄的思想,从一个新的角度来打量西方哲学传统,并为现代技术造成的人类困境寻求解脱之路","他本人的思想发展受到过道家的影响,或起码与之产生过内在的共鸣"①,这也给我们利用道家哲学实践西方哲学中国化提供了启示、方法,乃至信心。

西方哲学与中国固有的思想文化相结合以实现西方哲学的中国化、建构中国化的西方哲学,与马克思主义哲学同中国固有的思想文化相结合以实现马克思主义哲学的中国化、建构中国化的马克思主义哲学一样,主要也有三种路径:一种是将西方哲学同中国传统的思想文化、中国近现代思想文化相结合,一种是将西方哲学同中国传统的思想文化相结合,一种是将西方哲学同中国近现代思想文化相结合。将西方哲学同中国传统的思想文化相结合又主要有三种具体的路径:一种是将西方哲学同儒家哲学、儒家文化相结合,一种是将西方哲学同道家哲学、道家文化相结合,一种是将西方哲学同儒家和道家等的哲学、文化相结合。在这些路径中,西方哲学同中国传统的思想文化、中国近现代思想文化相结合,同中国传统的思想文化相结合,同道家哲学、道家文化相结合,都离不开道家的给养。

当前,国内的西方哲学研究,追求"原汁原味"地介绍、解读西方哲学,希望借此把握西方哲学之"真意",这对于清理西方哲学研究中的错误,对于认知纯正的西方哲学,对于实现西方哲学的中国化,都是必要的、有益的。有的西方哲学研究者试图在准确理解西方哲学的基础上,将西方哲学中的某些哲学派别的思想直接"移植"到国内,使其成为中国当代哲学的组成部分或者说当代中国哲学之一员,这种做法一方面使得西方哲学丧失其本来的西方之"根",另一方面又使得西方哲学在中国国内没有本土化之"根",从而最终使得"移植"过来的西方哲学成为无"根"的存在,尚未开花结果即飘零凋落。多数西方哲学的研究者,满足于对西方哲学的深层领悟,以西方哲学的研究者、

---

① 张祥龙:《海德格尔与中国哲学:事实、评估和可能》,载《哲学研究》,2009年第8期,第66页。

传播者自居,对西方哲学的中国化没有觉悟,甚至没有这方面的"想法",相反,反而是时时刻刻担心西方哲学在中国被误解、被歪曲。这种状况,令人担忧,必须引起重视。这种状况也说明,相比于马克思主义哲学的中国化、中国传统哲学的现代转化,西方哲学的中国化尚未真正起步,西方哲学的中国化将有更漫长、更艰辛的路要走。

西方的解释学"作为一门理解和解释的学问,具有很漫长的历史",但是,"作为一种西方哲学流派,却是20世纪中叶以后的事,这是随着海德格尔的本体论转向而出现的,伽达默尔是其集大成者"①。近十多年来,中国哲学研究领域有学者提出创建中国的解释学②,表面上看似乎是欲将作为哲学流派的西方解释学中国化,属于西方哲学的中国化,事实上则并非如此,只是借用西方解释学的思想来梳理中国传统的经典解释成果,使中国传统的经典解释实现现代转化。这是中国传统哲学现代转化的一种具体的尝试,因此,刚有学者呼唤建立中国的解释学,就有学者写出中国解释学方面的论著,好像中国古已有之。这不免让西方哲学中国化的提倡者空欢喜一场,也说明西方哲学中国化是学术界的一种期盼。

总之,当代中国新哲学的建构离不开道家的积极参与,无论是马克思主义哲学的中国化,还是中国传统哲学的现代转化、西方哲学的中国化,都需要主动吸收和利用道家思想、道家资源,其中,道家哲学的现代转化——新道家的建构,更是如此。

---

① 洪汉鼎:《诠释学——它的历史和当代发展》,北京:人民出版社,2001年,第8页。
② 汤一介:《能否创建中国的解释学?》,《学人》第13辑,南京:江苏文艺出版社,1998年;《再论创建中国解释学问题》,载《中国社会科学》,2000年第1期。

道家与当代政治

政治涉及为政之道、为政方法、为政目标、国际关系以及为政者的素质等问题。先秦诸家儒、墨、道、法等都对政治问题提出自己的看法，都希望以自己的政治主张来治理国家。相对于儒家自汉代以来一直为封建统治者所利用，儒家的政治思想在很大程度上得以在传统中国"大显身手"，展示其实践价值，道家是落寞的，仅仅在汉初被统治者作为休养生息的手段而利用，在其后的传统中国一直再没有机会展示其实践价值。当代中国的政治实践、政治改革需要从古代的政治思想中汲取精华，儒家的政治思想因此又屡屡被提起，而道家的政治思想及其当代价值却似乎被人遗忘。其实，道家与儒家一样是中国传统文化最主要的组成部分，是中国传统文化的精华，道家的政治思想、政治主张在当代中国依然有其应有的价值。基于此，讨论道家的政治思想及其现代价值，既是必要的，也是必需的。

由于道家关于为政者素质的论述与儒家、墨家等没有多大差别，大体上都是要求为政者要有崇高的修养，做到谦下、无私、公正等，且道家关于为政者谦下、无私、公正等的论述分散于其关于为政之道、为政方法、为政目标、国际关系等方面的论述中，本文讨论道家的政治思想及其现代价值，主要围绕道家的为政之道、为政方法、为政目标以及道家关于国际关系的表述等方面来进行。

一

道家以道命名,道是其哲学的核心和最高范畴。在道家看来,道是宇宙万物的本原,宇宙万物均由道而生。例如,老子曰:"道生一,一生二,二生三,三生万物"①;庄子曰:"(道)生天生地"②,"道者,万物之所由也"③;《黄帝四经》的作者云:"天地阴阳,[四]时日月,星辰云气,蚑行蛲动,戴根之徒,皆取生,道弗为益少;皆反焉,道弗为益多"④;稷下道家云:"凡道无根无茎,无叶无荣,万物以生,万物以成,命之曰道"⑤;《淮南子》云:"道者,一立而万物生矣"⑥;王弼曰:"天下之物,皆以有为生。有之所始,以无为本"⑦。这些,无非是说,道是本原性的存在,道具有本原和创生的功能,道生宇宙万物有其复杂过程,由道而生出的宇宙万物包括天地阴阳、日月星辰、山川大地、草木禽兽等。

基于道的本原性,道决定宇宙万物之"生",道家进而认为道不仅决定宇宙万物之"生",而且还决定宇宙万物之生存状态、生存式样。这样,道在具有本原性的同时,又被赋予主宰性。关于道的主宰性,道之于宇宙万物的绝对作用,道家有诸多论述。例如,老子云:"(道)似万物之宗"⑧,"道常无为而无不

---

① 《老子·四十二章》。
② 《庄子·大宗师》。
③ 《庄子·渔父》。
④ 《黄帝四经·道原》。
⑤ 《管子·内业》。
⑥ 《淮南子·原道训》。
⑦ 《老子注·四十章注》。
⑧ 《老子·四章》。

为"①,"道生之,德畜之,长之育之,亭之毒之,养之覆之"②;庄子云:"为事逆之(之指道——引者注)则败,顺之则成"③;《吕氏春秋》云:"万物以为宗"④。这些,都是说,道是宇宙万物的主宰、是宇宙万物之主,道无所不为,主宰宇宙万物之生长、发育、成熟等所有环节、所有阶段,简言之,道主宰宇宙万物从生到死的整个生长过程,宇宙万物顺应道才得以生长发展。

由道的本原性、主宰性,道家确立了道之于宇宙万物(包括人和社会)的至上权威以及道之于宇宙万物的主宰与服从关系。宇宙万物服从道,以道为唯一或者说最高的依据、准则。老子云:"执古之道以御今之有"⑤,"人法地,地法天,天法道,道法自然"⑥;庄子云:"庶物失之者死,得之者生"⑦;《黄帝四经》云:"万物得之以生,百事得之以成"⑧;稷下道家云:"万物以生,万物以成,命之曰道"⑨;《淮南子》云:"山以之高,渊以之深,兽以之走,鸟以之飞,日月以之明,星历以之行"⑩,都是表述道之于天地万物以及人类的绝对性、强制性。在道家看来,遵从道、效法道,天、地、人以及日月山川、草木禽兽等才能够顺利成长,才能成就自己;违背道、丧失道,宇宙万物将失去自己的本性,将以失败告终,将走向灭亡。

由于道的绝对主宰性以及道之于宇宙万物的规律性,道家视道为理想的为政之道,要求统治者以道为治国之道、以道治

---

① 《老子·三十七章》。
② 《老子·五十一章》。
③ 《庄子·渔父》。
④ 《吕氏春秋·圜道》。
⑤ 《老子·十四章》。
⑥ 《老子·二十五章》。
⑦ 《庄子·渔父》。
⑧ 《黄帝四经·道原》。
⑨ 《管子·内业》。
⑩ 《淮南子·原道训》。

国。老子云:"以道莅天下"①,"以道佐人主"②;《黄帝四经》数处言"执道";鹖冠子云:"天子执一以居中央"③;《淮南子》云:"泰古二皇,得道之柄,立于中央,神与化游,以抚四方"④;王弼云:"人主躬于道"⑤,都是表述道家关于以道治国的政治诉求。在道家看来,只有秉持道,用道来治理国家、处理政事,统治者才可以为政天下,实现其政治抱负,民众才可以安居乐业,国家才可以真正实现长治久安。

基于道的本原性、主宰性以及作为治国之道的唯一性,道家对道充满敬畏。老子云:"万物⑥莫不尊道而贵德。道之尊,德之贵,夫莫之命而常自然"⑦,庄子云:"道之所在,圣人尊之"⑧,王弼曰:"道者,物之所由也;德者,物之所得也。由之乃得,故不得不尊;失之则害,故不得不贵也"⑨,都是表述道之于人的神圣,人之于道的敬畏、崇拜。在道家看来,人敬畏道,这种敬畏既出于道之于万物和人类的本原性、主宰性,又出于人类自然的心理需求;既是道的高贵、伟大与威严使然,也是人类自然天性使然。

道家以道为宇宙万物之本原,意在论证道的主宰性、权威性,落实到政治层面就是意在论证道是理想的治国之道、道作为治国之道是神圣的。道家对治国之道的塑造,值得我们深思。我们今天致力于法治国家的建设,强调依法治国、以法为治国之道,需要像道家赋予道以主宰性、权威性一样,赋予法律以主宰性、权威性;需要像道家赋予道以至上地位一样,在法律

---

① 《老子·六十章》。
② 《老子·三十章》。
③ 《鹖冠子·王铁》。
④ 《淮南子·原道训》。
⑤ 《老子注·三十章注》。
⑥ 此处"万物",包括自然万物和人类。
⑦ 《老子·五十一章》。
⑧ 《庄子·渔父》。
⑨ 《老子注·五十一章注》。

与人为之间确立法律的至上地位。如何赋予法律以主宰性、权威性，从而使法律能够超越于任何团体、个人、权力等之上，成为政治生活中至高无上的准则，可以有多种途径，道家从本原的高度入手论证道的主宰性、权威性、至上性，这种观点提醒我们虽不能简单地效仿道家式的途径，但是，我们可以从人类的起源、从阶级和国家的产生与发展、从法的起源和价值、从人类进步的需要、从"人治"的惨痛教训等多重角度论证法律的崇高地位、法律之于阶级社会的崇高价值，以此证明法律的神圣与权威。

法治是时代的必然选择。维护法律的尊严，依法办事，依法行政，是法治得以真正实施的前提和体现，也是全体公民的共识，但是，"人治"观念、"人治"行为却时有发生，究其因，很大程度上在于人们特别是某些权力部门的管理人员对于法律缺乏敬畏之心，以为法律是由人所制定的，人当然可以凌驾于法律之上。道家对于道的敬畏，尤其是从心灵深处所生发的自然的对于道的敬畏，值得我们思考和借鉴。仅仅迫于法律的权威、法律的强制性而单纯地畏惧法律、害怕惩罚，是远远不够的，至少会使人心存侥幸。只有从思想上重视法律、从内心深处敬畏法律，真切感受法律的神圣不可侵犯，才能确保法律的尊严，才能自觉地遵守法律，才能以法律为政治实践的准则、个体行为的底线。

二

道家以"道"为为政之道，而道的特性是"无为而无不为"[①]。一方面，道对于天地万物"无为"；另一方面，道通过"无为"实现其"无不为"的效果。这是说，道之于天地万物以"无为"为手段、以"无不为"为目的。基于道的"无为"特性，道家在社会政

[①] 《老子·三十七章》。

治领域提出"无为而治"的为政方法,强调为政者因顺无为,不干预为政对象。

关于"无为而治",几乎所有道家人物都有论述,且各有侧重。例如,老子云:"圣人处无为之事,行不言之教"①,"圣人云:我无为而民自化,我好静而民自正,我无事而民自富,我无欲而民自朴"②,"辅万物之自然而不敢为"③;庄子云:"古之畜天下者,无欲而天下足,无为而万物化,渊静而百姓定"④;《黄帝四经》云:"执道者之观于天下也,无执也,无处也,无为也,无私也"⑤;《吕氏春秋》云:"有道之主,因而不为"⑥;《淮南子》云:"天下之事不可为也,因其自然而推之"⑦,"若吾所谓无为者,私志不得入公道,嗜欲不得枉正术,循理而举事……"⑧;王弼云:"万物以自然为性,故可因而不可为也"⑨;今本《列子》⑩云:"不治而不乱,不言而自信,不化而自行,荡荡乎民无能名焉"⑪。

从道家的以上论述来看,道家认为"无为"涉及言、行以及内心的修炼等诸多方面,包括语言层面的不言、不发号施令,行动层面的不为、无事、循理,内心修炼层面的守静、无欲、无私。

---

① 《老子·二章》。
② 《老子·五十七章》。王四达先生将其解读为"正是统治者的'无为'、'好静'、'无事'、'无欲'才产生了老百姓'自化'、'自正'、'自富'、'自朴'的良好效果",认为前者是后者的原因。见王四达:《道家政治思想及其现代意义漫议》,载《华侨大学学报(哲学社会科学版)》,1997年第1期,第80页。我认为后者是前者的原因,似乎更恰合老子之意。
③ 《老子·六十四章》。
④ 《庄子·天地》。
⑤ 《黄帝四经·道法》。
⑥ 《吕氏春秋·知度》。
⑦ 《淮南子·原道训》。
⑧ 《淮南子·修务训》。
⑨ 《老子注·二十九章注》。
⑩ 今本《列子》之真伪,为学界悬案,多数学者认为是伪书,系魏晋时的玄学家所作。请参陆建华等:《道家与中国哲学》之魏晋南北朝卷,北京:人民出版社,2004年,第134~137页。
⑪ 《列子·仲尼》。

道家的"无为"还涉及对待外物的态度,在对待外物方面以"辅""顺""因"为原则,也即辅助万物的发展、因顺万物之自然,不干涉、更不破坏万物的存在状态及发展趋势,任由万物按照其本性而自由生长。道家的"无为"具体到君王对待民众的态度,就是要体贴民情,顺应民意,做到"圣人无常心,以百姓心为心"①,不干涉、更不破坏民众的生存状态和生活方式,任由民众按照自己的方式自由地生活。道家的"无为"所达到的效果,是"百姓定""天下足",而且这种效果是不需要事先设定、不需要人为,自然而然实现的。道家所谓"百姓定""天下足",是指民众在精神上素朴、自然,在物质上富裕、满足,在心理上感受不到统治者的统治,甚或感受不到统治者的存在,天下因此"治"而不"乱",太平、安定。

从道家的以上论述来看,道家的"无为而治"虽然以道之"无为"为理论基础,但是,君王"无为",民众能够自然地"自化""自正""自富""自朴",则是其现实根据——不需要君王之"为",民众就能满足君王的为政要求。正是在此意义上,有学者甚至认为"道家'无为而治'实质上是一种'君无为—民自为(化)'的模式"②。如果民众不能"自化""自正""自富""自朴",不能完全依赖自己实现端正、纯朴、富足的美好的生存状态,就需要君王为之"为"。君王为之"为",就是"有为"。而民众的"自化""自正""自富""自朴",虽是率性而为使然,但是,绝不会是不作为使然。在此意义上,民众之率性而为也是一种"为"。这意味君王"无为"而民众"为"。这是就统治者与被统治者、君与民的关系而言的。在统治者内部、在君与臣之间,道家云:"无为而尊者,天道也;有为而累者,人道也。主者,天道也;臣者,

---

① 《老子·四十九章》。
② 唐少莲:《道家"道治"思想研究》,北京:中国社会科学出版社,2011年,第292页。

人道也"①,"上必无为而用天下,下必有为为天下用"②,"古之王者,其所为少,其所因多。因者,君术也;为者,臣道也"③,认为君王无为,臣下要有为,臣下正是通过有为而被君王所用。这说明,在统治者内部、在君与臣之间,臣下"有为"而为君王服务,乃是君王"无为"的现实根据——不需要君王之"为",臣下就已经为君王"为"。

道家在政治层面提出"无为而治",要求统治者顺应万物之自然、顺应民众之愿望。这种治国理念,不仅有其合理性,而且有其优长之处。为政的目的是国家"治","为"与"无为"只是手段,判断一个政治家、一个政府的优劣以及政策得失的主要标准是为政效果——国家是否富强、人民是否满意,道家的"无为而治"提示我们不要急于表现,不要通过不必要的人为来显示政治家勤于政事、政府为人民着想,因为人民看重政治家、看重政府的作为,更看重其施政效果。每一个政治家、每一届政府的所作所为特别是施政纲领,都有其可取之处,道家的"无为而治"提示我们,为政不是简单地将前任的政策、措施等作重大修改或推倒重来,以显示自己比前任更优秀,而是要虚心接受前任的优点,采纳其可取之处,逐步修正前任的不足、弥补前任的缺憾、实施自己的"新政"。萧何是著名的政治家,"萧规曹随",曹参"无为",按照萧何的成规治国,不也成就了自己吗?任何事物的发展都有其不可抗拒的规律,为政就是要尊重和顺应事物的发展规律,做到趋利避害,而不是不顾事物的发展规律,妄图以己意改变现状。道家的"无为而治"提示我们,要认识事物的发展规律,顺应事物的发展规律,在顺应事物发展规律的前提下才能有所为,不可以离开规律去蛮干,更不可以与事物产生对立情绪而要与事物"一决高下"。任何真正的政治家、真正

---

① 《庄子·在宥》。
② 《庄子·天道》。
③ 《吕氏春秋·任数》。

为民的政府,都以国家的富强、人民的幸福作为为政的目标,但是,如何让人民满意、让人民有幸福感?道家的"无为而治"提示我们,不仅在为政目标上要顺从民意,在为政的过程中、在制定各项方针政策时也要顺从民意。

道家在政治层面提出"无为而治",认为民众可以自己实现自己的理想,自然地满足君王的要求;臣下为君王所用,为君王而"为"。道家这种对君民关系、君臣关系的解读,看到了君民愿望的一致性以及民在君王为政中的价值,看到了臣下的政治作用,这提示我们,治理国家除了要充分尊重民意,还要看到政府与人民的根本利益的一致性,人民对政府的各项政策法规的自觉遵守,人民对政府为政目标的积极落实,要相信人民的道德和智慧,放手让人民发挥自己的聪明才智,通过辛勤劳动去获取应有的收获,去追求自己的幸福,对人民不要多加干涉,更不要在人民面前摆出高高在上的架势,以人民的管理者、主宰者自居;政府各级机构、各级管理者各有自己的职能,上级机构、上级领导要充分发挥下级机构、下级管理人员的工作热情和积极性,让下级机构、下级管理人员尽职尽责,做好自己分内的事,不要事必躬亲,更不要越俎代庖;否则,既扰乱规章制度、扰乱下级的工作,又让自身疲于奔命,导致瞎指挥。

三

道家以道治国,实行无为而治,其为政目标就是要建构其心中的理想社会。道家的为政目标或者说所要建构的理想社会,用老子的话说即是"小国寡民"的社会,用庄子的话说即是"至德之世"。

关于"小国寡民",老子云:"小国寡民。使有什伯之器而不用,使民重死而不远徙;虽有舟舆,无所乘之;虽有甲兵,无所陈之;使人复结绳而用之。甘其食,美其服,安其居,乐其俗。"①关于"至德之世",庄子云:"至德之世,其行填填,其视颠颠。当是时也,山无蹊隧,泽无舟梁;万物群生,连属其乡;禽兽成群,草木遂长。是故禽兽可系羁而游,鸟鹊之巢可攀援而窥。夫至德之世,同与禽兽居,族与万物并。恶乎知君子小人哉!同乎无知,其德不离;同乎无欲,是谓素朴。素朴而民性得矣"②,"至德之世,不尚贤,不使能;上如标枝,民如野鹿。端正而不知以为义,相爱而不知以为仁,实而不知以为忠,当而不知以为信,蠢动而相使不以为赐"③。

除却老子、庄子所描述的为政目标,《淮南子》和今本《列子》也有较为典型的关于为政目标的描述。《淮南子》云:"至德之世,贾便其肆,农乐其业,大夫安其职,而处士修其道。当此之时,风雨不毁折,草木不夭,九鼎重味,珠玉润泽。"④今本《列子》云:"人性婉而从物,不竞不争;柔心而弱骨,不骄不忌;长幼侪居,不君不臣;男女杂游,不媒不聘;缘水而居,不耕不稼;土气温适,不织不衣;百年而死,不夭不病。其民孳阜亡数,有喜乐,亡衰老哀苦。其俗好声,相携而迭谣,终日不辍音,饥惓则饮神瀵,力志和平。过则醉,经旬乃醒。沐浴神瀵,肤色脂泽,香气经旬乃歇。"⑤

从道家的上述描述来看,道家的为政目标就是要建构民风纯朴、人与人平等、人与自然和谐、民众安居乐业、没有战争的理想社会。在这样的社会中,民众朴实自然,柔弱不争,率性而为,彼此友爱,相互帮助,自然而然地符合仁义忠信等道德,或者说,仁义忠信等道德出乎自然本性;人与人之间是完全平等

---

① 《老子·八十章》。
② 《庄子·马蹄》。
③ 《庄子·天地》。
④ 《淮南子·俶真训》。
⑤ 《列子·汤问》。

的,人们在客观上虽有君与臣、长与幼、男与女之别,但是,这只是职业、年龄、性别等方面的不同,这种不同是自然的,没有所谓尊卑、贵贱、高下之分;人与自然之间不仅互不干扰,相互依存,而且还和谐相亲,亲如一家,一方面,人类不破坏自然,保护山川、草木、禽兽等人类的生存环境,使草木、禽兽等得以自由地生长,另一方面,自然为人类的生存与发展提供了理想的生存环境、美好的生命家园;人们无欲无求,安于其职业,尽其所能,在衣食和居住等物质生活方面得到充分的满足,在精神上其乐融融、悠然自得,在身体方面无病无灾、健康长寿;国与国之间没有战争,能够相安无事、和睦相处①。

道家将民风纯朴作为为政目标,这提醒我们,建构美好的社会,实现中华民族的伟大复兴,其中重要的一条就是要提高每一个人的道德素质,从而提高中华民族的整体的道德素质。在道家看来,真正的道德发自内心,体现于人们的日常行为之中,是人的自然需要,是为了自己的心安,不是为了显示自己的高尚或标榜自己的人格魅力;如果道德出于外在的需求,出于某种利益的考量,道德行为扭曲为作秀或沽名钓誉,就意味道德的滑坡、人性的堕落。为此,我们要提高每一个人的道德素质、提高中华民族的整体的道德素质,还要防止道德的功利化、道德的扭曲、道德的异化,防止道德被"利用"。

道家将人与人的平等作为为政目标,这提醒我们,理想社会就是"平等发展的社会,平等是构成自由社会的基础"②,没有

---

① 道家所要建构的理想社会或者说道家的社会理想,学术界多以为是离开社会现实的幻想,陈谷嘉先生则认为"道家的社会理想不但未离开现实,恰恰植根于现实,既表现了理想主义的特征,也表现了强烈的现实针对性,从而构成了现实与理想相结合的社会的显著特色"。见陈谷嘉:《先秦时期道家政治学说略论》,载《中国文化研究》2000年夏之卷,第38页。我以为陈先生的观点更具合理性。
② 梅珍生:《道家政治哲学研究》,北京:中国社会科学出版社,2010年,第154页。

平等就没有公平、正义,就没有人与人的和谐,就没有社会的安定,就没有多数人的幸福。道家为了追求平等,反对从人的出身、职业、年龄、性别等的差别方面论证人的不平等以及人的不平等的根源、人的不平等的先天性。这提醒我们,人的出身、职业、年龄、性别等的差别是客观的,而且多数情况下是难以改变,甚至不可改变的,但是,这些不能成为人为的制造人与人不平等的借口。正视和尊重人与人的差异,公正地对待每一个人,赋予每一个人以平等的权利,这种平等的权利至少包括生存、工作、福利等方面,涵盖政治、经济、生活等层面,这才是我们要努力做到的。

道家将人与自然的和谐作为为政目标,这提醒我们,既要发展经济,提高人们的物质生活水平,又要保护自然,保护人类的生存家园,不能因一己之私、因短期的经济效益而破坏自然,更不能以邻为壑,为追求自己的经济发展、自己的物质利益而破坏别的国家、别的地区的自然环境。当代环境受到严重破坏,其所产生的严重后果已经给人类造成了灾难,如果任其发展下去,其最终后果对人类来说将是毁灭性的,这为人类敲响了警钟。在此情形下,我们更要谨记道家关于人与自然相和谐的观念,与自然和睦相处,维护自然的尊严,同时也是维护人类的尊严。

道家将民众安居乐业作为为政目标,这提醒我们,要把人民的幸福放在首位,要时时刻刻为人民谋福利,使人民在工作、生活、休闲、享乐等诸多方面都得到保障和满足。国家的富强,最终是为了让人民幸福,让人民能够积极愉快地工作、快乐自由地生活;如果人民不能充分享受到国家富强所带来的丰硕成果,人民就不会有幸福感,人民对国家就没有自豪感,那就是为政的失败。另外,道家还将国与国之间没有战争、和平相处作为为政目标。由于道家关于国与国之间没有战争、和平相处的理念及其现代价值,在下一节将有详述,在此不赘。

四

人是关系存在,国家也是关系存在。任何国家都无法独立存在,都不可能不与他国发生联系,即使大国也不例外。在政治上,国与国之间发生联系本质上有两种方式:一种是战争的方式,通过战争解决问题,获得利益;一种是和平的方式,通过和平实现双赢。道家反对战争,反对倚强凌弱。在道家看来,战争是天下无道的表现,战争没有赢家,战争的唯一结果就是民众受苦受难,倚强凌弱实际上也是一种变相的战争。老子曾云:"以道佐人主者,不以兵强天下,其事好还:师之所处,荆棘生焉;大军之后,必有凶年"[1],王弼进而云:"以道佐人主,尚不可以兵强于天下,况人主躬于道者乎","师,凶害之物也。无有所济,必有所伤,贼害人民,残荒田亩,故曰荆棘生焉"[2],都是揭露战争的社会危害性,揭露战争违背以道治国的政治理念。为此,道家崇尚和平,并为国与国之间的和平相处,提出了相处之道。

关于国与国之间的和平相处之道,道家有深刻的论述。老子云:"大国者下流,天下之交,天下之牝。牝常以静胜牡,以静为下。故大国以下小国,则取小国;小国以下大国,则取大国。故或下以取,或下而取。大国不过欲兼畜人,小国不过欲入事人。夫两者各得其所欲,大者宜为下"[3],王弼解之云:"江海居大而处下,则百川流之;大国居大而处下,则天下流之,故曰大国者下流也","小国修下,自全而已;不能令天下归之;大国修下,则天下归之,故曰各得其所欲,则大者宜为下也"[4];《黄帝四

---

[1] 《老子·三十章》。
[2] 《老子注·三十章注》。
[3] 《老子·六十一章》。
[4] 《老子注·六十一章注》。

经》云:"以强下弱,何国不克"①;《吕氏春秋》云:"天下大乱,无有安国;一国尽乱,无有安家;一家皆乱,无有安身","小之定也必恃大,大之安也必恃小。小大贵贱,交相为恃,然后皆得其乐"②。

从道家的上述论述可以看出,道家认为国与国之间和平相处的关键在于国与国之间,尤其是大国与小国之间的彼此谦下。原因是:大国谦下,居于谦卑的位置,才能制约自己扩张势力、控制小国的心态,才能取得小国的信赖,才能成为小国所自觉归附的对象,最终实现"天下归之"的政治愿望;小国谦下,居于谦卑的位置,才能被大国信任,才能被大国所包容,最终实现保全自己的目标。由于客观上大国对小国会产生威胁,小国难以信任大国,道家特别强调,在大国与小国之间,大国更应首先做到谦下,并且比小国更要谦下。这样,不需要通过战争,不需要流血千里,大国的政治愿望就得以实现;不需要小心翼翼地周旋于各大国之间,不需要对大国卑躬屈膝,小国的政治目标就得以实现。

从道家的上述论述还可以看出,道家之所以提出国与国之间和平相处,国与国之间要彼此谦下,还有其重要原因:只有国与国之间的彼此谦下,才能实现天下和平、安定的局面;只有天下实现和平、安定的局面,每一个国家才能真正实现安定。如果强国争霸,同时争相兼并小国,造成天下大乱,小国不得安定,有被兼并之危险、亡国之命运;大国要么在争霸中两败俱伤,要么在兼并小国中受到顽强抵抗,也不得安定,有削弱国力之危险、造成民怨之影响。如此,无论是大国还是小国,都期盼和平,都希望自己以及对方谦下,都必须依靠对方才能获得真正的、持久的安定。

当然,道家为了反对战争,维护和平,还曾提出"邻国相望,

---

① 《黄帝四经·四度》。
② 《吕氏春秋·谕大》。

鸡犬之声相闻,民至老死不相往来"①的观点,希望通过国与国之间的互不往来、互不发生联系,来达到彼此相安无事的目的。这种观点较为极端,也不是道家的主流观点。同时,这种观点也是难以做到的,因为国家不是孤立的存在,不可能彼此隔绝。再说,闭关锁国,只能让自己的国家越来越贫弱、越来越落后,而贫弱、落后的结果很可能就是被强国所侵略,被强国打开国门,甚至被强国所吞并。

  道家反对战争,主张和平,主张国与国之间的和睦相处,这在当今之世具有重要的现实价值。当今之世,虽然局部战争、个别国家之间的战争时有爆发,地区冲突也时有出现,但是,和平与发展则是主流、是共识。我们必须汲取道家的智慧,最大限度地谋求和平、避免战争,通过和平的手段获取各自的利益,增进彼此的交往、了解和友谊,在和平的环境中既为自己国家的发展竭尽全力,也为他国的发展提供有利条件;既为自己的同胞的幸福着想,也为整个人类的福祉着想。我们要谨记道家所揭露的战争的危害性,反思两次世界大战对所有参战国家、对全人类所造成的不可磨灭的创伤,决不因自私自利、一时的逞强而发动战争。在道家看来,战争没有胜利者,事实也是如此。失败者、被侵略者流血,胜利者、侵略者难道就不流血吗?

  道家为了人类的和平,为了国与国之间的和平共处,在国与国的交往中提出国与国之间彼此谦下的主张。这启示我们,小国、弱国要对大国、强国谦下,保持谦逊、恭敬的态度,谨慎地对待与大国、强国的关系,至少不要激怒大国、强国,自己制造被大国、强国侵犯的"理由";大国、强国也要对小国、弱国谦下,保持谦虚、低调的态度,给予小国、弱国应有的尊重,不要以大欺小、以强凌弱。还有,谦下是互相的,只有互相谦下、相互尊重,才能在利益面前真正处理好国与国之间的复杂关系,才能

---

① 《老子·八十章》。

让天下得到持久的和平、健康的发展。

道家认为天下和平，国家才能安宁，因为任何国家都是整个世界的一个组成部分，都与其他国家休戚相关，乃至都与其他国家共命运。这启示我们，任何国家即便仅仅是为了本国的安宁、幸福，也要维护世界和平、反对冲突，在世界和平中求同存异，共谋发展；即便是大国、强国，也需要在和平的环境中生存发展，也需要通过和平的方式解决国际问题，也要顾及弱小国家的利益，而不可以制造冲突、发动战争，用弱肉强食的"丛林原则"解决国际问题，满足自身利益。

由以上所述可知，道家视道为宇宙万物的本原和主宰，在社会政治层面又视道为理想的为政治国之道，并对道充满敬畏；道家因道之"无为"属性，而主张"无为而治"，认为"无为而治"就是因顺万物之自然，顺应民众之意愿；道家以建构"小国寡民""至德之世"为为政目标，向往纯朴、平等、自由、和谐、幸福的社会；道家在国与国的关系方面提倡和平，反对战争，希望国家无论大小都要彼此谦下。这些，提醒我们，依法治国，就必须依法行政，树立法律的绝对权威，对法律持有敬畏之心；治国不可蛮干，要遵从客观规律，尊重前任所制定的各项政策，顺应民心，重视民意，相信人民；为政的终极目标无外乎是国强民富，让人民幸福而自豪；在复杂的国际关系中坚持和平发展的道路，保持谦虚和低调，对大国和小国、强国和弱国一视同仁。

道家与当代人生(第一稿)

人既是物质的、身体的存在,也是精神的、心灵的存在。作为物质的、身体的存在,人追求当下的享乐和生命的长存,使生命快乐,且尽可能扩展生命的限度;作为精神的、心灵的存在,人追求精神的、心灵的自由和超越,梦想越过现实的重重障碍和拘限,进入生命的自由境界,梦想越过有限,实现生命的永恒。由于生命不尽如人意,人的现实存在总有困惑和窘境;由于生命的超越无法取代现实,生命总有终结,因此,生命必须面对困境、面对死亡,在品茗生命中的酸甜苦辣、真正理解人世间的生生死死之后,才可获得心理和精神层面的自我解脱。

人生物质的、精神的追求,对苦难心灵的安慰,在当代主要表现为追求物质的幸福、生活的富足,追求心灵的自由以及对挫折的心理上的自我调适与化解。道家对生命的长存、生命的超越以及对人生困苦的调适等,都有艰辛的探索、深刻的反省,并有丰富的思想,对当代人生具有一定的引导作用,体现出其一定的时代价值。正因为如此,道家式人生依然有其独特魅力。

一

作为物质的、身体的存在,人无论是为了生存,还是为了幸福,都必然追求欲望的满足、追求享乐。这是人之自然本性所决定的。物质的贫乏、生存环境的险恶会造成人生存在的痛苦,甚至会造成最基本的生活需求的不能满足,何谈享乐和幸福!这是人生的苦难。但是,过分的放纵、过多的享乐,超过身体的需要,超过身体所能承受的限度,除了让人获得一时的快乐,不仅不会保养身体,而且还会损害身体。这又是必须警醒的。殊不知,灯红酒绿,醉生梦死,一晌贪欢,及时行乐,无异于饮鸩止渴,都是以伤害身体为代价的。当代社会,物质生活水平越来越高,各种物质消费、休闲娱乐越来越多,人们在享受生活、满足物欲时难免不放纵欲望。此外,当代社会,生存压力较大,为了缓解压力,补偿工作中的付出,人们在缓解压力时也会不自觉地放纵欲望。道家对此有发人深省的认识。老子曾曰:"五色令人目盲,五音令人耳聋,五味令人口爽,驰骋田猎令人心发狂"①,庄子曾曰:"且夫失性有五:一曰五色乱目,使目不明;二曰五声乱耳,使耳不聪;三曰五臭熏鼻,困惾中颡;四曰五味浊口,使口厉爽;五曰趣舍滑心,使性飞扬。此五者,皆生之害也"②,《淮南子》也曰:"五色乱目,使目不明;五声哗耳,使耳不聪;五味乱口,使口爽伤;趣舍滑心,使行飞扬。此四者,天下之所养性也,然皆人累也"③,即是告诫人们声色等虽是生存所必需,虽是享乐所必需,但是,关于声色等的过度享乐会导致损伤身体的不良后果。为此,老子提出"少私寡欲"④,《淮南子》提出"节欲""损欲"⑤,嵇康提出"清虚静泰,少私寡欲"⑥,都是希望人们不要沉湎于物欲,从欲望中摆脱出来。

作为物质的、身体的存在,人为了满足欲望、享受生活,必

---

① 《老子·十二章》。
② 《庄子·天地》。
③ 《淮南子·精神训》。
④ 《老子·十九章》。
⑤ 《淮南子·诠言训》。
⑥ 《养生论》。

然追求名利。名利本是人生存和享乐的前提,是维持生命存在和发展的基本条件。但是,需要弄清的是,名利相对于生命、相对于身体来说毕竟是外在于生命的东西,有生命才有关于生命的名利,生命丧失,名利何用？生命丧失,名利也不再是名利。追求名利意味着竞争,意味着超出常人的付出。为了追求名利而劳累身体甚至丧失生命；为了追求名利而相互伤害,即便胜利也遍体鳞伤,则得不偿失,乃人间悲剧。时下,竞争几乎无处不在,各种诱惑也几乎无处不在,"以命博钱,以钱养命"成为许多人的人生信条,这是用透支健康、伤害身体来赚取钱财、换取名利,然后再用钱财去补偿自己多年来身体的亏损。这些人哪里知道,破镜难圆,覆水难收,健康的身体不是用金钱可以买到的。还有,时下,因为竞争而难免彼此倾轧,不择手段。这样,即使成功也烦心劳神,伤痕累累。为了提醒人们重视身体,不为名利毁坏身体,老子提出"名与身孰亲？身与货孰多？得与亡孰病"①的命题,提醒人们重视身体、重视健康,特别是在名利与身体、与健康发生冲突时,在竞争危及自身安全时,更要保护身体,维护健康,懂得淡泊名利、放下名利；庄子认为名利是人们共同的需求,过于追求名利,必然导致竞争与伤害。他以名为例曰:"名,公器也,不可多取"②,提醒人们学会节制、懂得适度。针对人们沉湎于名利,他警醒人们：追求名利乃是"危身弃生以殉物"③,"夫天下至重也,而不以害其生,又况他物乎？"④这无疑是要求人们重视身体、重视生命,即使面对"天下"这种一般人心中最贵重的东西,也不要因此而伤害自己的心性。

作为物质的、身体的存在,人的生命是有限的。不受外在的各种因素所伤害,让生命不至于中道夭亡,是人生的期望。

---

① 《老子·四十四章》。
② 《庄子·天运》。
③ 《庄子·让王》。
④ 《庄子·让王》。

一般而言,不受外在的各种因素所伤害,一种方法是不参与人与人之间的竞争,从而不被他人当作竞争对手,不被他人所打击;另一种方法是不展示自己的才华,从而不被他人尤其是上级所用,不至于劳累不堪。可是,在现实社会特别是在当代社会,这是不可能的。通过公开公正的竞争,获得机遇,取得事业的成功;通过奋斗,积聚力量;拥有才华,凭借才华去争取生存空间、事业的发展,这是多数人走向成功、走向辉煌的必由之路。面对现实,既积极参与竞争、展示才华,又低调、谦虚、大度,不锱铢必较,不逞强逞能,尽量避免不必要的矛盾、恩怨和争斗,因而尽可能地保护自己,也许是较为可行的方法。正是在此意义上,道家所强调的柔弱不争、"无用"之用,显示了其强烈的现实价值。道家以水为例,以"天下莫柔弱于水,而攻坚强者莫之能胜"①,"水善利万物而不争,处众人之所恶"②,"夫唯不争,故天下莫能与之争"③,说明柔弱、不争、处下不仅可以保全自己,还能战胜强敌,在竞争中赢得最后的胜利。关于"无用"之用,道家多以树木为例,加以论证。例如,《庄子·人间世》载栎社树是"不材之木","无所可用,故能若是之寿",栎社树解释曰:"予求无所可用久矣,几死,乃今得之,为予大用。使予也而有用,且得有此大也邪?"此谓栎社树为不被砍伐利用,中道夭亡,追求对他人"无用",因而躲过刀斧,得以尽其天年。这说明栎社树对他人"无用",恰是对自己的大用。当今之世,一方面尽量让自己强大,占据竞争的有利位置,另一方面尽量在对手面前守柔示弱,通过实力和谦逊赢得对手的尊重乃至归服,不失为战胜对手且让对手心悦诚服,又能保护自己的理想方法。另外,平常时刻显得"无用",关键时刻尽显才华,则既不被他人所用,不会被各种日常事务所缠身,因而不会疲惫不堪,

---

① 《老子·七十八章》。
② 《老子·八章》。
③ 《老子·二十二章》。

不会透支身体，得以保养身体，保持健康，同时又不至于被他人所轻视，不会被时代所淘汰。

作为物质的、身体的存在，人在承认生命有限的前提下，通过养生，尽可能地延长生命的长度，是人生的愿望。合理的作息时间，正确的生活习惯，工作压力的减轻，身心的放松，营养的充足，都是养生的通常做法。但是，过于看重养生，过于看重自我的得失，过于看重眼前的利益，自私自利，养生没有具体的针对性，都会使上述养生之法失去意义。在道家看来，"夫唯无以生为者，是贤于贵生"①。即是说，过于看重自己的生命，一心为自己着想，容易被他人伤害，不能长生，反过来，不看重自己生命，为他人着想，反而不会被他人伤害，得以长生。对此，道家还以天长地久为例加以论证："天地所以能长且久者，以其不自生，故能长生。是以圣人后其身而身先，外其身而身存。非以其无私邪？故能成其私。"②这是说，天地长存，是因为生不为己，为生长于天地间的万物服务，因而不被万物所伤害。另外，万物就是仅仅为了自己，也要尽力保护天地，这样，天地不被伤害，还得到保护，当然会长存。人要成就长生的目的，就应效法天地，把自己的利益放到最后，把自己置之度外，为其他人谋利益，因而才能不被他人所伤害，才能保全自己，成就长生之私利。这里，道家揭示的"贵生"是害生、"不自生"才"长生"的养生理念，具有辩证性。关于养生的针对性，道家也有精妙的理论："善养生者，若牧羊然，视其后者而鞭之。"③这是要求人们养生要针对自己的具体情况，特别是针对自己的弱项，不可面面俱到，更不可均衡用力。因为一方面人之精力、财力有限，不可能各方面都能兼顾，另一方面判断人的健康、影响人的健康的恰恰是人的最弱的方面。

---

① 《老子·七十五章》。
② 《老子·七章》。
③ 《庄子·达生》。

二

在面对自然的、社会的生存困境时，人们总是希望破除之，但是，有些生存困境是无法破除的；在面对生命的有限性时，人们养生、长生也只能延长生命，而不可以使生命永生。为了安顿自己内心的失落，为了缓解对死亡的恐惧，作为精神的、心灵的存在，人们总会寻求精神的慰藉，试图通过精神的、心灵的自由和超越，梦想战胜所有的困难、破除所有的困境，梦想越过有限而进入无限，在精神世界实现生命的自由和永恒。为此，人们还勾画了人生自由和永恒的种种样式。这是人之常情。

在科学日益发达、科学水平日益提高的今天，人们一方面增强了应对、战胜生存困境的能力，另一方面随着新的问题的不断出现，新的生存困境又将产生；一方面不再相信所谓长生不死、不再幻想成神成仙，另一方面又期盼科学的快速发展，让人真的能够像所谓神仙一样长生不死。这种看似矛盾的状况、想法，是由目前的科学水平所决定的。从现有的科学水平来看，科学可以解决越来越多的问题，可以延长人的生命，但是，不可以解决人们所面临的所有问题，不可以让人不死；从科学的未来发展来看，科学能够逐步解决人们所面对的诸多困境，有可能会使人们实现不死的梦想。

当下，人们精神上和心灵上的"自由梦""神仙梦"无外乎是希望在人物关系上能战胜各种外在的困难，超越各种外在条件的限制，在自然面前从容自得；在人与人的关系上能够做到和谐、和睦乃至互不依赖，独立于世，超越他人的限制，在他人面前逍遥自由；在身体上不被任何内在或外在因素所伤害，摆脱衰老和死亡，超越生命的有限性，实现生命的永生；在心灵上无所牵挂，无忧无虑，愉悦畅快，自然自在。这与道家的人生自由与生命永恒思想十分相像，也是道家在当下能够在人生自由和生命永恒领域彰显其作用的原因。当然，也有人虔诚信教，通过对宗教的信仰、对神灵的膜拜,获得心灵的安慰、精神的超越。这在国内毕竟是少数。

道家对人生自由和永恒的幻想、描述颇为仔细,这也是其在后来的发展中能够产生出道教的重要原因,同时也是道教热衷于探求所谓生命自由、长生不老的重要原因。道家将人生自由和永恒联系起来,其对人生自由和永恒的幻想、描述,为当下人们的自由和永恒的梦想提供了参照、提供了精神空间。老子曰:"常德不离,复归于婴儿"①,"含德之厚,比于赤子。毒虫不螫,猛兽不据,攫鸟不搏,骨弱筋柔而握固"②;庄子曰:"藐姑射之山,有神人居焉。肌肤若冰雪,淖约若处子;不食五谷,吸风饮露;乘云气,御飞龙,而游乎四海之外;其神凝,使物不疵疠而年谷熟","之人也,之德也,将旁礴万物以为一,世蕲乎乱,孰弊弊焉以天下为事!之人也,物莫之伤,大浸稽天而不溺,大旱金石流、土山焦而不热。是其尘垢秕糠,将犹陶铸尧舜者也,孰肯以物为事"③,"至人神矣!大泽焚而不能热,河汉冱而不能寒,疾雷破山、飘风振海而不能惊。若然者,乘云气,骑日月,而游乎四海之外,死生无变于己,而况利害之端乎"④,"古之真人,不逆寡,不雄成,不谟士。若然者,过而弗悔,当而不自得也。若然者,登高不栗,入水不濡,入火不热,是知之能登假于道者也若此"⑤;嵇康说:"被天和以自然,以道德为师友,玩阴阳之变化,得长生之永久,任自然以托身,并天地而不朽。"⑥这些都是道家关于人生自由和永恒的幻想十分典型的文字。

按照道家的想象,能够自由和永生的人已不是一般的普通大众,而是得道者。这种人与一般人相比,持守婴儿的精神状

---

① 《老子·二十八章》。
② 《老子·五十五章》。
③ 《庄子·逍遥游》。
④ 《庄子·齐物论》。
⑤ 《庄子·大宗师》。
⑥ 《答难养生论》。

态，不会从婴儿走向衰老，更不会从婴儿走向死亡，始终有婴儿般旺盛的生命力，所以，这种人乃是"婴儿""赤子"；这种人与神相比，虽然不是神，但是，具有神的某些属性。所以，这种人乃是"神人""至人""真人"。在道家看来，"婴儿""赤子""神人""至人""真人"生存于远离凡尘的自然之中，与社会中的芸芸众生不发生任何联系；形象高洁、清纯而具有自然的意味，不食人间烟火；超越外物的限制，不为外在的一切所控制；自然界的灾难和社会的利害，都能从容应对、轻易化解；超越生死变化，进入永恒和无限；悠然自得，自由往来于宇宙中；以个人的解脱为目的，不以为政天下为目标。由此可以看出，道家的"婴儿""赤子""神人""至人""真人"既有"神"的一面，又有"人"的一面，而且还很"真"。有"神"的一面，使得超越困境、超越生死进入永生的人，不是一般的人，需要进行修炼才有可能成功；有"人"的一面即使得超越困境、超越生死进入永生的人，不至于高高在上，不可望更不可即。试想，梦想超越困境、超越生死的人，不都是希望自己有"神"的功力，又能享受人间幸福吗？这充分体现了道家的人生智慧。不过，道家为了人生的永恒，为了追求个体的逍遥自由，而放弃个人的社会职责，这是需要批评的。

  由上所述可以看出，道家的人生自由和生命永恒思想与当下人们关于人生自由与生命永恒的梦想不仅在本质上没有根本差异，而且在内容上也非常相似。这既说明道家对当下人们的自由与永恒幻想的深刻影响，也说明当下人们在幻想生命的自由和永恒时对道家的借用、依赖。而这些恰是道家人生自由和永恒思想的当代价值的体现。

三

  人生难免有挫折与困境。不仅长生不死仅仅是梦想，不可能成为现实，生老病死是每个人必须面对的，就是现时的生存也充满荆棘,有些困难是生命所无法克服的,失败常常不可避免,即使竭尽所能也无济于事。对此,人们除了勇敢面对,能够做的就是通过心理调适,化解不必要的恐惧和痛苦,让自己不至于活在悲观的情境之中,活得轻松、快乐。

所谓心理调适,也就是让自己在心理上接受人生的现实状态,接受人生的苦难与困境,坦然承认人生种种境遇的合理性、必然性,最终让自己放下思想包袱,不再为失败、痛苦和死亡而纠结、懊恼。如何进行心理调适?无外乎从科学、心理、哲学、宗教等维度对生命以及生命中的曲折作解释,使自己认可自己的生存状态、成败得失,认可生命的生死变化,安慰自己的当下存在可以被接受,甚至已经是理想的、幸运的,虽然自己客观上并不如意。

当代社会,一方面,科学的发展,社会的进步,公平、正义的普遍化,人们的生存条件,无论是社会的还是自然的条件,都远比过去优越,幸福感也远比过去强烈,这样,人们更期盼长生、永恒,可是,长生、永恒是不可能的;另一方面,机遇与挑战并存,竞争无处不在,优胜劣汰似乎是唯一的生存法则,社会的关怀有时滞后,人们的生存压力,无论是物质的还是精神的压力,也远比过去大,令人忧愁、烦闷。这表明当代社会人们更需要心理调适。

道家的心理调适主要是哲学层面的调适,道家的心理调适主要是通过从道、从天地(自然)的高度解读生命之生与死,从命的高度解读生命的境遇,来进行的。在道家看来,既然死亡是不可抗拒的,成败得失有时也不取决于自己,就只有直面、承认并主动地接受之。再说,死亡也不是想象中的那么可怕,在终极意义上不是生命的消逝,而是生命的回归;成败得失特别是失败与丧失,如果不是人们自身的原因,如果人们尽己所能依然不可掌控,就没有必要痛苦不堪。因此,道家的心理调适对于当代人生依然有其独特价值。

关于生命之生与死,道家认为决定于道或者天地(自然),而不决定于人为。老子云:"道生一,一生二,二生三,三生万物"①,"天下万物生于有,有生于无"②,"夫物芸芸,各复归其根"③,"万物归焉而不为主"④,谓人和万物都是由道而生,道决定人和万物之"生",人和万物也因道而死,道决定人和万物之"死"。既然人之"死"决定于道,是人力所不可阻止的,那么人们唯一能够做到的就是接受这个现实,在"死"之前快乐地"活着"。再说,人生于道,其死也不是漂泊于外、无处可归,而是归于道,死是回到生命所开始的地方,犹如回家。"死"被解读为"归"、解读为回家,从心理上讲,可以降低对死亡的恐惧。庄子则云:"道与之貌,天与之形"⑤,"死生,命也;其有夜旦之常,天也","夫大块载我以形,劳我以生,佚我以老,息我以死。故善吾生者,乃所以善吾死也"⑥,谓人生源于道、源于天地(自然),人之生、老、死以及生之劳累、老之清闲、死之安息等都是天地或者说自然之意,因之,人之生死都是必然的,就像白天和黑夜一样,不是人所可以控制的;人之死是生命的安息,不是生命的结束。所以,面对生死唯有"安时而处顺"⑦,顺乎自然,不仅以生为乐,而且以死为乐。针对人们乐生恶死,惧怕死亡,庄子曰:"予恶乎知说生之非惑邪!予恶乎知恶死之非弱丧而不知归者邪。"⑧他认为人们怕死是因为不知道人之为人、人寄居人间是暂时的,人之死亡、人之"反其真"⑨,是回到道、回到自然,是永恒的,这类人犹如年少流浪而不知回家一样。如此,死亡

---

① 《老子·四十二章》。
② 《老子·四十章》。
③ 《老子·十六章》。
④ 《老子·三十四章》。
⑤ 《庄子·德充符》。
⑥ 《庄子·大宗师》。
⑦ 《庄子·养生主》。
⑧ 《庄子·齐物论》。
⑨ 《庄子·大宗师》。

才是人生最后的归宿,才是真正意义上的"回家",才有回家的感觉,"回家"不可能恐惧啊。道家的以死为归,以死为回到生命开始的地方,而不把死亡看作生命的消逝,既降低了生命对于死亡的恐惧,又让人们死得坦然、从容、安详,有利于矫治人们关于死亡的恐惧心理,有利于排除人们关于死亡的悲观情绪,具有恒久的价值。

道家的心理调适,在生命境遇尤其是生命的困境方面主要是通过"安命"来实现的。与"安命"相应的,则是"知足"理论。庄子曰:"死生、存亡、穷达、贫富、贤与不肖、毁誉、饥渴、寒暑,是事之变,命之行也"①,"不知吾所以然而然,命也"②,"知不可奈何而安之若命"③;《列子》曰:"不知所以然而然,命也"④,就是要求人们在追求通达、富贵、贤明等没有达到预期目标甚至失败时,无论客观或主观上是由于什么原因,比如,是由于自身能力之不足、未能把握住机会、他人的伤害、社会的不公等等,都不要寻找、追问原因,更不要通过寻找、追问原因,然后试图改造自己、改变现状,或者怨恨自己、痛恨他人,都要将之归结为人力所无法制约或者说超越人力而主宰人生一切的命运,从而求得内心的平和、宁静,不至于怨天尤人,也不至于嫉妒他人,而使自己处于苦闷之中,更不至于在试图改造自己、改变现状时处处碰壁,更加受伤。对于那些即便不是命运所造成的人生困境,也要"安之若命",用命运来解释之,以获得心理平衡、自我安慰。道家以命来解读生命的困境,使人们在困难面前、在逆境中能够保持平静、平和的心态,有利于人们的身体和心理健康。

人生的许多困境、失败客观地看并不是困境、失败,而是人

---

① 《庄子·德充符》。
② 《庄子·达生》。
③ 《庄子·德充符》。
④ 《列子·力命》。

们对自己的期望值太高,超过了自己的能力,或者是将自己与他人相比,觉得自己应该比他人优秀,却比他人的处境差所造成的。由此,道家在"安命"的前提下提出"知足"。老子曰:"知足之足,常足矣"①,所表达的即是人生"知足"而满足现状,以此为乐。庄子曰:"鹪鹩巢于深林,不过一枝;偃鼠饮河,不过满腹"②,以鹪鹩筑巢只需一枝而不需要整个深林,偃鼠饮水只需满腹而不需要一河之水作类比,提醒人们不必贪多,懂得"知足"。当代社会,奋斗重要,成功重要,在奋斗中懂得"知足"从而适可而止、在成功时享受"知足"从而"功成身退"③更重要。道家的"知足"的价值正在于此。

这样,人为了生存和幸福而追求物欲、享乐、名利与长生,为了摆脱生存困境、超越生命有限而向往自由和永恒,为了心灵的安顿、困顿的解脱而需要心理调适。道家对物欲、享乐、名利与"贵生"的负面效应则提出警示,对自由和永恒又有着细密的刻画,对心灵的安顿、困顿的解脱有从道、"安命"的解说。这些,既展示了道家独特的人生智慧,又有其现实意义。

---

① 《老子·四十六章》。
② 《庄子·逍遥游》。
③ 《老子·九章》。

道家与当代人生(第二稿)

　　人既是物质的、身体的存在,也是精神的、心灵的存在,同时,人又是关系中的存在。作为关系中的存在,人不可能脱离他人和社会,为了生存与发展而有所谓生存之道;作为物质的、身体的存在,人追求身体的"安全"和物质欲望的满足;作为精神的、心灵的存在,人追求精神的愉悦、心灵的自由。人的存在与万物的存在一样,都是有限的存在,因而都有其生、有其死,有其根源、有其归宿。这些,构成了人生哲学所关注的"对象"。

　　人生问题乃中国哲学中的核心问题,有的中国哲学研究者甚至称中国哲学为人生哲学。与儒家、墨家等着力于人生的道德价值、社会价值的阐扬明显不同的是,道家的人生哲学致力于人生的个体价值的掘发,由此决定了道家人生哲学的个体性特征。大体而言,道家人生哲学包括柔弱"无用""无以生为"的生存之道,重身、"知足"的"全身"思想,逍遥、安命的心灵自慰,生死自然、归宿于道的生命意识等方面。因此,本文论述道家的人生哲学及其现代价值,主要围绕上述这几个方面来进行。

一

　　人的存在从来都是关系中的存在、"类"的存在,没有孤立的离世独立的人。因此，每个人的存在都必须面对他人和社会，都必须妥善处理好自我与他人、个人与社会的关系问题。可以说，处理自我与他人、个人与社会的关系问题，是人在"关系"之中、在"类"之中所要面临和解决的首要问题，而处理自我与他人、个人与社会的关系问题的能力和质量，将直接决定自我的存在状况。如何处理自我与他人、个人与社会的关系问题，也即个人的生存之道是什么？道家给出的答案是柔弱、"无用"、"无以生为"。由于个人所面对的社会是由他人所组成，在道家看来，处理自我与他人的关系问题即意味同时处理了个人与社会的关系问题。所以，道家所谓的生存之道落实于个人与他人的关系的处理与解决。

道家把柔弱视为个人的生存之道，认为柔弱才能获得生存，刚强只能惹祸上身。老子云："天下莫柔弱于水，而攻坚强者莫之能胜，其无以易之。弱之胜强，柔之胜刚，天下莫不知，莫能行"[1]，"人之生也柔弱，其死也坚强；万物草木之生也柔脆，其死也枯槁。故坚强者死之徒，柔弱者生之徒"[2]。"柔弱胜刚强"[3]，"守柔曰强"[4]；《黄帝四经》云："以刚为柔者活，以柔为刚者伐。重柔者吉，重刚者灭"[5]，《吕氏春秋》曰："老耽贵柔"[6]，王弼云："守强不强，守柔乃强"[7]。是说，人生要从自然中获取生存智慧，在天地万物之中水最为柔弱，看似也最为低下，可是水却无坚不摧、所向无敌，与此相应，人生也应持守柔弱，只有在柔弱状态下才可以保全自己、战胜强敌，相反，如果逞强好胜，以刚强自居，则将损害自己、必败无疑，因此，柔弱是"生"的

---

[1] 《老子·七十八章》。
[2] 《老子·七十六章》。
[3] 《老子·三十六章》。
[4] 《老子·五十二章》。
[5] 《黄帝四经·经法·名理》。
[6] 《吕氏春秋·不二》。
[7] 《老子注·五十二章注》。

特质与象征,是理想的生存之道,而刚强则是"死"的特质与象征,是生命走向死亡之路。当然,道家所追求的人生的柔弱的状态不是绝对的弱小,"不是衰弱,不是懦弱,而是一种富有生命力的状态"①,而是一种在自身强大之时所保有的柔弱、低调、谦卑的心态,即是说,道家所谓的柔弱其实是一种对自己处境的清醒的意识,它是以强大为基础的。

道家把"无用"视为个人的生存之道,认为"无用"方能保全自己,"有用"反受其殃。《庄子·人间世》载栎社树"其大蔽数千牛,絜之百围,其高临山十仞而后有枝,其可以为舟者旁十数",但是,"以为舟则沉,以为棺椁则速腐,以为器则速毁,以为门户则液樠,以为柱则蠹,是不材之木也。无所可用,故能若是之寿",栎社树解释曰:"予求无所可用久矣,几死,乃今得之,为予大用。使予也而有用,且得有此大也邪?"郭象《庄子注·人间世注》解之曰:"积无用,乃为济生之大用","若有用,久见伐"。《庄子·人间世》又载:"南伯子綦游乎商之丘,见大木焉,有异:结驷千乘,隐,将芘其所藾。……仰而视其细枝,则拳曲而不可以为栋梁;俯而视其大根,则轴解而不可以为棺椁;咶其叶,则口烂而为伤;嗅之,则使人狂酲三日而不已。子綦曰:'此果不材之木也,以至于此其大也。嗟乎,神人以此不材。'"此谓栎社树和商之丘之"大木"为不被砍伐利用,做成舟船、门户、栋梁、棺椁之类,而中道夭亡,刻意让自己成为"不材之木",追求对他人"无用",因而躲过刀斧,得以尽其天年。这说明,栎社树和商之丘之"大木"对他人"无用",正是对自己的"大用"。当然,栎社树和商之丘之"大木"对他人的"无用",不是绝对的,如果绝对的"无用",也难免惨遭刀斧。例如,栎社树能够存活下来,还得益于其"社树"的角色与用途;商之丘之"大木"能够存活下来,则得益于其可以提供巨大的树荫。由此可以看出,道

---

① 吕锡琛:《论道家人生哲学的心理保健功能》,载《心理科学》,2002年第5期,第622页。

家所谓的"无用",是指对他人"无用",而对己"有用";道家所谓的"无用",是在避免伤害自己的意义上或情形下说的。郭象总结道:"有用,则与彼为功;无用,则自全其生。"①由于绝对的"无用"、绝对的对他人"无用",极有可能被他人所抛弃、所伤害,道家在不残害自身、在保全自己的前提下,委婉地提出"有用",并且希望凭借此种"有用"而不被摧残。

道家把"无以生为"视为个人的生存之道,认为过于看重生命反而会伤害自己。这显示了道家高超的生存智慧。老子云:"夫唯无以生为者,是贤于贵生"②,"天地所以能长且久者,以其不自生,故能长生。是以圣人后其身而身先,外其身而身存。非以其无私邪?故能成其私"③;今本《文子》④云:"夫唯无以生为者,即所以得长生"⑤;王弼云:"自生则与物争,不自生则物归也"⑥,"善摄生者,无以生为生"⑦。这是说,天地与万物相比,是最为长久的存在,天地能够长久的秘密在于天地生不为己,为万物而存在、而奉献,从而不被万物所伤害;人类从天地那里获取生存智慧,主观上将个人之生死与安危置之度外,为他人的利益着想,从而不被他人伤害,才得以保全自己。这表明,真正善于养生、善于保护自己的人,都是"无以生为",表面上不看重、不在意自己的存亡得失,不与他人相争,最终得到"长生"的效果。相反,过于看重自己、过于"贵生",因之而与他人竞争、与他人发生冲突,其结果常常是害人害己,得不偿失。

道家以柔弱为生存之道,警惕刚强的危害性。这种观点启示我们,为人处世要低调、谦虚,以柔弱谦下示人,不可咄咄逼

---

① 《庄子注·德充符注》。
② 《老子·七十五章》。
③ 《老子·七章》。
④ 今本《文子》无论真伪,都属道家作品无疑。
⑤ 《文子·九守》。
⑥ 《老子注·七章注》。
⑦ 《老子注·五十章注》。

人,更不可逞强好斗,从而尽量避免不必要的矛盾、争斗。这样,有利于自身的生存发展,有利于与他人保持融洽的关系,也有利于在良性竞争中脱颖而出;在自身遭遇困难、危机时,也容易得到他人的帮助。如果一味地逞强斗狠,只会四面树敌,让自己孤立,并失去他人的支持和帮助,使自己陷于被动、无助的状态;在自己遇到困难、危机时,不但得不到帮助,而且很有可能被自己的对手趁机击败。另外,道家所谓的柔弱,不是客观意义上的弱小,而是自身强大时依然应保有的心态,换言之,道家所谓的柔弱是以自身力量的强大为基础和前提的。道家对柔弱的解读,启示我们要努力让自己从弱小走向强大,不仅弱小时保持柔弱的心态并积极进取,而且强大时也要保持柔弱的心态以与他人相处,但是,不可让自己真的弱小无能,更不可把自己的弱小错解成强大。

  道家以"无用"为生存之道,回避自身的"有用"。这种观点虽有明显的消极性,但是,也启示我们,不要被他人所利用,不要成为他人的牺牲品、他人的工具,在"工具"的意义上没有利用价值,也即无所可用;在保护自身安全、保障自身前途的前提下,尽其所能,做一个对他人、对社会有利而且有用的人,并且通过这种"有用",加固自身的安全,为自己创造美好的未来。还有,道家以"无用"为生存之道,也说明多数人不善于用他人之"用",多数人是在伤害他人的境况下利用他人,道家的这种生存之道实乃一种无奈之举。这启示我们,要善于利用他人的长处、优点,在利用他人的长处、优点时,要尊重他人,至少不伤害他人。这在道家看来,就是"用大"[①]。而所谓"用大",就是发现并发挥对方的最大的长处、优点,为己所用,同时又在发挥对方最大的长处、优点时保护对方。《庄子·逍遥游》载惠施有大树"樗","其大本拥肿而不中绳墨,其小枝卷曲而不中规矩",惠

---

① 《庄子·逍遥游》。

施为此苦恼,庄子劝其"树之于无何有之乡,广莫之野,彷徨乎无为其侧,逍遥乎寝卧其下","呈现出自我漫游在扎根于广漠土地上的大树下,行住坐卧自得其乐,两不相伤的和谐图景"[①],就是要求惠施要善于"用大",用"樗"之"大用"。

道家以"无以生为"为生存之道,通过表面上的不"贵生"以达到重生的目的。这种观点启示我们,要真正做到"贵生",保护好自己的生存状态,取得事业的成功,实现自己的需求,首先要考虑他人的利益,为他人的生存、发展、前途等提供力所能及的帮助,从而获得他人的信任,在自己需要帮助时能得到各方面的关照,在必要的竞争中能保持良好的人际关系。简言之,通过自己为他人的付出,收获他人的回报,并通过他人的回报,为自己的生存、未来提供保障。相反,如果一味"贵生",处处为自己谋私利,不顾及他人的感受和需求,甚至触及他人的根本利益,只会适得其反,破坏本来和谐、良好的人际关系,让自己孤立无援,并且遭到他人的反抗、攻击,因此而失去本该得到的利益,由"贵生"变为"害生"。

二

人的存在,首先是作为物质的、身体的存在而存在,人生最基本的追求,莫过于为了身体。身体的状况直接决定生命的状况,身体的毁灭,则意味生命的消亡。所以,道家特别重视身体的存在,并因重视身体的存在而特别注意身体的保护,也即"全身"。如何做到"全身",保护好自己的身体、自己的生命,道家提出重身、"知足"的思想。在道家看来,只有"重身",把身体的存亡、安危放在首位,才能懂得轻重、取舍,远离祸患;只有"知足",把欲望的满足控制在保养身体的限度内,才不至于自己损伤自己的身体。

---

① 强昱:《庄子〈逍遥游〉的精神旨趣》,载《中国哲学史》,2007年第1期,第59页。

道家"重身",以"重身"为看待问题的出发点,以"重身"为审度利害的标准。因为"重身",道家甚至把身体置于至高的地位。老子云:"名与身孰亲?身与货孰多?得与亡孰病?"①王弼云:"尚名好高,其身必疏;贪货无厌,其身必少;得名利而亡其身,何者为病也。"②都是强调重视身体、保全生命。这是提醒人们身体是生命之根本,名利乃身外之物,在身体存在的前提下,名利才有价值和意义;应从身体之维审视名利,特别是在身体的保全与名利的追求发生冲突时,不要因名利而危及身体、危及生命。由于名利的获取充满竞争,也充满险恶,道家以"名"为例云:"名,公器也,不可多取"③,提醒人们"名"是人人追求的目标,追求"名"就会因之而落入竞争和抢夺的境地,就会因竞争、抢夺而伤及自身,因此,不要无节制地追逐"名",要在自身安全的前提下追求"名",要通过追求到的"名"来巩固自身的安全。正因为时时处处出于"重身"的考量,道家反对舍本逐末,反对因追逐名利而损坏身体,痛斥"危身弃生以殉物"④这种通过危害身体、放弃生命以博取所谓名利的行为;也正因为时时处处出于"重身"的考量,道家进而提出:"夫天下至重也,而不以害其生,又况他物乎"⑤,"天下,重物也,而不以害其生,又况于他物乎"⑥,认为身体、生命至上,相比于他物、相比于天下更为重要。从"重身"出发,道家反复云:"能尊生者,虽富贵不以养伤身,虽贫贱不以利累形","帝王之功,圣人之余事也,非所以完身养生也","两臂重于天下也,身亦重于两臂"⑦,"卧名利

---

① 《老子·四十四章》。
② 《老子注·四十四章注》。
③ 《庄子·天运》。
④ 《庄子·让王》。
⑤ 《庄子·让王》。
⑥ 《吕氏春秋·贵生》。
⑦ 《庄子·让王》。

者写生危。……名满于天下,不若其已也"①,教导人们重视身体,珍惜生命,不论富贵还是贫贱都要保重身体,不贪求所谓名和利、所谓天下或"帝王之功"。

  道家"知足",以"全身"为基点,以不害身为底线。道家以为,人作为物质的、身体的存在,必然以物质需求作为首要的需求,必然以欲望的满足为人生幸福的起点,但是,物质的需求、欲望的满足,也要以保全身体、维护健康为前提条件,不可因欲望的满足而毁坏身体、影响健康。为此,道家提出"知足"的主张。关于知足,道家是从论述纵欲的危害性开始的。老子云:"五色令人目盲,五音令人耳聋,五味令人口爽,驰骋田猎令人心发狂。"②王弼云:"夫耳、目、口、心,皆顺其性也。不以顺性命,反以伤自然,故曰盲、聋、爽、狂也。"③庄子云:"且夫失性有五:一曰五色乱目,使目不明;二曰五声乱耳,使耳不聪;三曰五臭熏鼻,困惾中颡;四曰五味浊口,使口厉爽;五曰趣舍滑心,使性飞扬。此五者,皆生之害也。"④《淮南子》云:"五色乱目,使目不明;五声哗耳,使耳不聪;五味乱口,使口爽伤;趣舍滑心,使行飞扬。此四者,天下之所养性也,然皆人累也。"⑤都是论述欲望的满足如果失去限度,超出身体所能承受的范围,就不仅不是对身体的保护,而且是对身体的摧残,对身体有害无益。比如声色、五味等是人们生存所必需,但是,过于放纵身体的需要,过分享用声色、五味等,无所节制地沉浸在声色、五味等的享乐之中,终将拖垮身体。

  在论述纵欲的危害性之后,道家论述"知足",论述欲望的自我节制。老子云:"祸莫大于不知足,咎莫大于欲得。故知足

---

① 《管子·白心》。
② 《老子·十二章》。
③ 《老子注·十二章注》。
④ 《庄子·天地》。
⑤ 《淮南子·精神训》。

之足,常足矣"①,"少私寡欲"②;庄子云:"鹪鹩巢于深林,不过一枝;偃鼠饮河,不过满腹"③;《黄帝四经》云:"生有害,曰欲,曰不知足"④;《吕氏春秋》云:"耳虽欲声,目虽欲色,鼻虽欲芬香,口虽欲滋味,害于生则止"⑤,"圣人修节以止欲"⑥,"圣人必先适欲"⑦;王弼云:"寡私欲"⑧。这些是说,人生而有祸害,原因在于欲望太多而不知满足,要想摆脱祸害,只有做到"知足";做到"知足",才能永远处于自我满足的心境之中。至于实现"知足"的方法,从欲望的角度来说,就是减少欲望,节制欲望,使得欲望的满足有度;从身体的角度来说,就是去除有害于身体健康的欲望,只满足有利于身体健康的欲望;从享受的能力来说,就是不占有过多的财富,只拥有自己能够享受的财富,犹如鹪鹩只需"一枝",而不需整个深林,犹如偃鼠只需满腹之水,而不需整个河流的水。

　　道家"重身"的思想,要求人们重视生命,从身体的保护、生命的保全的维度看待名利。这种观点启示我们,要保护自己的身体,要维护身体的健康,把健康当作个体生命的第一需要,因为离开了健康,没有健康作保证,生存状况成为"问题",影响日常生活和日常工作,人生的诸多愿望和理想更是无法实现;人生有许多梦想和追求,事业的成功、名利的获得是大多数人共有的梦想和追求,但是,这些梦想和追求的实现一方面要依赖于健康的身体作保证,另一方面也是为了给自己创造更好的生存环境、生活条件,如果因事业和名利而毁坏身体,至少对个体

---

① 《老子·四十六章》。
② 《老子·十九章》。
③ 《庄子·逍遥游》。
④ 《黄帝四经·经法·道法》。
⑤ 《吕氏春秋·贵生》。
⑥ 《吕氏春秋·情欲》。
⑦ 《吕氏春秋·重己》。
⑧ 《老子指略》。

而言是一种损失；名利之类对人而言毕竟是身外之物，过度地追逐名利，而使身体受到伤害、生命受到摧残，名利对于个人来说将是得不偿失的，如果进而彻底毁掉健康、使生命丧失，名利对个体来说将失去任何意义，因此，要慎重地看待名利、看待荣誉等。当然，道家因"重身"而反对奉献，反对建功立业，反对为利天下，则是走向极端，这是不可取的。

道家"知足"的思想，强调知足常乐，节制欲望，批评纵欲的危害性。这种观点启示我们，无论是人生追求，还是欲望的满足，都要有自己的限度，这个限度是立足于自身的实际状况而确立的，达到这个限度，就应该心满意足，而不可超越这个限度，不顾自身的情况而盲目追求人生所得不到的东西，超越身体需要、身体的承受能力而去贪图一时之欢；人不是简简单单的欲望的存在，不可以被欲望所驱使，纵情享乐，不计后果，成为欲望的奴隶，只有能够驾驭欲望，不为欲望所左右，为自己、为他人主动节制欲望，在欲望的满足之时，既不伤害自己，也不伤害他人，才能成为欲望的主人；懂得满足，懂得自己的真正所需，懂得享受自己能够享受的果实，不去贪求多余的财富，不去同他人进行无谓的攀比，心态才会平和，才会感受到生活的乐趣，也才会对生活充满感恩。

三

人作为精神的、心灵的存在，有其超越物质之上的精神需求、精神境界，有其面对困难时的心理的自我调适。在道家那里，精神需求、精神境界，最主要的就是精神的、心灵的自由——逍遥；面对困难，最后的解决方法就是主动向困难屈服，并把这种屈服解读为命运的安排，因此而"安命"。"逍遥""安命"，都是心灵的自慰。

道家崇尚自由，是因为参透现实的险恶，是力图超越现实乃至回避现实。所以，其所谓自由最终归向精神的、心灵的自由,或者说,本质上就是精神的、心灵的自由。此种精神的、心灵的自由,用道家的术语来说,就是逍遥。老子云:"含德之厚,比于赤子。毒虫不螫,猛兽不据,攫鸟不搏,骨弱筋柔而握固"①;庄子云:"藐姑射之山,有神人居焉。肌肤若冰雪,淖约若处子;不食五谷,吸风饮露;乘云气,御飞龙,而游乎四海之外;其神凝,使物不疵疠而年谷熟","之人也,之德也,将旁礴万物以为一,世蕲乎乱,孰弊弊焉以天下为事!之人也,物莫之伤,大浸稽天而不溺,大旱金石流、土山焦而不热。是其尘垢秕糠,将犹陶铸尧舜者也,孰肯以物为事"②,"至人神矣!大泽焚而不能热,河汉冱而不能寒,疾雷破山、飘风振海而不能惊。若然者,乘云气,骑日月,而游乎四海之外,死生无变于己,而况利害之端乎"③,"古之真人,不逆寡,不雄成,不谟士。若然者,过而弗悔,当而不自得也。若然者,登高不栗,入水不濡,入火不热,是知之能登假于道者也若此"④;《淮南子》云:"古之真人,立于天地之本,中至优游,抱德炀和"⑤;嵇康云:"被天和以自然,以道德为师友,玩阴阳之变化,得长生之永久,任自然以托身,并天地而不朽"⑥;郭象云:"(至人)无心而无不顺","寄物而行,非我动也","有昼夜而无死生也","夫唯无其知而任天下之自为,故驰万物而不穷也"⑦。这些都是道家对于精神的、心灵的自由,对于逍遥的典型描述。

透过以上的文字可知,道家的精神的、心灵的自由,道家的逍遥就是在精神世界、在心灵境域独立于自然、独立于宇宙之中,远离凡尘,不食人间烟火,不与芸芸众生发生联系,清纯、圣

---

① 《老子·五十五章》。
② 《庄子·逍遥游》。
③ 《庄子·齐物论》。
④ 《庄子·大宗师》。
⑤ 《淮南子·俶真训》。
⑥ 《答难养生论》。
⑦ 《庄子注·齐物论注》。

洁而自然、素朴；与天地并生，与万物为一，顺应万物之变化，从容应对、化解各种危险而悠然自得，无所用心；超越生命的有限性，超越生死阻隔，从有限进入无限之中，成为永恒的存在。这样，在精神和心灵的世界里，人不为物困，不为己忧，忘却世间烦恼，超越内外障碍，自由而洒脱。这样的精神和心灵世界中的人，在道家看来，简直就是"神"，就是人之中至高的存在，乃人们所赞美和效法的对象，属于理想人格类型。透过以上的文字还可知，道家的精神的、心灵的自由，道家的逍遥是对人生的现实困境的幻想式的解决和超脱，是在心灵世界中幻想"人之行动的无碍无挂、心意的自得自适"①，在此意义上也有心灵自慰的意味。

不过，人毕竟是现实中的存在，精神的逍遥、心灵的自由无法替代生命在现实中的真切感受，也无法去除、取消生命所承受的苦难，于是，"安命"成为道家解决现实中无法解决的"难题"的方法。所谓"安命"也就是承认人所遭遇的一切，包括酸甜苦辣、生死存亡、贵贱贫富、穷通逆顺等，都是命中注定，都由命运所掌握，"前定"。庄子云："死生、存亡、穷达、贫富、贤与不肖、毁誉、饥渴、寒暑，是事之变，命之行也"②，"不知吾所以然而然，命也"③，"知不可奈何而安之若命"④；郭象云："夫我之生也，非我之所生也，则一生之内，百年之中，其坐起行止，动静趣舍，性情知能，凡所有者，凡所无者，凡所为者，凡所遇者，皆非我也"⑤；《列子》云："生生死死，非物非我，皆命也"，"不知所以然而然，命也"，"当死不惧，在穷不戚，知命安时也"⑥。这些，就是把生死、存亡、穷达、贫富、贤与不肖、毁誉、饥渴等人生的自

---

① 公木、邵汉明：《道家哲学》，长春：长春出版社，2007年，第117页。
② 《庄子·德充符》。
③ 《庄子·达生》。
④ 《庄子·德充符》。
⑤ 《庄子注·德充符注》。
⑥ 《列子·力命》。

然境遇和社会境遇均纳入命的范围,用命来解读生命的种种际遇,特别是种种困顿与苦难,甚至还把命之外的境遇也主动地纳入命所掌控的范围,以此来最终解答人生的困境,获得安慰。一言以蔽之,凡是人力所不能及的,人力所不能为的,都可以通过"命"来说明,都可以从"命"那里得到证明。这样,"命"成为人生的精神支柱、人生的依赖,人生因为"命"而虽有困苦,但是,不再有困惑,不再有遗憾,只要知命就可以解决所有问题,只要安命就可以心安。

道家宣扬精神的、心灵的自由——逍遥,并把理想世界中的逍遥者塑造成神人、至人、真人等,将之视作理想人格,加以崇拜。这种观点启示我们,生命的自由挥洒,不仅仅限于社会的、现实的层面,而且,社会的、现实层面的自由、逍遥常常是有限度的,至少要遵循既有的规则,生命的自由挥洒还包括精神的、心灵的层面,而且,精神的、心灵层面的自由、逍遥从本质上说是没有限度的,不决定于外部世界,外部世界的曲折有时还会反过来加剧精神的、心灵的自由与逍遥的程度;精神的、心灵的自由与逍遥可以安顿挫败的情绪以及在现实中受伤的心灵,可以让人生暂时忘记现实中、生活中的烦恼,放下诸多的不如意,而充分释放自己的抑郁与不满,使得人们不至于持久地消沉于困顿与挫折之中而不得自拔;精神的、心灵的自由与逍遥以及神人、至人等形象都不仅可以成为人生的理想,而且还可以成为人生追求的具体目标,人生正是在追求这种具体目标的过程中不断地约束自己、充实自己、塑造自己,提升自己的精神境界,完善自己的人格,从而无限制地扩充自己的精神与心灵世界,自然地沉浸在无限制的逍遥自得之中,尽情享受人生的自由和快乐。

道家宣扬"安命",是个体无能为力时的自我解读和自我拯救,是心灵的自慰,具有消极因素,在一定程度上易于让人逃避现实,以至回避责任,但是,道家的"安命"在当下也有其积极因素,给我们以启示,那就是,在人生遭遇不可以抗拒的困苦的时候,在任何努力都毫无意义、都不可以改变现实的时候,用命运来安慰自己,至少会让人们能够正视、接受现实,并有可能乐观地对待之,而不至于一直沉湎于绝望与痛苦之中;在人生因为主观或客观原因而遭受挫折、失败的时候,除悔恨、自责之外,除谴责外部诸多不公之外,可以用命运来自我安慰,认为主观和客观原因里有命运的因素、成分,让人们不会一味地悔恨、自责,以至于萎靡不振下去,不会死死纠缠于外在的不公平的因素甚至无限放大这种外在的不公平的因素,以至于误以为自己的生存环境乃至整个社会就是不公;人生有许多快乐,也有许多不如意,用命运来安慰自己,寻找心理的平衡点,可以让人们在面对现实、面对不如意时多一些乐观的心情,多一份平和的心态,少一些消极、悲观的情绪,少一份怨恨、焦急的心理。

四

生命是有限的存在,有其生,必有其死,即便"长生久视"①,也只是延长生命的期限,而不是确保生命之不"死"。更多的时候,"人生天地之间,若白驹之过郤,忽然而已"②,才是更为真实的感觉。因此,所谓超越生死、走向无限只是幻想,只能停驻于精神的层面、心灵的世界。

如何面对生死,如何解读生死,解答人生关于生死的问题,破除死亡的恐惧,道家从道的高度、从万物自然的角度,提出生死自然、归宿于道的思想。

生死自然,是道家看待生死的基本观点,也是道家生命观的特质。老子云:"道生一,一生二,二生三,三生万物"③,"天下

---

① 《老子·五十九章》。
② 《庄子·知北游》。
③ 《老子·四十二章》。

万物生于有,有生于无"①;庄子云:"道与之貌,天与之形"②,"夫大块载我以形,劳我以生,佚我以老,息我以死。故善吾生者,乃所以善吾死也"③,"人之生,气之聚也。聚则为生,散则为死。若死生为徒,吾又何患"④;庄子在解释其妻死,而自己"不哭",却"鼓盆而歌"时云:"是其始死也,我独何能无慨!然察其始而本无生;非徒无生也,而本无形;非徒无形也,而本无气。杂乎芒芴之间,变而有气,气变而有形,形变而有生,今又变而之死。是相与为春秋冬夏四时行也。人且偃然寝于巨室,而我噭噭然随而哭之,自以为不通乎命,故止也"⑤;《管子》四篇曰:"凡道,无根无茎,无叶无荣,万物以生,万物以成,命之曰道"⑥;今本《文子》云:"天常之道,生物而不有,成化而不宰。万物恃之而生,莫之知德;恃之而死,莫之能怨"⑦;王弼云:"夫物之所以生,功之所以成,必生乎无形,由乎无名。无形无名者,万物之宗也"⑧。这是说,人和万物一样都是由道所生,道生万物和人类有其过程,人之形体由道所赋予,乃气之所凝结,人之生命进程包括老、死等都是由道所掌控。这样,人之生死并不神秘,也不决定于人自身,而是决定于人之外、人之上的道,乃气之聚散而已。既然如此,人之生死就是自然的,人之死就是必然的,人就不必为生死而担忧,更不必"悦生而恶死"⑨,而应坦然待之、淡然处之。正因为参透生死,道家才不畏惧死,甚至固执地认为死比生更有意义。庄子假借"髑髅"之口云:"死,无君于上,无臣于下,亦无四时之事,从然以天地为春秋,虽南面王乐,

---

① 《老子·四十章》。
② 《庄子·德充符》。
③ 《庄子·大宗师》。
④ 《庄子·知北游》。
⑤ 《庄子·至乐》。
⑥ 《管子·内业》。
⑦ 《文子·道原》。
⑧ 《老子指略》。
⑨ 《庄子·人间世》。

不能过也"①,所表达的即是死才是人生最大的快乐,生虽然快乐,即便南面为王,也远远不及死之乐。

　　人生而有限,死是必然的。人之死意味着什么？道家认为人之死意味人归向道。老子云:"夫物芸芸,各复归其根"②,"万物归焉而不为主"③;庄子曰:"予恶乎知说生之非惑邪！予恶乎知恶死之非弱丧而不知归者邪"④;今本《列子》⑤云:"人自生至终,大化有四:婴孩也,少壮也,老耄也,死亡也。……其在死亡也,则之于息焉,反其极矣","死也者,德之徼也。古者谓死人为归人。夫言死人为归人,则生人为行人矣"⑥;王弼云:"各返其所始也"⑦。这都是在说,人之死不是人生由"有"而"无",不是人生的消失,不是人生一切的荡然无存,而是从一种"有"转向另一种"有",即从生之"有"转化为死之"有",以"死"的方式存在;人之死不是漂泊于外,不是无处可去,而是"归"——回到生命所开始的地方;人以道为本原,又在死之时回到道,即是说,从道出发,又归道而终,那么,死并不可怕,只不过是复归于道,犹如少小离家出走的孩子,最终回到了自己的家。这样,人之生死仅仅是存在方式的改变,既然生是有限的、短暂的,生在本原意义上是源于道;既然死是无限的、永恒的,死在本原的高度是复归于道,"予恶乎知夫死者不悔其始之蕲生乎"⑧,死难道不值得期待吗？

　　道家用本原之道解读人之生死,认为生和死都是自然的,同时也是必然的。这种观点启示我们,既要客观地看待生,也

---

① 《庄子·至乐》。
② 《老子·十六章》。
③ 《老子·三十四章》。
④ 《庄子·齐物论》。
⑤ 今本《列子》无论真伪,都属道家作品无疑。
⑥ 《列子·天瑞》。
⑦ 《老子注·十六章注》。
⑧ 《庄子·齐物论》。

要冷静地对待死,生固然可喜,死也无所惧,即便不能做到不以"生"喜、不以"死"悲,也应在死亡面前泰然处之、坦然豁达,不必因死亡的存在而忧心忡忡、惶恐不安,让生命活在关于死亡的恐惧之中,让生命因死亡的恐惧而充满痛苦。换言之,"生死是自然决定的,人力无法改变,如果我们的情绪被人力无法改变的事情所束缚,除了自寻烦恼外,不会有任何实际的意义"[①];既然死亡不可避免,死亡的具体时刻也难以控制,并非任何人为的因素所能左右,不如在"生"之时,暂时将"死"放置于思度之外,在"死"之前更好地拥有"生",充分地享受"生",最大限度地发挥"生"的价值,做到"生"而无愧,死时无憾;人可以长生,可以延年益寿,但是,不可以不死,不可以永生,任何关于永生的想法都是不可能实现的,任何关于永生的说教都是荒唐的,不要在所谓长生不死的方面浪费钱财、枉费心血,不要相信、迷恋各种所谓长生不死的骗术,也不要相信、迷恋各种极端宗教的错误说教。

　　道家认为死亡是人生向本原之道的回归,是生命回到自己出生的地方,是"回家"。这种观点启示我们,人生乃是一场旅行,旅行的结束是回到最初的出发地,而不是远离家园的遥远处,生命的结束犹如人生最终回到了自己久违的家园,因此,死对人生而言并不是想象中的那么可怕;人生犹如旅途,人在旅途,无论是欢乐还是痛苦,无论是景色优美还是景色平常,时间久了,经历多了,都会让人心生厌倦,从而不免有"回家"的愿望,把死理解为"回家",不经意间减轻了死带给人生的压力、恐惧;人生有其哲学意义上的本原,这本原是人生的依托,死是回归本原,而不是失去本原,使得死也有其依托,使得生与死在本原的高度重合、在本原处汇合,这也降低了人生对死的恐惧心理。

---

① 张尚仁:《庄子的死亡哲学》,载《学术探索》2010年第2期,第14页。

由以上的论述可知,道家认为个人的生存之道是柔弱、"无用""无以生为",反对刚强、"有用"与"贵生";道家以重身、"知足"为"全身"的方法,反对追逐名利和纵欲;道家崇尚逍遥,追求精神自由,面对现实又强调"安命";道家从道的高度解读生命、解读生死,视生死为自然,以死亡为归宿于道。这些,提醒我们,要谦虚、低调,用人之长,同时不被他人所利用、不伤害他人;要重视身体、保护身体,做到知足常乐,不可沦为欲望的奴隶;要提升生命的境界,完善自己的人格,正视生命中不可解决的困难,乐观对待之;要坦然面对生与死,不必因为"死"的存在而妨碍当下的"活"。

道家与当代环境

任何存在都是环境中的存在,都与环境发生联系。环境是相对于某一存在物而言的,是与某一存在物发生联系并对某一存在物产生影响的各种因素的总和。我们通常意义上所说的环境,是相对于人类而言的,是与人类发生联系,并且对人类产生影响的各种因素的总和。它虽然包括人类生存于地球上的自然环境以及地球所处的太空环境,但是,主要是指自然环境。因为太空环境对人类所产生的影响从目前来看远未危及人类的生存,从而未成为"问题",而自然环境对人类所产生的影响尤其是负面影响已日益严重地制约并威胁着人类的生存,自然环境在人类的视域中已成为"问题"。基于此,本文所讨论的环境限于自然环境。在此意义上,所谓环境,也可称为自然。

人类自出现以来,便与自然环境发生联系。这种联系包括人类对自然环境的依赖、适应与改造,自然环境对人类的"庇护"与危害。从人类对自然环境的依赖来看,对自然环境没有实质性影响,那是人类对自然的依附;从人类对自然环境的适应来看,对自然环境也没有实质性影响,那是人类通过改造自己以应对自然;从人类对自然环境的改造来看,对自然环境有实质性影响,那是对自然的"驯服"。随着人类科技水平的不断提高，人类改造自然的能力和"野心"不断加强，对自然环境的改变不断加剧。人类对自然环境的改造，从纯粹的自然的维度来看，从客观的"中立"的立场来看，即是对自然环境本来"模样"的破坏；从人类的可持续发展来看，包括对自然环境的优化和破坏。我们现在所说的保护自然环境，是立足于人类的可持续发展而言的，并非立足于自然环境自身的维度而言的，主要包括对自然环境的优化以及对被破坏了的自然环境的"维修"或者说维护。

"环境"成为"问题"。如何保护和利用环境，如何处理人类与环境的关系，如何使得人类真正能够可持续发展，这不仅是社会问题，也是学术问题。于是，从哲学高度探讨人类与自然关系的环境哲学、生态哲学应运而生。虽然，环境哲学、生态哲学产生的时间并不长，但是，人类关于环境的"思考"很久以前就已经开始，而且从来就没有停止。在中国哲学领域，对环境问题的"思考"最为系统深刻的应该说是道家。道家的环境思想对于解决当下的环境问题，有其一定的参照作用。基于此，本文主要讨论道家的环境思想及其当代价值。

一

道家认为人类生长于天地之间、生长于天地间的万物之中，天、地以及天地间的万物构成了人类生长的自然环境，天地以及天地间的万物所构成的自然环境对于人类来说是最美好、最理想的环境。例如：为了能够长久地生存，人类希望天地能够长存，为人类提供生存的家园，而"天长地久"①，天地以时间维度的持久存在的特征满足了人类对于天地长存的愿望；为了人类能够维持最基本的生存，人类祈求天能够清明、能够充满光明，地能够静止、能够安宁，而"天得一以清，地得一以宁"②，

---

① 《老子·七章》。
② 《老子·三十九章》。

天地从诞生之日起就分别具有"清"和"宁"的特征。这说明,天地的特征、属性恰是人类所需要的,天地在人类的视界中是理想的、完满的。不唯如此,天地间的万物及其状态也是人类所需要的,在人类的视界中也是理想的、完满的。例如:"日月照而四时行","昼夜之有经,云行而雨施"①,人类希望日月轮番照耀大地,使白天充满阳光、夜晚也不至于十分黑暗;希望一年有春夏秋冬四季的变化,使人类能够春耕、夏耘、秋收、冬藏;希望日月运行有其规律,从而使昼夜变化也有其规律;希望云气浮动、雨水适时降落,使天气不至于干旱,人类和万物不至于缺雨少水。而日月运行、季节变化、雨水布施恰是如此,完全合乎人类的希望。再如:"天地相合,以降甘露,民莫之令而自均"②,人类希望甘露均匀分布,而甘露恰好就是均匀分布。

另外,就自然环境自身来说,构成自然环境的天地万物不仅对人类而言是理想的,其自身也是自足的,不需要人类加以改造的:"天地固有常矣,日月固有明矣,星辰固有列矣,禽兽固有群矣,树木固有立矣。"③天地本来就有其常道,日月本来就有其光明,星辰本来就有其排列次序,禽兽本来就有其群居之地,树木本来就有其生长的地方。简言之,构成人类生存环境的天地万物本来就是自足的,对其自身而言本来就是理想的。这样,即便人类为自然环境"着想"、为万物的生存"着想",也不必改造自然环境。

既然自然环境对于人类来说是理想的、完满的,人类就不需要改造自然环境。再说,如果人类没有意识到其身处的自然环境的理想与完满,试图按照自己错误的观念去改造自然、改造环境,其结果必将是自食其果:破坏了原本理想、完美的生存环境,使被破坏了的环境伤及自己。在道家看来,改造自然意

---

① 《庄子·天道》。
② 《老子·三十二章》。
③ 《庄子·天道》。

味"上悖日月之明,下烁山川之精,中堕四时之施"①,是对自然环境本然状态的毁坏,这种毁坏直接惩罚着人类。试想,日月之明混乱、四时之行混乱、山河大地改变,人类还能有美好家园吗?为此,道家以鱼与水的关系类比人类与环境的关系曰:"泉涸,鱼相与处于陆,相呴以湿,相濡以沫,不如相忘于江湖。"②鱼生存于水之中,水本是鱼最好的生存环境,如果鱼不满足于生存于水之中,改造其生存环境,使得水丧失而处于陆地,即使"相呴以湿,相濡以沫",也无济于事,无法逃脱死亡的命运。同理,人类生长于自然之中,自然环境本是人类最理想的生存环境,人类不满足于其身处的环境而改造之,其结果是破坏自然,丧失其本来理想的生存环境,难逃厄运。因此,道家警醒世人曰:"圣人处物不伤物。不伤物者,物亦不能伤也"③,只有人类不破坏自然环境,自然环境才不伤害人类,并为人类生存提供最好的保障。

还有,在人类与自然之间,人类只能在局部的领域暂时地战胜自然,最终将无力改变自然,并因此而屈服于自然。因为在道家看来,"道大,天大,地大,人亦大。域中有四大,而人居其一焉。人法地,地法天,天法道,道法自然"④,人类虽然是宇宙中高贵的存在,但是,在人类与天地之间,天地优越于人类,人类不仅无力撼动天地,反而要从天地那里获取生存智慧⑤;因为在道家看来,天地万物有其固有的本性,这种本性是包括人力在内的任何外力所不可改变的。例如:"飘风不终朝,骤雨

---

① 《庄子·胠箧》。另,《庄子·天运》作:"上悖日月之明,下睽山川之精,中堕四时之施。"
② 《庄子·大宗师》。另,《庄子·天运》作:"泉涸,鱼相与处于陆,相呴以湿,相濡以沫,不若相忘于江湖"。
③ 《庄子·知北游》。
④ 《老子·二十五章》。
⑤ 例如:《老子·七章》云:"天地所以能长且久者,以其不自生,故能长生。是以圣人后其身而身先,外其身而身存。非以其无私邪?故能成其私",即是如此。

不终日。孰为此者?天地。天地尚不能久,而况于人乎?"①狂风暴雨是短暂的,高于万物的天地都不能使狂风暴雨持续不止,更何况比天地弱小的人类呢?再如:"物或损之而益,或益之而损"②,万物按照其固有的本性而变化发展,不以人类的意志为转移,当人类违背其本性时,即呈现出与人类意志相对立并超越人类意志的一面。由此,道家从人性之维度总结道:"人之不能有天,性也"③,谓人类无力从本质上改变自然,这是由人之为人的本性所决定的。

  道家视界中的自然环境是理想的,不需要改造的。这种观点提醒我们,要懂得欣赏和赞美自然,在欣赏和赞美自然之时享受并珍惜自然所带给人类的恩惠,对自然始终怀有感恩的心;在人类与自然发生冲突、矛盾时,要"维护自然存在,捍卫自然生命,反对残朴为器"④,首先从人类自身寻找原因,同时,对待自然要更加"宽容"。人类由于急功近利而"错怪"了自然,由于没有真正理解自然而"冤枉"了自然,由于自私、只图自己的利益而"抛弃"了自然,也许才是人类与自然发生冲突、矛盾的真实原因。意识到这一点,人类就不应轻易改变并破坏自然。此外,即使人类与自然的冲突、矛盾是客观的,也应尽量从人类自身的角度化解这种冲突和矛盾,在维护自然的前提下,尽量通过提高人类的科学水平来超越、克服这种冲突和矛盾。道家所谓圣人"常善救物,故无弃物"⑤,就是要求人类不仅不要嫌弃无用甚至有害之物,还要宽容并使这些无用甚至有害之物变得有用。扩而言之,就是要求人类不要简单地视不利环境为有害环境而随意改造之,而要在利用有利环境之时能够容纳不利环

---

① 《老子·二十三章》。
② 《老子·四十二章》。
③ 《庄子·山木》。
④ 谢阳举、方红波:《庄子环境哲学原理要论》,载《西北大学学报(哲学社会科学版)》,2002年第4期,第20页。
⑤ 《老子·二十七章》。

境，并通过改造自己适应这些不利环境，使得不利环境对人类有利并在人类的视域中"完美"起来。道家视界中的自然环境从根本上讲是人力所无法改变的，因为天地高于人类，构成自然环境的天地万物的固有属性是不可改变的。这种观点提醒我们，不要无限放大人类的力量，不要在自然面前为所欲为，更不要以自然的主宰者自居，要清醒地认识自己，要学会约束自己，要尊重自然的规律，要尊重自然万物的本性，在自然面前不仅要懂得感恩，还要懂得谦卑。只有这样，我们才不会将自然仅仅看作任人宰割的被动性的弱小的存在，才不会因毁坏环境而遭受环境无情的报复，才不会先毁坏环境然后又不得不保护环境。人类面对自然所犯的错误、所做的蠢事，不正是"唯我正确"、"唯我独尊"所造成的吗？

二

自然环境对于人类是理想的、完满的，自然环境已给予了人类最美好的生存环境、生存家园。那么，人类即便是"自私"的存在，即便仅仅为了自己，也不应改变自然环境。所以，面对自然，道家提出"无为"。道家的"无为"，"完全是为了避免人为地破坏自然而然的东西，当然也是为了避免破坏自然资源以及生态环境"①。关于"无为"，道家云："圣人处无为之事，行不言之教，万物作焉而不为始，生而不有，为而不恃，功成而弗居"②，"不创不作，与天地合德"③，"因而不为"④。即是说，对自然环境无所为，不用人为去干扰自然环境，而是任凭构成自然环境的万物生长变化，并不把万物的生长变化看作是人类人为的结果，更不将万物据为己有。在此意义上，从自然与人类的关系

---

① 乐爱国：《道教生态学》，北京：社会科学文献出版社，2005年，第55页。
② 《老子·二章》。
③ 《鹖冠子·天则》。
④ 《吕氏春秋·知度》。

来看,道家所谓的"无为",也就是不在自然面前妄为,不改变自然的本来面貌,用英国著名科技史专家李约瑟的话说,就是"不做违反自然的活动","不固执地要违反事物的本性"①。因为人类在自然、在环境面前的"无为",自然环境就不会反过来报复人类,相应的,人类在自然、在环境面前也就不会失败,所以,道家说:"无为,故无败;无执,故无失。"②

人类的存在以自然为依赖。人类视自然为理想的存在,对自然无为,只是说明不应破坏自然,并不意味对自然无所取,否则,人类就失去其最基本的物质来源。如何从自然中获取生活资料、物质来源?道家以为要做到因顺自然,并且取之有度。所谓因顺自然,就是顺应天地万物之本性,不改变天地万物之本性。对此,道家有颇为详细的论述。老子云:"辅万物之自然而不敢为"③,《黄帝四经》云:"因天之则"④,稷下道家云:"因也者,舍己而以物为法者也"⑤,《吕氏春秋》云:"性者,万物之本也,不可长,不可短,因其固然而然之,此天地之数也"⑥,《淮南子》云:"因天地之自然"⑦,都是强调因顺自然万物之本性,不可以违背自然万物之本性而妄为,更不可以因妄为损坏自然万物之本性。此外,庄子还以"养鸟"⑧为例,表达其因顺自然的思想:用人类的生活方式去"养鸟",也即"以己养养鸟",背离了鸟

---

① 李约瑟:《中国科学技术史》第二卷,北京:科学出版社,上海:上海古籍出版社,1990年,第76页。
② 《老子·六十四章》。
③ 《老子·六十四章》。
④ 《黄帝四经·称》。
⑤ 《管子·心术上》。
⑥ 《吕氏春秋·贵当》。
⑦ 《淮南子·原道训》。
⑧ 《庄子·至乐》载:"昔者海鸟止于鲁郊,鲁侯御而觞之于庙,奏九韶以为乐,具太牢以为膳。鸟乃眩视忧悲,不敢食一脔,不敢饮一杯,三日而死。此以己养养鸟也,非以鸟养养鸟也。夫以鸟养养鸟者,宜栖之深林,游之坛陆,浮之江湖,食之鳅鲦,随行列而止,委蛇而处。"

的天性、鸟的生活习性，只会好心办坏事，使鸟最终死亡；用鸟的生活方式去"养鸟"，也即"以鸟养养鸟"①，符合鸟的天性、鸟的生活习性，鸟才能快乐、自由。同理，对待自然万物、对待人类的生存环境，人类要尊重万物之本性，顺乎万物之本性，使万物按其本性自由发展。换言之，"天地万物都有其自然本性及其生存方式，不可按照人的私欲随意加以改变。人的行为应当合于自然，顺乎性命之情"②。唯有如此，自然万物——人类的生存环境才会在保持其本来面目的前提下为人类提供源源不断的生活给养。

所谓取之有度，就是因顺天地万物，在不破坏自然、不破坏环境的前提下获取人类生存所必需的生活资料、物质财富，用今本《文子》的话说，即是"上因天时，下尽地理"，"不涸泽而渔，不焚林而猎"③。道家之所以提出取之有度，是因为在任何具体条件下，环境所能给予人类的资源都是有限的，人类不能超越环境的有限性去从自然中获取财富。还有，人类的有些"非分"的要求、"恶劣"的欲望违背了自然的本性，会对自然环境构成威胁乃至伤害。不破坏自然、不破坏环境，人类才能真正维护环境，通过环境的持续发展保证人类的可持续发展。如果破坏自然、破坏环境以获取人类生存所必需的生活资料、物质财富，人类只能获得暂时的物质满足，终将受到自然、环境的惩罚。如此，即便在因顺自然、保护环境与从环境中获取物质财富发生冲突时，即便在不破坏自然、不破坏环境就不能获取足够的物质财富时，道家都强调保护自然、爱护环境，并在此前提下提出"知足""寡欲"，要求通过压缩人类的基本需求来化解冲突，

---

① 《庄子·至乐》。
② 蒀荣晋：《"道法自然"与生态智慧》，载《新视野》，2011年第5期，第74页。
③ 《文子·上仁》。另，今本《文子》之真伪，学术界虽有争论，但是，今本《文子》乃道家著作，是确定无疑的。还有，《淮南子·主术训》也有几乎一样的文字："上因天时，下尽地财"，"不涸泽而渔，不焚林而猎"。

从人类自身的角度解决人类的生存困境:"祸莫大于不知足,咎莫大于欲得。故知足之足,常足矣"①,"少私寡欲"②,"生有害,曰欲,曰不知足"③。这是说,懂得满足、减损欲望,降低生活需求,即可解决物质财富不足、生活资料缺乏的问题。反过来,如果在物质财富不足、生活资料缺乏的情形下,还膨胀物欲、追求奢华,对自然环境强取豪夺,就会祸从中来。"知足""寡欲"落实到人类的穿衣吃饭等日常生活之所需,道家云:"圣人食足以接气,衣足以盖形,适情不求余","至人量腹而食,度形而衣"④,谓饮食只是为了延续生命,衣着只是为了遮住身体,不求多余的食物和布匹,仅是满足生命最基本的需求。道家因为对自然环境的取之有度而提倡节衣缩食、只需维持生命的最基本的需求,与墨家"节用"思想有些相似。

  道家视界中的自然环境是理想的,因而面对自然只需"无为",或者说,不必为。这种观点提醒我们,不要人为地轻易改变自然,更不要为了人类暂时的需求而破坏自然;要超越人类与环境相对立的思维,要超越"有为"的心态,以"无为"的方式对待自然、处理人类与环境的关系,充分发现自然的完美与伟大;要保持自然的原貌,在最大限度地保持自然的原貌的前提下利用自然。道家视界中对待自然的理想方式是因顺自然,这种观点提醒我们,为了更好地处理人类与自然、与环境的关系,要充分地认识自然,了解自然万物的本性,然后顺应自然的本性、顺应构成自然的万物的本性而为,一方面让自然和万物得以自由发展,为人类提供最美好的家园,不至于在对自然、对万物的"无知"中冲撞自然、毁坏自然,另一方面把握自然,理解万物,为自然万物的自由发展提供更好的服务,也即为人类的生

---

① 《老子·四十六章》。
② 《老子·十九章》。
③ 《黄帝四经·经法·道法》。
④ 《淮南子·精神训》。

存提供更好的环境,而不是企图控制自然、主宰万物。人类初期,生产力水平极为低下,难以认识自然、理解环境,表面上看似乎是被自然、被环境所操控,对自然万物特别是天地充满了敬畏甚至恐惧。在人类进入"现代"以来,科学发展日新月异,人类得以深入地认识自然、理解环境,得以掌握天地万物发生发展的规律,总有反过来主宰自然、主宰万物的欲望,物质需求的随之加大、物质欲望的随之增强,使得人类主宰自然、主宰万物的欲望变成盲目乐观的行动,其结果便是对自然的毁坏、被自然的无情报复。道家因顺自然的理念,在当代就显得尤为重要。道家视界中的环境所能提供的生活资料、物质财富是有限的,要求人类取之有度。这种观点提醒我们,不要过度开发和利用自然,要考虑到环境的持续发展以及人类的可持续发展,要为人类的未来着想,要为子孙后代留下更好的生存空间,同时,随着自然科学的不断发展,人类在不破坏环境的前提下虽然能够取得越来越多的物质资源,提高人们的生活质量,但是,也不可以奢侈浪费,养成奢靡之风。

三

自然环境对于人类来说是理想的,人类不需要改变自然环境,就能获得最好的生存环境。这意味着"人和自然界混而为一,纯朴不分,万物处于最好的状态,人们的生活资料丰赡富足"①。换言之,人类与自然环境是天然和谐乃至融为一体的,用庄子的话来说,即是"人与天一也"②。对于人类与自然环境的和谐乃至融为一体,道家有繁多且大致相似的论述:"至德之世,其行填填,其视颠颠。当是时也,山无蹊隧,泽无舟梁;万物群生,连属其乡;禽兽成群,草木遂长。是故禽兽可系羁而游,

---

① 佘正荣:《中国生态伦理传统的诠释与重建》,北京:人民出版社,2002年,第63页。
② 《庄子·山木》。

鸟鹊之巢可攀援而窥。夫至德之世,同与禽兽居,族与万物并"①,"入兽不乱群,入鸟不乱行"②,"古之人,在混芒之中,与一世而得淡漠焉。当是时也,阴阳和静,鬼神不扰,四时得节,万物不伤,群生不夭,人虽有知,无所用之,此之谓至一。当是时也,莫之为而常自然"③,"卧倨倨,兴盱盱;一自以为马,一自以为牛;其行蹎蹎,其视瞑瞑;侗然皆得其和,莫知所由生;浮游不知所求,魍魍不知所往"④。

由道家的以上论述可知,道家认为自然环境由山河大地、阴阳四时、草木禽兽等所组成,山河大地、阴阳四时、草木禽兽等与人类是和谐相融的:人们不以山高地险、河深水急为人类生存的障碍,因而没有修路造桥,没有挖隧道、用舟船,更没有试图改变山河大地的面貌,而是以山川之本然状态为美、以造化之神奇为伟大;人们不以阴阳变化之莫测、四时更替之冷暖转换为人类生存的阻碍,因而没有扰乱阴阳之序以及阴阳转化,没有抱怨冬冷夏热,更没有试图改变阴阳四时之序以及阴阳四时的变化,而是以阴阳为和顺宁静、以四时更替为合乎节令;人们不以草木禽兽为人类生存的威胁,因而没有清除杂草、砍伐树木,没有驱赶甚至袭击禽兽,更没有与草木禽兽为敌,而把自己打扮成"受害者"、把草木禽兽塑造成"敌人",而是任由草木肆意生长,任由禽兽结伴成群。正因为如此,万物自由生长而不受干扰,更不被伤害;人类"甘其食,美其服,安其居"⑤,从质朴、简单的生活中品茗出甘甜与幸福;人类与草木禽兽无高低贵贱之分,相伴相依,其乐融融,以至会忘却自己是"人"而与禽兽同类、与万物为一,消融于茫茫自然之中。在此天人一

---

① 《庄子·马蹄》。
② 《庄子·山木》。
③ 《庄子·缮性》。
④ 《淮南子·览冥训》。
⑤ 《老子·八十章》。

体、物我不分的境界下,人类被自然化,或者说,被自然同化,保有其质朴自然的本性,自得、自由的存在,诗意盎然地生活于蓝天之下、大地之上。

为了表达人类与自然的和谐相融,以至消融于自然之中,道家还以鱼水关系为喻,比拟人类与自然的关系:"鱼不可脱于渊"①,"鱼脱于渊,则必见失矣"②,"儵鱼出游从容,是鱼之乐也"③。这是说,水不仅是鱼的生存环境,而且还是鱼最理想的生存环境,所以,鱼如果离开了水,就将死亡;鱼在水中,就是鱼最好的生存状态。鱼最好的生存状态表现为鱼在水中之"乐"、鱼在水中的生活方式本身就是"乐",以及鱼隐身并沉醉于水之中以至于看似成为水的组成部分。与此相似,天地万物所构成的自然环境不仅是人类所生长的环境,而且还是人类最理想的生长环境,所以,人类离开了自然环境将无法生存,改变了自然环境将遭受惩罚;人类身处自然环境之中,就是人类最好的生存状态。人类最好的生存状态表现为人类处于自然之中,以处于自然之中为"乐":"山林与,皋壤与,使我欣欣然而乐与"④;表现为人类与自然融为一体,以至成为自然的组成部分,并且满足、陶醉于这种人类与自然的融合。

道家视界中的人类与自然是和谐相融的。这种观点提醒我们,要善待自然,善待万物,不要因为人类的智商高于禽兽,不要因为人类的科技水平早已达到"战胜"局部的自然的水平,就可以在自然面前为所欲为;要利用人类的智力、利用人类的科技手段去发现自然万物的美丽与可爱,去感受自然万物带给人类的幸福和美好;要在人类与自然的平等相处过程中体悟自然的诸多"好处",而适当忽略其给人类造成的不便乃至伤害,

---

① 《老子·三十六章》。
② 王弼:《老子注·三十六章注》。
③ 《庄子·秋水》。
④ 《庄子·知北游》。

更不可以夸大其"坏处";要尽量调整自己,适应自然,协调好人类与自然的关系,从而将自然的某些"缺陷"化为独特的"优点"。尊重自然,爱护自然,与自然平等,对自然友善,我们才可以真正地感受并且享受自然所给予我们的乐趣,在闲暇之时寄情山水,在身心疲倦之时回归自然的怀抱。把自然看作"对手"甚至"敌人",不仅使自然在我们的心中失去了其固有的美丽与魅力,也意味人类失去了其"朋友"、人类的心中只有自己,因而变得孤独,并因孤独而焦躁。道家视界中的人类因与自然和谐而孕育出朴实自然、纯真无邪的品性。这种观点提醒我们,与自然为友,多关注自然、热爱自然、亲近自然,我们才可以像自然那样质朴实在,才可以远离卑鄙和狡黠、拒斥势利和功利,对自然、对他人充满大爱,并因此在人与人的相处中能够自然地流露出纯真的德性,在利益面前能够自然地保持冷静而不至于迷失方向,在欲望面前能够本能地抵御诱惑而不至于丧失自己。如此,不仅自然在人类的视域中是纯真无邪的,人们在彼此的视域中也是纯真无邪的;人类所身处的世界,不论是自然界,还是人类社会,都将是美好的。

由上可知,在道家看来,自然环境是理想的、美好的,不需要人类加以改造的,人类对待自然环境只需"无为";自然万物有其固有的属性,是人类所无法改变的,人类只能因顺自然而无所为;自然环境能够给予人类的物质给养是有限的,人类要取之有度、知足常乐;自然环境与人类是和谐相融乃至融为一体的,人类要爱护和亲近自然;人类在与自然的和谐相处中不仅诗意地生活于自然之中,而且还拥有朴质纯真的本性。这些,提醒我们要爱护自然、赞美自然、尊重自然,要尽可能地通过提升自己的能力以适应自然、顺应自然,要在与自然的交往中获得快乐、获取生存智慧,要让自然与人类都能得到可持续发展。

第二辑

老子的思想世界

《老子》引文中的思想世界
——兼及老子的思想世界

老子思想不是无中生有,应有其源头,这源头包括《老子》中没有直接引用的文献以及直接引用的文献。由于《老子》直接引用的文献,今已不存,只剩下直接引用的文献中被引用的引文本身,而且这引文还是借助于《老子》才被保存下来,因此,我们探讨老子思想的源头时,要研究《老子》中直接引用的文献,实际上只能利用引文,而不可能是引文所在的文献。

当我们把《老子》中的引文当作老子思想之源来解读时,这些引文在我们笔下虽有其思想,其思想也是零散的。如果我们把《老子》中的引文看作一个整体来把握时,我们会惊讶地发现,这些引文本身构成了一个较为完整的思想世界,其思想世界同老子的思想世界若即若离,并且在老子的思想世界中若隐若现。似乎是《老子》引文的思想世界引导老子创造其思想世界,老子的思想世界是其引文的思想世界的放大和系统化;又似乎是老子为创造其思想世界,将与己有关的文献、为己所需的文献剪裁后引入自己的文本、自己的思想世界,使其呈现出自己的思想特质。所以,《老子》引文中的思想世界因为老子的思想世界而变得别有意味,研究《老子》引文中的思想世界对探究老子的思想世界又颇为重要。

一

老子思想以道为核心,道在老子思想中是宇宙万物的本原和主宰,道也因此而区别于宇宙万物,具有超越感知的属性。《老子》中的引文虽然没有明确指出道的本原性和主宰性,但是,其关于道的表述和刻画,凸显了道与物的界限和区别以及道的超验性,蕴含着本原的"种子"或者说因素。另外,道还是《老子》引文中最为重要的范畴。因此,可以说,老子对于道的选择、道的建构肯定与此有关,且受此启发。

此条引文是:"建言有之:'明道若昧,进道若退,夷道若颣,上德若谷,大白若辱,广德若不足,建德若偷,质真若渝,大方无隅,大器晚成,大音希声,大象无形。'"①

这里,道是"明道""进道""夷道",光明、前行而平坦,乃理想之大道,其"若昧""若退""若颣",看似暗昧、退后而崎岖;道"明""进""夷",人们却以为其"昧""退""颣"。这些,乃是错觉所致,原因在于道自身不可以感知,人们当然无以正确认知;德是"上德""广德""建德",崇高、广大而刚健,乃理想之德,其"若谷""若不足""若偷",看似山谷、不足且懈怠;德"上""广""建",人们却以为其好似"谷""不足""偷"。这些,也是错觉所致,原因在于德自身也是不可以感知,人们也当然无以正确认知。由于德源于道,德是得于道者,乃道之化身,所以,德之属性、特征源于道之属性、特征,并与道之属性、特征相一致,乃至相同。因之,上述关于德的描述本质上也可以说即是关于道的表述。

由于道和德超越感知,不可以认知,据此可知,道和德既不是物,也不同于经验世界中的道,只能是超越于物、超越于经验

---

① 《老子·四十一章》。

之道的形上存在，因为万物和经验之道都是可以认知的。由于无论在经验世界还是在信仰世界，超验的存在、形上的存在对于经验和形下，万物和人类都是神秘的，都是只可以膜拜的，都具有主宰的力量，这意味着，引文中的道（包括德）对于宇宙万物具有主宰性，只是引文没有明确说出道的主宰性而已。

老子谓道曰："视之不见"，"听之不闻"，"搏之不得"，"迎之不见其首，随之不见其后"①，明确赋予道以超越感知的属性，明显受此引文影响，是对此引文中道之不可感知的属性的具体化说明；老子以"谷神"②比喻道，谓道为"谷神"，显然是由引文中"上德若谷"获得灵感：道之空虚之属性虽然类似于山谷之空虚，但是，道毕竟不同于且高于山谷，所以，只能是"谷神"。至于老子谓"道常无为而无不为"③，"万物莫不尊道而贵德"④，以道为万物之主宰，则是将引文中潜藏的道的主宰性明晰化。而老子谓"道生一，一生二，二生三，三生万物"⑤，是万物的本原，则是对引文中潜藏的道的主宰性的扩展和发展：道的主宰性，指道主宰万物的存在式样，主宰万物从生到死的整个过程，如果这种主宰性扩展到主宰万物之"生"，那么道就成为万物之源。

基于人们惯于从经验之维理解道，视道为"物"或者物之一种，此引文说，即便道被理解为物，例如，被理解为"白""方""器""音""象"之类的物，那么，道也是"大白""大方""大器""大音""大象"之类"大"物。而且，道即使是"大白""大方""大器""大音""大象"之类"大"物，也不具有"白""方""器""音""象"之类的物的特征，从而区别并超越于"白""方""器""音""象"之类

---

① 《老子·十四章》。
② 《老子·六章》。
③ 《老子·三十七章》。
④ 《老子·五十一章》。
⑤ 《老子·四十二章》。

的物,因为道本质上根本就不是物,更不会因人们这错解而变为物。比如,"大白"不白,反而有黑垢;"大方"不方,没有方的棱角;"大器"不是器,难以做成功;"大音"无音,没有声音;"大象"无象,没有形状。既然"大白""大方""大器""大音""大象"之类"大"物不具有"白""方""器""音""象"之类的物的特征,那么,其就不是"白""方""器""音""象"之类的物,其应该具有道的特征,可以说是道的显现,甚至可以说就是道本身。换言之,"大白""大方""大器""大音""大象"之类"大"物因为不具有物的特征而不是物,只能是道。这样,道被理解为物也是特殊的、不具有物的特征的"大"物,道、物相较,表面上道是"大"、物是"小",实际上道之"大"是超越了物之特征的"大",物之"小"是拘限于物之特征的"小"。相应的,道之"大"表明了道之空间意义上的无限性,物之"小"说明了物在空间意义上的有限性。而正因为道在空间意义上的无限性,道才不可以被感知。这也从空间和视觉之维解释了道超越感知的原因。

老子尝试给道命名时说:"强为之名曰大"①,用"大"名道,同时又觉得这种命名比较勉强,应是深刻体悟此引文所得。老子说:道"无状之状,无物之象"②,谓道无"状之状"、无"物之象",应是从"大象无形"以及道在空间意义上的无限性所得出的结论。老子说:"道之为物,惟恍惟惚"③,道即使被理解为物,也是没有物的特征的恍惚性、虚无性存在,这是对此引文中道被理解为物也不具有物的特征的思想的继承和提炼。

二

中国古代思想有指引人生方向、规范人生行为的丰富内

---

① 《老子·二十五章》。
② 《老子·十四章》。
③ 《老子·二十一章》。

容。《老子》引文中有这方面的表述两条,其思想主旨可以归结为委曲求全、守柔处弱。老子关于人生的学说似也可以如此归纳,由此可见《老子》引文的思想与老子思想在人生学说领域的趋同,以及老子对于《老子》引文中人生思想的总体上的吸纳和继承。

此两条引文是:"曲则全,枉则直,洼则盈,敝则新,少则得,多则惑"①;"人之所教,我亦教之:'强梁者不得其死'"②。

第一条引文认为"曲""枉""洼""敝""少"虽与"全""直""盈""新""得"相对,既是"全""直""盈""新""得"的反面,也是实现"全""直""盈""新""得"的障碍,但是,如果能够正视和利用"曲""枉""洼""敝""少",从"曲""枉""洼""敝""少"中挖掘"全""直""盈""新""得"的因素,并加以创造性转化,"曲""枉""洼""敝""少"未尝不是成就"全""直""盈""新""得"的一种路径,甚至是绝佳路径。因此,"曲"反而能够"全","枉"反而能够"直","洼"反而能够"盈","敝"反而能够"新","少"反而能够"得"。相反,"多"则可"得","多"虽与"得"一致,应是"得"的途径,并且似乎是唯一途径,但是,过分地贪多而不加以节制,则导致由"得"而"惑"。"多则惑","多"未尝不是"得"的祸害、"得"的陷阱。

这是以"曲则全,枉则直,洼则盈,敝则新,少则得"等为例,或者说为喻,说明人生所面临的生存环境是曲折多变的,而且这曲折多变的生存环境也是人生所别无选择,且极其险恶的。适应险恶的环境,委屈自身,以保全自己,是人生之首务。在保全自己的前提下,充分利用这不利的环境,化被动为主动,化逆境为顺境,方可施展才情,壮大自己,在实现人生目标的同时,也彻底改变自身存在的不利环境。这时,恶劣的生存环境虽是实现人生追求的阻碍,也未尝不可以成为激励人生奋发向上的

---

① 《老子·二十二章》。
② 《老子·四十二章》。

起点,实现人生追求的通途和大道。同时,这也是以"多则惑"为例或者说为喻,说明人生即使处于顺境,如果不善于把握和利用,不懂得顺境的限度,更不懂得居安思危,这种顺境对于人生何尝不是一种逆境,何尝不是一种伤害和阻碍。

老子深悟此道,在引用此条引文后,得出人生感悟曰:"不自见,故明;不自是,故彰;不自伐,故有功;不自矜,故长。夫唯不争,故天下莫能与之争"①,并且还感叹道:"古之所谓'曲则全'者,岂虚言哉?诚全而归之"②,认为"曲则全"等引文所表达的人生智慧绝非虚言假话,确乃保全人生的真理。其"不自见,故明"等等,是对"自见,故明;自是,故彰;自伐,故有功;自矜,故长。夫唯争,故天下莫能与之争"之类看似人生经验、人生实践指南的否定,蕴含"曲则全"般的睿智。

人不是孤立的存在。任何人的存在都是社会的存在,都有其存在环境,而环境则是由"他人"和"他物"所构成。前者构成人的存在的社会环境,后者构成人的存在的自然环境。为了生存,为了人生目标、人生理想,人必须与他人发生"关系",这种关系既包含互助,也包含竞争。狭隘地看,竞争需要力量,成功者往往都是强者。也就是说,"强梁者"必胜。但是,第二条引文却认为"强梁者"必败,且"不得其死",显示出了超越常人的非凡的人生智慧。在通常情况下,"强梁者"在竞争中因为强大而成功,因为成功而更加强大,但是,如果缺乏自律,缺乏警醒,就会因为强大而强暴,因为强暴而纵欲妄为,误以为可以越出规范和秩序,可以践踏道德和法律,可以对所有弱小者施暴,其最后的下场只能是彻底失败。再说,两强相争,必有一败,甚至两败俱伤;任何强者都不是绝对的,"强梁者"遭遇比自己更为强大者,也只能以失败收场。更为可悲的是,那些明明弱小却自以为"强梁"者,空想、夸张自己的所谓"强",妄图以强胜弱,

---

① 《老子·二十二章》。
② 《老子·二十二章》。

不但失败,而且失败得令人可笑。所以,"强梁者不得其死"。反过来,弱小者因为弱小而懂得退让,懂得委屈自身,并且懂得在退让和委屈中积聚力量、实现目标,反而能够在争斗中保全自己,让自己"生",让自己"胜",并有善终;强大者如果能够遵守规则,善待他人特别是弱者,懂得进退,适时示柔,以弱自居,不以强逞雄,也能做到既战胜对手,实现自我,又能保全自己,获得善终。

老子受其影响极大,因此说道:"吾将以为教父"①,以此作为人生信条,以及教育他人的最重要的内容。至于老子主张"坚强处下,柔弱处上","守柔曰强"②,"坚强者死之徒,柔弱者生之徒"③,"柔弱胜刚强"④,"弱之胜强,柔之胜刚"⑤,发掘柔弱的优点,凸显柔弱的价值,放大强大的弱点,反思强大的危害,认为刚而守柔、强而示弱、守柔示弱才是真正的强大,才可真正的无往不胜,反过来,刚而不守柔,强而不示弱,甚至以柔为刚,以弱为强,以刚强自居,一味追求并展示强大,则必然失败,必然是自寻死路。这些,都是对此引文的诠释和发挥。

三

中国古代思想的最大特征是政治性,所谓中国古代思想的伦理性也是其政治性的反映。为王者提供为政天下的理论、方案,是历代哲人挥之不去的情结,老子也不例外。《老子》有这样的引文三条,大致包括内圣和外王两个方面,其中,第一条引文主要论述内圣,第二条、第三条引文主要论述外王。在论述外王之中,第二条引文侧重于内政,第三条引文侧重于外交。

---

① 《老子·四十二章》。
② 《老子·五十二章》。
③ 《老子·七十六章》。
④ 《老子·三十六章》。
⑤ 《老子·七十八章》。

老子的为政思想与其大体一致,明显是对其承继和发展。

这三条引文是:"圣人云:'受国之垢,是谓社稷主;受国不祥,是为天下王'"①;"圣人云:'我无为而民自化,我好静而民自正,我无事而民自富,我无欲而民自朴'"②;"用兵有言:'吾不敢为主而为客,不敢进寸而退尺'"③。其中,第一条引文言内圣,第二条引文和第三条引文言外王。

社稷主和天下王乃统治天下的君王。第一条引文认为获得民众衷心拥戴,成就建国大业,成为社稷主、天下王的前提是甘愿"受国之垢""受国不祥",也即自觉承担国家的屈辱和灾难,把民众的苦痛看作自己的苦痛,把国家的祸患看作自己的不幸乃至罪过,甚至甘愿以自己的伤痛和磨难换取民众的幸福、国家的安定。这是人生之至善、君王之至高境界。拥有这种德性和境界的人才是真正的圣人、理想的统治者。

老子的"上善若水。水善利万物而不争,处众人之所恶,故几于道"④所论述的"上善"理论,"贵以贱为本,高以下为基,是以侯王自谓孤、寡、不穀"⑤所论述的"贱""下"理论,以为人生之至善、为君之至德在于利他、处"恶",在于谦卑、处下,君王之谦下、为民体现于通过自称"孤、寡、不穀"而将天下的苦难加赋于己,都是对此条引文的拓展和阐发。

圣人是理想人格,也是理想君王的化身。第二条引文是说,为政天下的理想君王是圣人,君王应首先成就自己,成为圣人,然后才可以治国平天下;圣人治国平天下的理想方法、最佳路径,应是"无为"。圣人的无为包括"好静""无事""无欲"等方面,其中,"好静""无事"是圣人无为的外在显现,呈现为无所为

---

① 《老子·七十八章》。
② 《老子·五十七章》。
③ 《老子·六十九章》。
④ 《老子·八章》。
⑤ 《老子·三十九章》。

的行为状态,这种状态给予民众以最大限度的信任和自由,听任、鼓励民众按其本性尽情发挥其才能;"无欲"是圣人无为的内在体验,表现为无所求的心理状态,这种状态对于民众具有潜移默化的示范、引导作用,让民众因"无欲"而回归自身本有之"朴"。圣人治理天下为什么必须"无为"而不可以"有为",此条引文解析得透彻、明白:民众所追求的目标是"化"(顺化)、"正"(端正)、"富"(富足)、"朴"(淳朴),而圣人为政天下,其治理民众的目标也是"化""正""富""朴",二者是完全一致的,而且,民之"化""正""富""朴"还是通过民众"自化""自正""自富""自朴"的途径和方式自然实现的,无需圣人的作为。相反,圣人的任何作为,不管其用意如何,都不仅是对民众的自然的生存状态、淳朴的生存理想的干扰和破坏,而且也是对自己的为政目标的干扰和破坏。

　　老子赞美"无为",视"无为"为理想的治理天下的方法。其"圣人处无为之事,行不言之教"①,解"无为"为行动上的无为,教化上的不言;其"圣人无为,故无败"②、"为无为,则无不治"③,对于无为而治的理想的政治效果"无败""无不治"的反复诉说,都是对此条引文的发挥与深化。

　　如果说第二条引文所构想的圣人无为而治的治国模式属于"对内",也即属于对国内的治理,那么,第三条引文则专言"对外",也即专门探讨处理国家之间的关系。由于战争是国与国之间的关系的极端形式,更由于春秋末期诸侯国之间兼并战争的不断发生,第三条引文主要探讨外交的特殊情境——战争状态下的"用兵"之道。此条引文认为用兵之道在于退守、忍让,后发制人,做到以守为攻、以退为进,更不主动挑起战争。由用兵之道,扩而言之,扩展到一般意义上的对外政策、和平时

---

① 《老子·二章》。
② 《老子·六十四章》。
③ 《老子·三章》。

期的外交方针,则"吾不敢为主而为客,不敢进寸而退尺"的退守策略,又包含谦下、示柔以及不主动制造矛盾对立,它要求圣人也即理想的统治者无论在强大还是弱小时,都要与邻国友善,和睦相处,绝不制造事端,绝不侵略、兼并他国。

老子所言的处理国与国关系的基本法则:"大国以下小国,则取小国;小国以下大国,则取大国。故,或下以取,或下而取。大国不过欲兼畜人,小国不过欲入事人。夫两者各得其所欲,大者宜为下"①,要求国家之间,无论是大国还是小国、强国还是弱国,都要做到谦下,尤其是大国、强国更要做到谦下,并通过谦下获得对方的信赖,从而既彼此相安无事,又能实现各自的目标,就是此条引文所蕴含的深刻思想的提升和扩展。

由于老子对第三条引文还作了如下的解读:"是谓行无行,攘无臂,扔无敌,执无兵。"②此条引文所言的退守忍让、后发制人的战术,还有以静制动,静观其变,隐藏实力、保守秘密等意图。如此,扩展到一般意义上的对外政策、和平时期的外交方针,这种退守、忍让与后发制人,就不仅是为了同他国和睦相处,做到睦邻友好,还是为了在和睦、友好的背后掌握主动、控制局面。老子所说的"大国者下流"③,其退让、谦下的背后,不也正是为了更好地掌控他国吗?

由上可知,《老子》中的引文虽然是研究老子思想之源头的直接史料,但是,其自身不是零散的,具有相对独立的价值,构成一个相对完整的思想世界:道具有本原意味,是超越感知、不可认知的无限存在,道物之间有着明显的界限;面对人生困境,要委曲求全,在逆境中求得生存、获得发展;立身处世,要居于柔弱,不可逞强称雄;圣人为政天下,要实行无为而治,顺应民

---

① 《老子·六十一章》。
② 《老子·六十九章》。
③ 《老子·六十一章》。

众之自然本性,对他国谦下、示柔。《老子》引文中的思想世界同老子的思想世界有着惊人的相似之处,是老子思想世界的一面"镜子",能够"照见"老子思想的方方面面。

老子的自然世界

自然与人类相对,乃人类生存和发展的物质基础,也是人类思想和智慧的源泉,对自然的认知是人类生存和发展的永恒的主题。对自然的认知,无论是宗教的、哲学的,还是科学的、艺术的,都构成人类的自然"观"、人类视界中的自然世界。人类恰是凭依其自然"观"、其视界中的自然世界来解决人类生存和发展问题,应对人类和自然的关系问题,甚或据此反观人类自身的本质和状态。老子的自然世界是其哲学视域中的自然世界,是其以哲学方式对自然的"观",它包括自然世界的成因、自然世界的状况以及人类对待自然世界的方式等多方面的内容。

一

自然世界由天地以及生存于天地之间的风雨、河谷、江海等万物所构成。可是,自然世界从何而来、如何形成?或者说,构成自然世界的天地万物从何而来、如何产生?老子认为自然世界源于道,天地万物皆由道所生。即是说,道是自然世界的本原。所以,老子说:"道生一,一生二,二生三,三生万物"①、"天下万物生于有,有生于无"②。从老子上述所言又可知,道创生自然世界有其复杂过程和不同阶段,构成自然世界的天地万物从逻辑上讲不是同时产生的,而是有其先后次序。这样,自然世界就不是一次性生成的,而是随着天地万物的不断降生而逐渐形成并完善的。

天地万物的产生有先后。老子认为道是先创生天地,然后才创生万物。老子的"道生一,一生二,二生三,三生万物"③,虽未明言道以创生天地为开始,但是,却明言道以创生"万物"为终止。道既然以创生"万物"为终止,那么,天地当然在"万物"之前即被创生。老子的"天下万物生于有,有生于无"④,认为先有"天下",然后才有天之"下"的万物,也即认为先有天地,然后才有生存于天地之间的万物,既明言道以创生天地为开始,又明言道以创生万物为终止。老子类似的说法还有:"天下有始,以为天下母。"⑤另外,老子说:道乃"有物混成,先天地生"⑥,认定道在天地之先,暗含道与天地之间没有他物,天地在万物之前被创生;老子说:"谷神不死,是谓玄牝。玄牝之门,是谓天地根"⑦,以谷神、玄牝喻道以及道的创造力,又以道为天地之"根",也说明天地最接近于道;老子说:"无,名天地之始;有,名万物之母"⑧,而"有生于无"⑨,意味无在先,有在后,相应地,天地应在先,万物应在后。这些,都说明道生天地万物有先后,道先生出天地,然后生出万物。

---

① 《老子·四十二章》。
② 《老子·四十章》。
③ 《老子·四十二章》。
④ 《老子·四十章》。
⑤ 《老子·五十二章》。
⑥ 《老子·二十五章》。
⑦ 《老子·六章》。
⑧ 《老子·一章》。
⑨ 《老子·四十章》。

道为什么先生天地,而后才生出万物?老子认为原因在于道生万物需要天地的协助,正是借助于天地的协助,道才能产生万物。老子以万物中的甘露为例说:"天地相合,以降甘露"①,说明道生甘露等万物需要天地的配合。关于道凭借天地的辅助创生万物,老子还有非常形象的说法:"天地之间,其犹橐籥乎?虚而不屈,动而愈出"②,谓道在创生万物的过程中,天地所构成的"天地之间"的广阔空间犹如巨大的风箱,风箱使静止的空气(无)转化成流动的空气,也即风(有),天地所构成的"天地之间"的广阔空间使道(无)生成"物"(有)。此外,老子还说:"天长地久。天地所以能长且久者,以其不自生,故能长生。"③虽是在解释天地生存的时间超越于万物的生存时间,但天地"不自生",还是透露了以下信息:天地之生乃为了"万物",一方面,天地协助道而使道生出万物,另一方面,天地为万物的生存提供了"场所"。这样,道先生天地、后生万物,除道需要天地协助方能生出万物的原因之外,还有天地为万物提供生存"场所"、生存空间的原因。试想,如果没有天地,万物将存身何处?

　　如此,老子所言的自然世界的生成过程:"道生一,一生二,二生三,三生万物"④,则是指道生成混沌之"物"(一),混沌之物分而为天、地(二),由天地而有天、地以及"天地之间"(三),道在天地的作用下生出生存于天地之间的"万物"。这样,道生出天地,自然世界得以"生",道在生出万物之后,由天地和万物所构成的自然世界才最终形成。

　　由于天地万物相对于道都是有限的存在,有其生必有其死,那么,自然世界中的天地万物在其生命终结时将归向何处?

---

① 《老子·三十二章》。
② 《老子·五章》。
③ 《老子·七章》。
④ 《老子·四十二章》。

老子认为归向道。他说:"夫物芸芸,各复归其根"①、"大道汜兮,其可左右……万物归焉而不为主"②,即是言明万物以道为最后的归宿,道是万物最后的家园。这样,道不仅是自然世界的本原、自然世界的发生处,还是构成自然世界的天地万物的归宿处。

天地万物是有限的存在,由天地万物所构成的自然世界是否也是有限的存在?天地万物有生有死,由天地万物所构成的自然世界是否也有生有死?按照老子的观点,自然世界是无限的存在,自然世界有其生而无其死。因为天地万物的生存时间有长有短,而且,天地万物之"死"同天地万物之"生"一样,不是同时的,更为重要、更为本质的是,道生天地、生万物是持续不断的,道所生出的物也是层出不穷的,这样,构成自然世界的旧的物消亡了,新的物又不断产生,自然世界只会随着天地万物的生生死死、随着新的物的不断出现而不断变化,实现其新陈代谢,自身却不会灭亡。

二

自然世界由道而生成,自然世界的本质属性也由道所赋予。老子举例说:"天得一以清,地得一以宁","谷得一以盈"③,谓自然世界中的天、地、河谷等的本质属性"清""宁""盈"等皆来源于一(道),也即谓自然世界中天地万物的本质属性、自然世界的本质属性来源于一(道)。相反,如果道不赋予天、地、谷等以"清""宁""盈"等本质属性,天、地、谷等将因失去其本质属性而最终毁灭:"天无以清,将恐裂;地无以宁,将恐发";"谷无以盈,将恐竭"④。构成自然世界的天、地、谷等失去其本质属

---

① 《老子·十六章》。
② 《老子·三十四章》。
③ 《老子·三十九章》。
④ 《老子·三十九章》。

性并因而走向毁灭,自然世界也将随之失去其本质属性并灭亡。

自然世界由道所生成、由天地万物所构成。那么,自然世界在宇宙中处于何种地位?自然世界中的天地和万物在自然世界中又处于何种地位?老子对此有明确的回答。他说:"道大,天大,地大,人亦大。域中有四大,而人居其一焉。人法地,地法天,天法道,道法自然。"①这表明自然世界中的天地和道以及道所创生的人是宇宙中最为高贵的存在,天、地、人优越于道所创生的其他万物。而在道和天、地、人这四者之间,道处于最高地位,天地次之,人的地位最低;而在自然世界中的天地之间以及天地与万物之间,天的地位高于地,天地的地位高于万物。在此,如果天地代表自然世界,人代表人类社会、人文世界的话,就意味着形上世界(道)处于至高的地位,高于自然世界和人类社会;自然世界处于形上世界和人类社会之间,低于形上世界而高于人类社会,人类社会的地位则最为低下。果真如此的话,自然世界将优越于人文世界,并且成为人类社会效法和遵从的对象。

由于道位居宇宙中最高的地位,具有无上的威力,"无为而无不为"②,所以,老子要求自然世界中的天、地效法和遵从道。自然世界中最先诞生也最为强大的天地都必须效法和遵从道,自然世界中的万物理所当然也必须效法和遵从道,这就是老子所说的"万物莫不遵道而贵德"③。

自然世界中,只有天地能与道并列,而成为宇宙中最为高贵的存在,其相对于自然世界中的万物当然具有优越性,当然是伟大的存在。为此老子还特意研究天地。他发现"天长地

---

① 《老子·二十五章》。
② 《老子·三十七章》。
③ 《老子·五十一章》。

久"①,天地和万物虽然都是有限的存在,都最终会走向死亡,但是,天地和万物相比,其生命的有限性中包藏着长久性,而万物的生命的有限性则表露为暂时性。天地为何能够长久?老子的理解是:"天地所以能长且久者,以其不自生,故能长生。"②此是说,天地"不自生",不仅仅为自身而生存,主要是为了生长于天地之间的其他事物而生存,因而不会受到其他事物的伤害,再说,其他事物即便纯粹是为了自身而生存,也要保护天地。如此,天地才得以"长生"。天地为其他事物而生存,最显明的即是为其他事物提供生存所必需的场所、家园。在为其他事物而生存时,老子认为天地对其他事物是平等的,不存在任何"偏爱",因而对其他事物不会有亲疏、尊卑的分别。这便是老子所说的"天地不仁,以万物为刍狗"③。

在自然世界中,除天地之外,万物的地位是相同的。一方面,道"衣养万物"④,不仅给予万物以生命,而且还养育万物、呵护万物;另一方面,"夫物芸芸""万物并作"⑤,生机蓬勃,形态万千,按其本性而发展,不受任何外界因素所干扰。这种"芸芸""并作"呈现为"物或行或随,或嘘或吹,或强或羸,或载或隳"⑥的繁多式样。

自然世界中的万物变化万千、情状不同,且各其本质特征,这是万物的不同、万物的特殊性。但是,千变万化、个性鲜明的万物都是有限的存在,都有生有死,这是万物的相同的、普遍的一面。老子认为不仅万物均有生有死,而且,其生和死均有共同的特征:"万物草木之生也柔脆,其死也枯槁。故坚强者死之

---

① 《老子·七章》。
② 《老子·七章》。
③ 《老子·五章》。
④ 《老子·三十四章》。
⑤ 《老子·十六章》。
⑥ 《老子·二十九章》。

徒,柔弱者生之徒。"①这是说,自然世界中的万物之"生"的共同特征是"柔弱",自然世界中的万物之"死"的共同特征是"坚强"。由于构成自然世界的万物是以"生"的方式而存在的,构成自然世界的万物在其"死"之后即回归于道,不再是自然世界的组成部分,那么,万物之"生"的共同特征,其实也就是"活着的"万物的共同的特征,也就是自然世界的特征。在此意义上,"柔弱"既是万物的特征,也是自然世界的特征。

在自然世界的万物中,老子认为最能体现万物的"柔弱"特征的是水,他说:"天下莫柔弱于水。"②正因为水最能体现万物的"生"的特征"柔弱",同时,水还能协助道滋养万物,并且,在空间位置上甘愿居于最低下的位置,老子以道喻水,称赞水的德性接近道的属性:"水善利万物而不争,处众人之所恶,故几于道。"③由于水存身于江海、河流,江海、河流与其他事物相比居于最下的位置,而在江海和河流之间,江海又居于河流之下,是水之中最下的位置,老子又特别称赞江海:"江海之所以能为百谷王者,以其善下之,故能为百谷王"④,认为江海乃河流之水汇聚的地方,乃水最终栖居的地方,江海比河流更高贵、更伟大。

三

自然世界由天地万物所构成,天地万物在遵从道的前提下,按其本性而生长,任何外在的力量都无法改变其本性、阻碍其生长,因此,老子说:"物,或损之而益,或益之而损。"⑤表面上看,人类欲按照自己的愿望和需要"损"(减损)物,物却不但不

---

① 《老子·七十六章》。
② 《老子·七十八章》。
③ 《老子·八章》。
④ 《老子·六十六章》。
⑤ 《老子·四十二章》。

"损",反而"益"(增加);人类欲按照自己的愿望和需要"益"物,物却不但不"益",反而"损",总是抗拒人类的改造。事实是,物本来要"益"时,损之也"益";物本来要"损"时,益之也"损",其"损"其"益"完全取决于其自身的内在本性和内在需求,而不取决于人类或"损"之或"益"之的愿望和行为。这表明,自然世界是人类所无力改变的。老子还举例说:"飘风不终朝,骤雨不终日。孰为此者?天地。天地尚不能久,而况于人乎?"①这是说,道在天地的协助之下产生风雨,天地却无力让狂风暴雨持续不止,狂风暴雨按其本性很快停息。既然天地都无力操纵风雨,更何况位居天地之下的人类呢?人类更不可能左右风雨。不唯如此,老子认为人类与自然世界中的天地相比,地位低下,因而不但不能改造自然世界中的天地,反而要效法天地、遵从天地的旨意:"人法地,地法天。"②

既然如此,人类面对自然世界所能够做的就只有顺应自然世界而无所为、效法自然世界而获得生存智慧。关于顺应自然世界而无所为,老子以"辅万物之自然而不敢为"③加以表达,也即尊重、依顺自然世界以及自然世界中的天地万物的本性,任凭自然世界以及自然世界中的天地万物自由发展,并为其做好"服务",决不试图改变自然世界以及自然世界中的天地万物的本性、决不阻挠自然世界以及自然世界中的天地万物的自由发展。关于效法自然世界而获得生存智慧,老子主要以举例的方式加以论说。由于天地为自然世界中最伟大的存在、水是万物中最具"柔弱"特征的存在,老子以效法天地为例说:"天长地久。天地所以能长且久者,以其不自生,故能长生。是以圣人后其身而身先,外其身而身存"④,谓天地生不为己、生而利他,

---

① 《老子·二十三章》。
② 《老子·二十五章》。
③ 《老子·六十四章》。
④ 《老子·七章》。

为存身于天地间的万物提供生存场所、生存基础，从而不被万物伤害，获得长生，人类应从中得到启发，置身于后、放下私利，从而不因争名夺利而被伤害，最终获得长生；老子以效法江海为例说："江海之所以能为百谷王者，以其善下之，故能为百谷王。是以欲上民，必以言下之；欲先民，必以身后之。是以圣人处上而民不重，处前而民不害。是以天下乐推而不厌。以其不争，故天下莫能与之争"①，谓江海因为居于百川之下，因而能汇聚、容纳百川之水，成为河流之"王"，君王只有无为谦下，顺从民意，身居民众之后，才能得到民众的拥护，成就统治天下的伟业；老子还以效法水为例说："天下莫柔弱于水，而攻坚强者莫之能胜，其无以易之。弱之胜强，柔之胜刚，天下莫不知，莫能行。是以圣人云：受国之垢，是谓社稷主；受国不祥，是为天下王"②，谓水柔弱无比，似最为卑下，却能无坚不摧，战胜刚强者，圣人守柔示弱，谦卑居下，承担国家的屈辱和苦难，方可雄霸天下。这些，表明人类无论是个体生命的长存，还是君王成就事业，都要效法自然世界，从自然世界中天地万物的本性和生存方式中获得启示。

　　老子认为人类虽然无力改变自然世界，其实，也不需要改变自然世界，因为自然世界中的天地万物的本性对于人类来说本来就是最佳的。自然世界中的天地万物不仅为人类提供"服务"，而且所提供的已是最好的"服务"。例如，人类生活于自然世界之中、生活于天地之间，对于天地的要求是天"清"（清明）、地"宁"（稳定），而"天得一以清，地得一以宁"③，道已经赋予了天、地"清""宁"的本质属性。再如，人类希望甘露的分布是均匀的，而道在天地的协助下生出甘露，甘露的分布本来就是均

---

① 《老子·六十六章》。
② 《老子·七十八章》。
③ 《老子·三十九章》。

匀的:"天地相合,以降甘露,民莫之令而自均"①。天地万物的本性与人类的需求完全一致,自然世界为人类视域中最完美的世界,人类应该是幸运的。

以上表明,老子的自然世界根源于道,由道而降生;自然世界由天地万物所构成,道先生出天地,然后在天地的协助之下生出万物;天地万物不仅来源于道,而且,还归向道,以道为最后归宿处;天地万物虽然有生有灭,但是,自然世界却生而不灭;自然世界中天地万物的本质属性决定于道,自然世界的本质属性因而也决定于道;自然世界中的天、地与道、人共同组成宇宙中四种伟大的存在,其中,天地的地位低于道而高于人类,当然更高于万物,天地的生存时间远远长于万物的生存时间;自然世界中的天地万物在遵从道的前提下按其本性而发展,不被其他任何存在所左右,因此,人类面对自然世界只能"无为"而不可盲动;自然世界中万物的最普遍的特征是"柔弱",其中水最能体现万物的柔弱的特征;人类面对自然世界虽然只能"无为",但是,也不需要"有为",因为自然世界的本性对于人类来说本来就是最为美好的。此外,由于自然世界是人类生存的最好的场所,人类本身也来自于自然世界,因此,自然世界也是人类生存和发展所效法的对象。

---

① 《老子·三十二章》。

老子的宗教世界

哲学是对宗教的超越，而不是对宗教的简单否定。因此，哲学中总有宗教的印迹。老子哲学虽然是对夏商周三代宗教的扬弃，但是，其本身有宗教的成分。这种宗教成分构成了老子的宗教世界。

从《尚书》《诗经》等来看，夏商周三代以帝和天为至上神，有时，帝和天是不分的。在此情形下，帝和天不仅是宗教世界的最高主宰，而且还是世俗世界的膜拜对象。与此相应，祭祀天、帝构成政治统治、政治生活的重要内容。简言之，帝和天是宇宙中的最高主宰。老子以道为最高主宰，将天、帝的至上性与主宰性加诸道的身上，据此取代帝和天的至上地位。道不仅是天地万物的制造者，还是宇宙万物的决定者。天地万物之生死、属性等无不由道所决定。在老子看来，帝虽然还是神，然而，却受制于道。老子说：道"象帝之先"①，认为道先于帝而存在，委婉地表达了道之于帝的优越性、主宰性。因为时间层面的先后、空间层面的上下，象征着尊卑贵贱，代表着地位高低。至于天，主要是与地相对应的自然存在，但是，有时也有神的属

---

① 《老子·四章》。

性和意味,带有三代宗教之天的痕迹。例如,老子说:"天将救之,以慈卫之"①,"天之所恶,孰知其故"②,就是将天视作神。不过,天即便还有神性,也是在道的主宰之下。老子说:"天法道"③,表明了这一点。

夏商周三代的至上神"天""帝"位居道之后,为道所制约,而且,天的神性大为降低,一般意义上的普通的神更是为道所控制。老子说:"神得一以灵","神无以灵,将恐歇"④,认为神的神性也即神之于世俗世界的灵验性乃由道所赋予,如果神失却其神性,在世俗世界中"失灵",将不被人们信奉,反而被抛弃,从而在人们的信仰世界中灭绝。这是说,道决定神的本质属性,还决定神之生死存亡。这样,在老子的宗教世界中,神如同自然世界中的万物一样都是道的产物,都被道所制宰,由各类神灵所组成的宗教世界本身因而也是道的产物,被道所制宰。鬼,乃神之一种,鬼之于人的作用表现为福佑和祸害两面。老子说:"以道莅天下,其鬼不神。非其鬼不神,其神不伤人。非其神不伤人,圣人亦不伤人"⑤,认为道主宰鬼,鬼和其他所有的神一样,其神性由道所规定,因而鬼在道面前不能发显其神性和威力,即使在遵从道的圣人面前也不能发显其神性和威力。这样,在老子的宗教世界中,无论是至高的帝、天,还是普通的神灵,都被道所主宰,帝、天和别的所有的神相对于道具有依附性;在老子的宗教世界中,帝和天不再是宇宙的最高主宰,超越宗教的道才是宇宙的最高主宰。作为宇宙本原的道具有至上的主宰性,又说明道具有一定的宗教性,具有夏商周三代宗教世界中帝和天的影子。

---

① 《老子·六十七章》。
② 《老子·七十三章》。
③ 《老子·二十五章》。
④ 《老子·三十九章》。
⑤ 《老子·六十章》。

在夏商周三代宗教世界中,帝是宗教世界乃至整个宇宙的主宰,在老子的宗教世界中,帝不再是宇宙的主宰,同其他诸神一起被道所掌控。那么,帝是否还是宗教世界中的最高主宰呢?答案是肯定的。老子说:道"象帝之先",虽是说道在帝先、道优越于帝,但还有另一层深意,就是借助于人们对于帝、对于至上神的信仰,吹涨道的权威,提升道的地位。据此可知,在老子那里,帝依然是宗教世界中的至上神。再说,老子虽然认为道优越于帝,毕竟只是以道"象帝之先"来表达,没有用道"是帝之先"这种明确、直接、肯定的文字来表达,更没有直接说道决定帝、帝的本性由道所规定,这也说明老子对于帝还是心存敬畏的。还有,老子说:道"象帝之先",将帝与道并列、比较,也说明帝的地位仅次于道,帝在宗教世界中依旧是最高的神、依旧是诸神的统治者。

在夏商周三代宗教世界中,天也是宗教世界乃至整个宇宙的主宰,在老子的宗教世界中,天不但不再是宇宙的主宰,而且,主要是自然存在,即使有神的一面,也同其他诸神一起被道所掌控,那么,这样的天是否还是宗教世界中的最高主宰呢?答案也是肯定的。老子称人、地、天、道为宇宙中四种最为伟大的存在,却又说:"人法地,地法天,天法道。"①这说明天乃仅次于道的存在,天在宗教世界中与帝一样,依旧是最高的神、依旧是诸神的统治者。只是由于天的自然的一面,老子对天的敬畏之心已有所下降。

对于宗教世界中一般意义上的神,老子明确说:"神得一以灵",直接指出道之于一般的神的决定性;而对于作为神之一种的鬼,老子也明确说:"以道莅天下,其鬼不神",直接指出道之于鬼的决定性。这说明老子对于一般的、普通的神,比如鬼,已无敬畏之心。这些都表明,在老子的宗教世界中,帝和天还是

---

① 《老子·二十五章》。

至上神,一般的神仍然受制于帝和天。由此也可以看出,帝和天仅仅受制于道,而一般的神则既受制于道,又受制于帝和天。由此还可以看出,老子的宗教世界与夏商周三代的宗教世界有着明显的差别:老子的宗教世界、老子宗教世界中的所有的神都被道掌控,而夏商周三代的宗教世界以及宗教世界中的所有的神则不被任何"他者"所掌控。

夏商周三代,帝和天为至上神,有驾驭诸神、祸福万民的威力,甚至还有生殖的能力,能生出风雨雷电等。至于其他诸神,则只有祸福民众的灵性。在老子的宗教世界中,老子认为普通的神也有生殖功能,能生出自然世界中的"物"。他说:"谷神不死,是谓玄牝。玄牝之门,是谓天地根。绵绵若存,用之不勤。"[1]这是以谷神喻道,以谷神的生殖能力喻道创生天地万物的能力,目的在于论述道的本原性,但是,它说明谷神是永恒的存在,谷神不仅仅具有生殖能力,而且其生殖能力还是无限的。推而广之,其他诸神都是永恒的,且都具有无限的生殖能力。这里,夏商周三代帝、天的生殖功能已扩展到所有的神身上。另外,谷(山谷)有谷神,谷由谷神所生,那么,其他自然物也应有自己的神,也应由自己的神所生。果真如此的话,老子实际上是认为万物有灵,万物都由自己的神所生。也许正因为万物均有自己的神,均由自己的神所生,不需要帝、天这类至上神生出,老子才没有在意帝、天的生殖性。不过,老子虽没有在意作为神的天的生殖性,却赋予自然之天的生殖性,为此,他说:"飘风不终朝,骤雨不终日。孰为此者?天地"[2],"天地相合,以降甘露"[3]。这里,有一个问题是,在哲学的层面,老子说道生万物;在宗教的层面,老子又说神生万物。如何解答此问题?很可能老子本意是以夏商周三代宗教世界中的神的生殖性来说

---

[1] 《老子·六章》。
[2] 《老子·二十三章》。
[3] 《老子·三十二章》。

明道的本原性,而忽视了这种比喻、类比本身所带来的新问题,那就是承认神的生殖性。

这样,老子的宗教世界由帝、天和鬼等神灵所组成,帝、天在老子的宗教世界中处于至上地位;老子的宗教世界以及宗教世界中的诸神为道所主宰、为道所生,道是宗教世界以及宗教世界中诸神的本原,诸神对于道具有依附性。老子宗教世界中的诸神均有生殖功能,自然万物均有灵性。

自然与宗教的双重存在
——对老子之天的考察

天是老子哲学的重要范畴,与此相应,天论是老子的重要思想。但是,研究老子思想的学者多侧重于研究老子之道、德、自然、无为、柔弱等,而对老子之天有所忽视。从目前学术界关于老子之天的研究成果来看,一般只是从本质之维认定老子之天是自然之天,而忽视老子之天的复杂性以及老子之天的特征、地位和价值等。例如,张智彦先生就曾明确指出:"老子所说的'天'是指客观存在的大自然,天是没有意志的,它不是万物的主宰"①,"在《老子》书中,'天'指的是自然之天"②;詹剑峰先生也曾明确指出:"老子所见的'天'基本上是自然的天。在《老子》书中,单言天时,有的处所还未摆脱拟人的意味,但天地连称和天与地对称时,就没有一丝拟人的意味,而完全是自然的天了。"③基于此,我以为对老子之天有深入研究之必要。

---

① 张智彦:《老子与中国文化》,贵阳:贵州人民出版社,1996年,第110页。
② 张智彦:《老子与中国文化》,贵阳:贵州人民出版社,1996年,第111页。
③ 詹剑峰:《老子其人其书及其道论》,武汉:湖北人民出版社,1982年,第388页。

一

老子论天,有时单独论天,有时以天地连称的形式论天,有时又以"天道""天之道"或"天门""天网"的形式论天。现依据《老子》各章顺序,将老子论天的所有史料分别排列如下:

老子单独论天,出现于《老子》七章、十六章、二十五章、三十九章、五十九章、六十七章、六十八章、七十三章。在这八章中,"天"出现十二次:"天长地久"①,"王乃天,天乃道"②,"道大,天大,地大,人亦大。域中有四大,而人居其一焉。人法地,地法天,天法道,道法自然"③,"天得一以清","天无以清,将恐裂"④,"治人事天莫若啬"⑤,"天将救之,以慈卫之"⑥,"是谓配天,古之极"⑦,"天之所恶,孰知其故"⑧。

老子以天地连称的形式论天,"天地"指天和地,不是复合词。"天地"出现于《老子》一章、五章、六章、七章、二十三章、二十五章、三十二章。在这七章中,"天地"出现九次:"无,名天地之始"⑨,"天地不仁,以万物为刍狗","天地之间,其犹橐籥乎"⑩,"玄牝之门,是谓天地根"⑪,"天地所以能长且久者,以其不自生"⑫,"飘风不终朝,骤雨不终日。孰为此者?天地。天地尚不能久,而况于人乎"⑬,"有物混成,先天地生。寂兮寥兮,独

---

① 《老子·七章》。
② 《老子·十六章》。
③ 《老子·二十五章》。
④ 《老子·三十九章》。
⑤ 《老子·五十九章》。
⑥ 《老子·六十七章》。
⑦ 《老子·六十八章》。
⑧ 《老子·七十三章》。
⑨ 《老子·一章》。
⑩ 《老子·五章》。
⑪ 《老子·六章》。
⑫ 《老子·七章》。
⑬ 《老子·二十三章》。

立不改,周行而不殆,可以为天下母"①,"天地相合,以降甘露"②。

老子以天道的形式论天,"天道"出现于《老子》四十七章、七十九章。在这两章中,"天道"出现两次:"不窥牖,见天道"③,"天道无亲,常与善人"④。

老子以"天之道"的形式论天,"天之道"出现于《老子》九章、七十三章、七十七章、八十一章。在这四章中,"天之道"出现五次:"功成身退,天之道"⑤,"天之道,不争而善胜,不言而善应,不召而自来,繟然而善谋"⑥,"天之道,其犹张弓欤","天之道,损有余而补不足"⑦,"天之道,利而不害"⑧。

老子以"天门"的形式论天,"天门"仅出现于《老子》十章。在这一章中,"天门"出现一次:"天门开阖,能为雌乎?"⑨

老子以"天网"的形式论天,"天网"仅出现于《老子》七十三章。在这一章中,"天网"出现一次:"天网恢恢,疏而不失。"⑩

另外,老子还论述"天子""天下",不过,"天子""天下"乃复合词,已无"天"之意。"天子"指统治天下、统治全国的君王;"天下"多指整个国家、整个国家内的全部土地,在《老子》中还指天下之物、天下之人等。"天子"仅出现于《老子》六十二章。在这一章中,"天子"出现一次:"立天子,置三公。""天下"出现于《老子》二章、十三章、二十二章、二十五章、二十六章、二十八

---

① 《老子·二十五章》。今本《老子·二十五章》"可以为天下母",马王堆帛书本《老子》作"可以为天地母"。笔者以今本《老子》的文字为准。
② 《老子·三十二章》。
③ 《老子·四十七章》。
④ 《老子·七十九章》。
⑤ 《老子·九章》。
⑥ 《老子·七十三章》。
⑦ 《老子·七十七章》。
⑧ 《老子·八十一章》。
⑨ 《老子·十章》。
⑩ 《老子·七十三章》。

章、二十九章、三十章、三十一章、三十二章、三十五章、三十七章、三十九章、四十章、四十三章、四十五章、四十六章、四十七章、四十八章、四十九章、五十二章、五十四章、五十六章、五十七章、六十章、六十一章、六十二章、六十三章、六十六章、六十七章、七十章、七十七章、七十八章。在这三十三章中,"天下"出现六十一次。由于与老子天论无关,在此不一一列举。

以上所列史料,是老子天论的全部史料。仔细研习以上史料,我们会发现,老子之"天"非常复杂,并非"自然之天"所能概括,而且老子之"天"在老子思想中价值独特。

二

从《尚书》《诗经》《左转》《国语》等书来看,天在多数情况下被当作宗教之天,是具有主宰性和道德性的至上神,在少数情况下被看作自然之天,是与地相对应的天空。即是说,天主要是作为神而存在。老子一方面继承了夏商周三代关于天的看法,认为天是神,另一方面又对此有明显突破,认为天还是自然的存在。这样,老子之天具有自然和宗教两重性,换言之,老子之天有时指自然之天、有时指宗教之天。当天是自然之天时,天是自然的存在,只是人们效法的对象;当天是宗教之天时,天是主宰神,则是主宰人间的神秘力量。

对于自然之天,《尚书》等未作讨论,只是将其视作自然之天而加以表述而已。老子对于自然之天则多有阐发,论述了天之由来、天之特性、天之地位、天之价值以及天在时间层面的有限性等。这是其天论最有创造性、最有价值的方面,也是其天论最有影响的方面。至于天的运行是否有其规律,如果有其规律,此规律是什么,老子虽然没有详论,不过,他说:"不窥牖,见天道"①,还是肯定了天的运行的规律性。

---

① 《老子·四十七章》。

关于自然之天的由来或者说本原,老子认为其源于道。他说:"无,名天地之始"①,"玄牝之门,是谓天地根"②。这些,都直接言明道是天的源头,天由道而来。当然,老子之所以认为道是天之本原,是由道的本原性所决定的:道为宇宙万物之源,天为宇宙万物之一种,理当源出于道。至于道的本原性,在此毋庸多言。所谓"道生一,一生二,二生三,三生万物"③,就是例证。

关于自然之天的特征,老子认为其特征是"清"。他说:"天得一以清","天无以清,将恐裂"④,"天地不仁,以万物为刍狗"⑤。这是说,天的唯一特征是"清",因之,"清"乃天之为天的本质所在,天如果失去其"清"之特征就不再是天;天之"清"的特征根源于道的赋予,这也是由道的本原性所决定的,因为道决定天之生,当然就决定天之性;天作为自然性的存在,对生长于天地间的万物无所偏爱,不具有道德属性,因之,"仁"并非天之特征。

关于自然之天的地位,老子认为天属于宇宙中四种最为伟大的存在之一,其地位仅次于道。他说:"道大,天大,地大,人亦大。域中有四大,而人居其一焉。人法地,地法天,天法道,道法自然。"⑥这是从道所创生的宇宙万物中抽取天、地、人三者为道所创造的伟大存在,将之与道并列,又在天、地、人三者中抽取天为更为伟大的存在,将之置于地和人之上。这样,在道所生的宇宙万物之中,天是至高的,其具有高于地和人的优越地位,这种优越地位通过地和人效法天表现出来,只是在道与天之间,其地位低于道而已。

---

① 《老子·一章》。
② 《老子·六章》。
③ 《老子·四十二章》。
④ 《老子·三十九章》。
⑤ 《老子·五章》。
⑥ 《老子·二十五章》。

关于自然之天的价值,老子认为其价值在于同地一起,协助道生万物。他说:"天地之间,其犹橐籥乎?虚而不屈,动而愈出"①,"飘风不终朝,骤雨不终日。孰为此者?天地"②,"天地相合,以降甘露,民莫之令而自均"③,"天门④开阖,能为雌乎"⑤。这是以风箱为喻,说明天与地协助道生出天地间的万物:在道生成万物的过程中,先生出天地,天、地所构成的"天地之间"的广阔空间犹如巨大无比的风箱,风箱使静止的空气转变成流动不止的空气也即风,"天地之间"通过"天门开阖"协助道生成源源不断的"物"⑥。比如,天与地协助道生出风雨和甘露,而且甘露的分布还是均匀的。正是在天能与地协助道生万物的意义上,使得天具有一定的生殖功能。正因为天具有一定的生殖功能,天才被视作"雌"性的存在。

关于自然之天在时间层面的有限性,老子认为天虽乃道所生之物,有其生灭,不能超越物之有限性,不能像道那样永恒,与道相比是有限的存在,但是,天与地作为道所生的自然万物中伟大的存在,其生存时间比任何他物都要持久。他说:"天长地久。"⑦这是说,天与他物虽然都是有限的存在,但是,与他物相比又是长久的存在。老子之所以赋予天以及地存在的长久性,是因为天、地是万物生存发展的场所,离开天、地,万物就无处存身。不过,老子对此没有明确说明,而是给出别的理由:"天地所以能长且久者,以其不自生,故能长生。"⑧这是说,天和

---

① 《老子·五章》。
② 《老子·二十三章》。
③ 《老子·三十二章》。
④ "天门"一词,各家解释不同,差异较大。我以为"天门"之"天"就是自然之天,相应地,"天门"就是指"天地之间"。
⑤ 《老子·十章》。
⑥ 陆建华:《建立新道家之尝试——从老子出发》,合肥:安徽大学出版社,2011年,第12页。
⑦ 《老子·七章》。
⑧ 《老子·七章》。

地一样,其存在不是为了自身,而是为了生存于天地之间的万物,这样,万物即使是为了自己,也不但不会伤害天、地,还要保护天、地,从而保护自己的生命家园。天与地一样不被伤害,还被保护,存在的时间自然就长久了。

关于自然之天与人的关系,老子认为自然之天不是"神",不会干预、主宰人事,只是由于天与人虽然同属宇宙中四种伟大的存在,但是,天优越于人,居于仅次于道的崇高地位,人因此应主动效法天,从天那里获得人生智慧。他说:"人法地,地法天。"①即是说,人不仅要效法地,还要效法天。那么,人应效法天哪些方面? 老子举例说:"飘风不终朝,骤雨不终日。孰为此者? 天地。天地尚不能久,而况于人乎"②,"天地不仁,以万物为刍狗;圣人不仁,以百姓为刍狗"③,"天地所以能长且久者,以其不自生,故能长生。是以圣人后其身而身先,外其身而身存。非以其无私邪? 故能成其私"④。这是说,天和地一起协助道产生风和雨,但是,风和雨只遵从道,天和地却无力让风和雨持续不止,因此,天和地对风雨、对生长于其间的万物"无为",人效法天、效法地,对万物也要"无为",切不可不自量力;天和地不具有德性,因而"不仁",也即客观地对待万物而无所偏爱,作为理想人格的圣人⑤要效法天和地,对其所统治下的百姓"不仁",也即平等的对待百姓而无所偏爱;天和地之所以能够长生,是因为生不为己,为了生长于天地间的万物,圣人要效法天地,为他人谋利,把自己置于他人之后、把自己置之度外,从而不被他人伤害,得以长生、得以实现其无私背后的私心。这是要求人们在处理、应对自然万物与人的关系时效法天之无

---

① 《老子·二十五章》。
② 《老子·二十三章》。
③ 《老子·五章》。
④ 《老子·七章》。
⑤ 陆建华:《圣人与士:老子的理想人格》,载《孔孟月刊》第五十卷第5、6期合刊,2012年2月28日。

为,要求统治者在治理天下、处理君与民的关系时效法天之"不仁",要求圣人在养生时效法天之"不自生"。总之,天之所有,即是人之所要效法的。

三

对于宗教之天,《尚书》等多有论述,涉及宗教之天的主宰性、道德性等。老子对于宗教之天也有阐发:赋予其主宰性,多数情况下又在赋予其主宰性的前提下赋予其道德性,这使得天在主宰人事时呈现道德的、善的一面。不过,在少数情况下,老子又认为天只具有主宰性而不具有道德性。宗教之天的主宰性的赋予,宗教之天之于人的主宰,既是宗教之天的属性、特征,也是其之于人的价值及其显现。

在老子那里,宗教之天无处不在,主宰着人间万事。他说:"天网恢恢,疏而不失"①,以"网"之于鱼,喻天之于人;以"网"之网眼虽"疏",却能网尽水中之鱼,也即无漏网之鱼,喻天虽高远至极,其威力却广大无边,主宰着人世间的一切,任何人不可能侥幸逃脱天的宰制。为了神化天的威力,老子还在天与人之间夸张天的魔力,他说:"天之道②,不争而善胜,不言而善应,不召

---

① 《老子·七十三章》。
② "天之道"、"天道"的本意是天上星辰的运行途径,由于星辰运行是周而复始,其途径是固定不变的,"天之道"、"天道"又有天上星辰运行规律的意思,其后,"天之道"、"天道"又指天的运行规律,又由于古人以为"天之道"、"天道"对应、决定人事吉凶,"天之道"、"天道"又有天意、涵盖天地人的普遍法则等意。陈来先生认为春秋时代的"天道"有大致三义:"第一种是宗教的命运式的理解","把'天道'作为一种上天之安排";"第二种用法是继承周书中的道德之天的用法","在这种用法中,天道不是作为纯粹自然变化的法则,而是体现为道德意义的法则和秩序";"第三种就是对'天道'的自然主义的理解","天道就是宇宙的常道"(陈来:《古代思想文化的世界——春秋时代的宗教、伦理与社会思想》,北京:生活·读书·新知三联书店,2002年,第63~66页)。除却"不窥牖,见天道"(《老子·四十七章》),老子心中的"天之道"、"天道"之"天"多指宗教之天,其所谓的"天之道"、"天道"多指天意。

而自来,繟然而善谋。"①这是说,天与人相比,"不争""不言""不召""繟然",但是,"善胜""善应""自来""善谋",也即不争斗、不言说、不召唤、看似迟缓,但是,却善于得胜、善于回应、善于自动到来、善于谋断。这种天的神力、天之于人的威力是直接针对人而言的,活灵活现,神秘莫测。

关于宗教之天主宰人间万事时所显现的道德性,老子认为天是善的存在,这种善体现为维护人间的公平、有利于人的生存与发展,体现为佑护善人、仁慈天下。前者是天在天下所有人面前展现善,后者是天在部分人面前、善人面前展现善。由此可以看出,宗教之天的道德性与自然之天的自然性形成鲜明对比。

关于宗教之天在天下所有人面前所展现的善、对所有人所实施的普遍的善,老子说:"天之道,其犹张弓欤?高者抑之,下者举之,有余者损之,不足者补之。天之道,损有余而补不足;人之道则不然,损不足以奉有余"②,"天之道,利而不害"③。这是说,人道是减少、剥夺不足的人、穷苦的人的财富,用来供奉有余的人、富裕的人,是少数统治者强加给人民的法则,它使得社会贫富差距加大、贫富分化剧烈,体现的是社会的不公,反映的是弱肉强食,导致的最终结果是社会的混乱以及在社会混乱状态下的民不聊生、民众的抗争;天道也即天意则是减少、剥夺有余的人、富裕的人的财富,用来补给不足的人、穷苦的人,是上天对人类财富的安排、分配,它意在缩小乃至取消社会贫富差距、消除贫富分化,体现的是社会的公正、均平,反映的是全体民众的愿望,实现的终极目标是社会的和谐和美好,实际上是对所有的人行"善"、对所有的人有利。基于此,老子认为天是至善的化身,天之于人有利无害。

---

① 《老子·七十三章》。
② 《老子·七十七章》。
③ 《老子·八十一章》。

关于宗教之天在部分人面前所展现的善、对部分人也即善人所实施的善，老子说："天将救之，以慈卫之"①，"天道无亲，常与善人"②。这是说，在天的视界中，人没有亲疏乃至贵贱之别，只有道德层面的善与不善之别，而人之善与不善是取决于人自身的；天所佑护的只是善人，相应地，其所惩罚的则是不善的人；天佑护善人，表现在拯救善人于苦难之中，使之脱离苦海，并用慈爱护卫之，使之感受到天的仁慈与伟大。基于此，老子认为天是"善人"的保护神，天之于人扬善惩恶。

关于宗教之天在少数情况下只有主宰性而没有道德性，老子说："天之所恶，孰知其故。"③这是说，天因为没有道德性，并不一定是赏善罚恶，人们因而不能从道德的层面预测、判断天之所为，不能领会天意，更不能通过自身的道德实践来祈赏避祸、趋利避害。在此情形下，天之所恶，即使有其原因，人们也无法知道其原因。相应地，天之所爱，也是如此。这样的天，给人所带来的只有恐惧。

由于宗教之天主宰人事，人在天面前别无选择，所能够做的，除"事天"④之外，就是顺从、效法天意。在此情形下，宗教之天与人的关系就是天主宰人、人服从并效法天的关系。老子举例说："天之道，利而不害；圣人之道，为而不争"⑤，"善为士者不武，善战者不怒，善胜敌者不与，善用人者为之下。是谓不争之德，是谓用人之力，是谓配天，古之极"⑥。这是说，宗教之天作为至善的存在，拥有人们所能想象到的一切德性，不同的人应根据自身的状况、自己的角色、行动的目的等遵从天意，效法天之德性，从而获得成功。例如，天之于人、之于万物有利无害，

---

① 《老子·六十七章》。
② 《老子·七十九章》。
③ 《老子·七十三章》。
④ 《老子·五十九章》。
⑤ 《老子·八十一章》。
⑥ 《老子·六十八章》。

圣人顺从、效法天意,就要"不争",不与他人争名夺利;天有"不武""不怒""不与""为下"之德,"为士者""战者""欲胜敌者""用人者"等就要分别顺应、效法天之"不武""不怒""不与""为下"之德,符合天意,方能获得天之佑护、赏赐,取得成功,从而成为"善为士者""善战者""善胜敌者""善用人者"。

另外,当天为自然之天时,"天法道"①,天在道的制约之下。当天为宗教之天时,道与天有着怎样的关系?天还是至上神吗?老子未曾明言。从道制约自然之天,似可以推论,道也制约宗教之天。不过,自然之天没有神意,自然之天根源于道,道制约自然之天是合乎情理的,更何况老子又曾明言道制约自然之天,可是,宗教之天毕竟是"神",宗教之天的神意是通过其主宰性表现出来的,似又不可以根据道制约自然之天而简单类推道也制约宗教之天。从老子论道曰:"吾不知谁之子,象帝之先"②,可知,道存在于帝之先。由于中国古代时间之先后、空间之上下等常常意味贵贱尊卑之等级,因此由道存在于帝之先,可以推断道制约帝。从《尚书》等来看,夏商周三代天、帝没有特别明确的区分③,都是至上神,既然道制约帝,应可推知道也制约宗教之天。即是说,宗教之天在道的控制之下。这样,宗教之天是神,但是,不再是至上存在;宗教之天的主宰性受制于道的主宰性。

由上可知,老子之天并非简单的自然之天,老子之天也并

---

① 《老子·二十五章》。
② 《老子·四章》。
③ 例如:《尚书·汤誓》载汤出师讨伐夏桀的誓词曰:"有夏多罪,天命殛之。今尔有众,汝曰:'我后不恤我众,舍我穑事,而割正夏?'予惟闻汝众言,夏氏有罪,予畏上帝,不敢不正",《尚书·召诰》载召公对周成王所言:"呜呼!皇天上帝改厥元子,兹大国殷之命。惟王受命,无疆惟休,亦无疆惟恤。呜呼!曷其奈何弗敬",都是天、帝不分的。另,陈来先生认为《古文尚书·汤诰》中"既有上天,又有上帝,从文中所述来看,是异名同指"(陈来:《古代宗教与伦理——儒家思想的根源》,北京:生活·读书·新知三联书店,1996年,第165页),也是此意。

非在自然之天的前提下有道德意味;老子之天是复杂的,有自然和宗教两重性。对于自然之天,老子认为天源于道,天的特征是清明,天的地位仅次于道,天的价值在于同地一起协助道创生万物,同时为万物提供生存场所,天比万物生存的时间更为持久。基于自然之天的自然性,天并不主宰人,而人只是效法天,以获取生存智慧。这是老子论天最具创造性的方面,也是其天论区别并高于儒墨诸家的地方。对于宗教之天,老子认为天具有主宰性,天主宰人间万事时体现其道德性,这种道德性又体现在天一方面对所有的人"善",另一方面仅对善人"善"。基于宗教之天的主宰性,人们唯有事天、从天,以获取天的佑护。这是老子论天相对保守的方面,也是其天论与儒墨诸家相似的地方。另外,老子还认为同自然之天一样,宗教之天也受制于道。这又是其宗教之天不同且高明于儒墨诸家之处。

道之别名
——读《老》札记

《老子》的高妙集中于"道",老子的才情尽显于言说这不可言说的"道"。

道可道,非常道;常道,不可道。即是说,可道之道非真道,不可道之道真为道。于是,有人以为道超出名言之域。既然此道不可言说,似不必枉费心血谈论它,但又不得不说——作为万物之源、天下之主,道对于宇宙苍生至为重要。

言说道,用老子的话来说,就是要"出口"①。既要"出口",当然要先"名"之。"名"之的前提是知之。但是,对于道来说,"其上不皦,其下不昧","迎之不见其首,随之不见其后"②,视之不见,听之不闻,搏之不得,其外在方面无形无象,无声无音,即便有形有象,有声有音,也超越感知所及的范围;"道之为物,惟恍惟惚。惚兮恍兮,其中有象;恍兮惚兮,其中有物;窈兮冥兮,其中有精"③,其内在方面虽有物、有象、有精,然其物、其象、其

---

① 《老子·三十五章》。
② 《老子·十四章》。
③ 《老子·二十一章》。

精,幽暗深远,恍恍惚惚,飘逸不定,不具有确定性,同样也超出感知所及的范围。换言之,道之形象乃大象,道之声音乃大音,而"大音希声,大象无形"①;道中之物乃恍惚之物,道中之象乃惚恍之象,而"无状之状,无物之象,是谓惚恍"②,此道的外部情状与内在结构不为感官所知,则无以知之。道无从知,何以名之?无奈何,老子遂有"道隐无名"③的不可名的说法,谓道因其"隐"而不显而无以知、无以名。道因不可知而不可名,道之不可名就不是名的"责任"了。所谓名言之于道的局限性,实乃冤枉了名言。而所谓名言之于道的关系问题,原来便不成问题,实乃人之认知能力与道的关系问题被"忽视"的产物。不过,道不可名又不得不名,这是排遣不去的两难境地。同时也表明,包括道在内的所有关于道的名称都意味着与道的内涵、属性似无关联的"假借"或"指代",道之名与道之实只是因言说的需要而"结合",二者之间不存在一般意义上的名实关系。

老子很老实地说:"吾不知其名,字之曰道"④,坦言以"道"名道的秘密:"道"本身也不是道的"本名",它与其他别名一样是被借用来的替代者。因此,从作为道之名的"道"的特征来理解道,恰是离道远去,与道渐行渐远,更不可能走近、进入道。道原为人行必由之路,引申为人之必须遵循的准则、规律,无论是从道所生之物的生命展开过程就是走向道的旅程,或者说,生命的过程犹如一段路程来说,还是从道主宰天地万物和人类的作用来说,名道为"道"形象生动。

在"字之曰道"之后,老子又说:"强为之名曰大。"⑤道无处不在,流淌于天地内外,存在于天地万物生灭之前后,比一切有

---

① 《老子·四十一章》。
② 《老子·十四章》。
③ 《老子·四十一章》。
④ 《老子·二十五章》。
⑤ 《老子·二十五章》。

限的有形的存在"大"。以"大"名道倒也合适。即使天大,地大,人亦大,天地人在上下四方之中成为"大",与道相比还不是绝对的大,依然没有超出"域"之外。关键是,老子又在别处解"大"曰:"万物归焉而不为主,可名为大。以其终不自为大,故能成其大。"①原来,道之为"大"不仅源于道在空间意义上的广大无边,还源于道在万物归向自己之时不为万物主,以及道身居高位而柔弱处下所产生的崇高与"伟大"。这样,老子名道之"大"就不是强力有为、骄横跋扈的"强大"。

道劳苦功高而不为万物主,这是伟大的。同时,这种"不自为大"的"大",也是"谦逊"的完美体现。另外,道"不自为大",意味着道自以为"小",道之于万物无所用心、无所要求。所以,老子顺便解道为"小":"衣养万物而不为主,常无欲可名于小。"②伟大是"大",谦逊和自以为"小"便理所当然是"小"。为了防止他人误解这"小"、轻视这"小",解这"小"为渺小,忘掉这"小"的背后是无比的"大",老子补充说明这"小"虽小,但天下莫能臣之,相对于万物,这"小"处于君的位置。

物的最初发生处是道。道生众物有一过程,有诸多环节。老子概括之曰:"道生一,一生二,二生三,三生万物。"③道物之间隔着的一、二、三原是为了拉大道、物间的距离,神化道的权力与力量,也是为了说明人们感觉不到的道怎么就忽然能神神秘秘地生出万物来。基于一、二、三是"数",数与物相较,只能是"有";道与数相比,因数之"有"而只能是有之外的"无"。天下万物生于有,有生于无,昭示了以"无"名道的理由。再说,道生物犹如朴散为器,于是,道便成了"朴"。朴一旦成为道之名,则此朴即非当初那个散为器的朴,乃变成"无名之朴"④。也就

---

① 《老子·三十四章》。
② 《老子·三十四章》。
③ 《老子·四十二章》。
④ 《老子·三十七章》。

是说,此朴因被用作道之名而"无名"了。由于道生物后,道依然是道,朴散为器后,朴已不再是朴,老子因而慎用朴名道。

道生养出事事物物,虽推托一番,不愿作万物主,却决定它们的前途命运。任何违背道的旨意的企图不但徒劳,而且招致灾祸。因此,老子要求道的"臣民"求道、得道、从道,即"得一",并且,不厌其烦地唠叨着天地万物侯王,乃至神灵持守"一"的好处。他说:"天得一以清,地得一以宁,神得一以灵,谷得一以盈,万物得一以生,侯王得一以为天下贞"①,把天之清、地之宁、神之灵、谷之盈、侯王之为侯王等的终极原因归结为"一"的威力。道在此被明白无疑地称作"一"。此"一"与数学中的"一",便有天壤之别。不过,作为数字的"一"为自然数的开始、为序数之首,很可能启发了老子以"一"来指称独一无二的、高高在上的道。由此,我们也就知道,老子名道之"一"与道所生之"一"并非同一个"一"。因此,抽象地讨论道、一关系,或者解"道生一"之"一"为道,然后解"道生一"为道的自我生成,均是不明老子心中本有两个"一"所致。

此外,道尚有"夷""希""微"等说法。由于这是分别从道的不可见、不可闻、不可触等感性方面描述道的不可知性,属于对道的某一侧面的"指代",且含有对于道的幽怨(人们想认识道,道却"躲避"试图认识它的人),不能指代道之"全",故而不便成为道之别名。老子言道还曾用过母、根、玄牝等象征性的概念,谓道为"天下母"②"万物之母"③"天地根"④等,但是,这些仅限于比喻道为物之本原或归宿而已,亦不属名之之列。

道、大、小、无、朴、一等皆为道的别名,无一"正统",仅仅是为了言说的方便罢了。因此,一旦言说起来,总觉未尽其真意。

---

① 《老子·三十九章》。
② 《老子·二十五章》、《老子·五十二章》。
③ 《老子·一章》。
④ 《老子·六章》。

老子自己也有所察觉,且为之找借口:"道之出口,淡乎其无味。视之不足见,听之不足闻。"①言道如食用淡而无味的菜,缺少"盐"!这盐就是道的本质特征。究其因在于道超越感知的超越性,而不在于人看不见、听不到的感知能力的局限性。这样,问题又回到了道自身,都是道惹的"祸"!

---

① 《老子·三十五章》。

何谓"无为"、谁之"无为"
——老子"无为"略论

何谓"无为"？老子"无为而无不为"①的表述已明确告诉我们"无为"的反面是"无不为"，"无为"即"不为"，别无他意，更无特别的深意。相比之下，学界关于"无为"的种种解读，多是借老子之"无为"表达自己的"无为"，已离开老子"无为"的本意。与何谓"无为"紧密相关的是谁之"无为"，也即"无为"者、"无为"的主体。"无为"者、"无为"的主体不同，"无为"也即"不为"的具体涵义是不同的。基于此，本文论老子之"无为"主要论"无为"之主体，并从"无为"之主体的维度论"无为"的三种具体涵义。

一

我们知道，在老子的哲学中，道是最高的范畴，乃天地万物和人类的创造者、决定者。老子说："道生之，德畜之，长之育

---

① 《老子·三十七章》。

之,亭之毒之,养之覆之"①,"夫物芸芸,各复归其根"②,即是谓道不仅"生"天地万物和人类,而且还"养"天地万物和人类,使天地万物和人类得以健康地发育成长,并且,还让天地万物和人类最后以"死"的方式回归于道。这表明,道规定天地万物和人类从"生"到"死"的整个生命过程,道之于天地万物和人类是无所不为也即"无不为"的。

但是,道对于天地万物和人类的"无不为",在天地万物和人类看来则是"无为"。因为道物(天地万物和人类)一致,道之"为"并不是对天地万物和人类的本性的改变,更不是对天地万物和人类的本性的摧残,道之"为"是顺应天地万物和人类的自然本性而为,符合天地万物和人类的生存发展的内在要求,天地万物和人类因此并不把道看作外在于己的主宰者,并没有感受到道的"压迫"和"强制",甚至也没有感受到道的存在,反而"自得其乐",觉得自己是自主自由的。于是,老子说:"道常无为而无不为",赋予道以"无为"与"无不为"两种看似矛盾的特征。

"道常无为而无不为",说明道是"无为"的发动者,道是"无为"的主体。关于道之"无为"的具体涵义,老子有明确的交待:"(道)生而不有,为而不恃,长而不宰"③,"衣养万物而不为主","万物归焉而不为主"④。这是说,道之"无为"主要指道不占有、不主宰其所生养的天地万物和人类,在天地万物和人类面前不逞能。

二

圣人在老子的视界中是得道者、道的化身,因之具有道的

---

① 《老子·五十一章》。
② 《老子·十六章》。
③ 《老子·十章》、《老子·五十一章》。
④ 《老子·三十四章》。

"无为"特征。老子说:"圣人无为"①,"圣人处无为之事,行不言之教"②,点明圣人像道那样拥有"无为"的特征。这表明,圣人也是"无为"者、"无为"的主体。

关于圣人"无为"的具体涵义,老子假借圣人的名义予以表达:"圣人云:我无为而民自化,我好静而民自正,我无事而民自富,我无欲而民自朴"③,解圣人之"无为"为"好静""无事""无欲"等。这里,也可以看出,老子心目中的圣人还是理想的统治者,包括内圣与外王两个方面;老子的圣人不是侯王,侯王只是社会现实中的统治者,未必得道。

以上所引的"我无为而民自化,我好静而民自正,我无事而民自富,我无欲而民自朴",还透露了圣人"无为"的原因:圣人对民的要求或者说统治民的目标是民之"化"(化育)、"正"(端正)、"富"(富足)、"朴"(纯朴),而民"自化""自正""自富""自朴",按其本性,不但主动追求"化""正""富""朴",而且有能力做到"化""正""富""朴",不需要圣人的强力有为。这样,圣人"无为"而"功成事遂"④,百姓则谓"我自然"⑤,彼此皆大欢喜。

正因为如此,老子才又将圣人的"无为"说成是"辅万物之自然而不敢为"⑥,一方面顺乎万物之自然本性,辅助其成长发育,另一方面不敢破坏万物之自然本性而代之以自己的主观意志。

三

圣人是得道者,得道之前,仅是"为道"者,也即求道者,而非圣人。老子认为"为道"者也"无为"。这样,"为道"者也是

---

① 《老子·六十四章》。
② 《老子·二章》。
③ 《老子·五十七章》。
④ 《老子·十七章》。
⑤ 《老子·十七章》。
⑥ 《老子·六十四章》。

"无为"者、"无为"的主体。老子说:"为学日益,为道日损,损之又损,以至于无为。"①

这是说,"为学"与"为道"虽然都需要"学",可是,"为学"者所学为形下的知识,主要是礼乐文化之类,其学习的方式是"有为",而且,只有致力于"有为"、刻苦、勤奋,才能获得关于礼乐文化的知识,而"为道"则不同,"为道"者所学为形上之道,道乃天地万物和人类之本原,其学习的方式是减损"有为",直至"无为",而且,只有极力减损"有为",才能做到"无为",从而最终得道。这里,"为道"者"学不学"②,以"不学"为"学",其"无为"实质上即是"不学"。

为什么"为道"者学习道、追求道必须"无为",老子虽没有明说,但还是可以理解的:道的特征是"无为",能够做到"无为"、达到"无为"的状态,具有道的特征,也就意味着得到了"道"。

以上表明,"无为"的主体不同,"无为"的具体涵义也就不同,离开"无为"的主体,就无以把握"无为"的真谛;因道之"无为",才有得道者(圣人)和"为道"者(求道者)的"无为","无为"始终与道相联系。

---

① 《老子·四十八章》。
② 《老子·六十四章》。

君王四类与治道四种
——以《老子》十七章、三十八章为中心

中国哲学从来就具有政治内涵。入世,是所有哲人共同的情怀,即使晚年隐居,以隐者自居的老子也不例外。由于政治的核心是君王,君王及其为政之道决定着国家的政治实践、政治面貌和政治走向,所以,哲人们的政治批判与政治理想都围绕着君王和治道而展开。老子的政治批判与政治理想充斥《老子》全书,然而,尤以《老子》之十七章、三十八章最为全面、集中。

一

关于君王的类型,各家各派各有说法,例如儒家将君王分为王、霸,孟子曾曰:"以德行仁者王","以力假仁者霸"[①]。这里,划分的标准是仁。老子在《老子·十七章》中将其分为四类,他说:"太上,不知有之;其次,亲而誉之;其次,畏之;其次,侮之。信不足焉,有不信焉。悠兮,其贵言。功成事遂,百姓皆谓我自然。"

---

① 《孟子·公孙丑上》。

这是说，从认知之维度看待君王，君王可以分为两类，一类是"不知有之"，一类是"知有之"。即是说，一类是不可以认知，人们感知不到其存在的；一类是可以认知，人们可以感受到其存在的。从情感的维度考察君王，"知有之"这一类君王又可以分为三类，分别是"亲而誉之""畏之""侮之"。也即是说，分别是人们亲近爱戴的君王、人们畏惧的君王、人们蔑视的君王。这样，结合认知与情感，君王划分为四类。

从"太上""其次"等文字来看，老子认为这四类君王有高下优劣之分。"不知有之"这样的君王，是老子心目中理想的君王，在老子心中地位最高，其他三类均是老子所批判的对象，在老子心中的地位依次降低。其中，"侮之"这一类，最为老子所不齿。由于"不知有之"这类君王是理想的统治者，所以老子称这类君王为"圣人"。这样，其他三类君王不仅不是圣人，而且还是圣人所抨击的对象。

为何理想的君王，人们"不知有之"？为何"不知有之"这类君王才是理想的君王？老子以"悠兮，其贵言。功成事遂，百姓皆谓我自然"作了解释。即是说，这类君王"处无为之事，行不言之教"①，对其统治下的民众实行无为而治，在行动上无所为，在语言上无所教，不干涉民众的一言一行，所以，人们感觉不到这类君王的存在，以至于这类君王治理天下，实现天下大治，民众安居乐业，还以为是自己成就自己，本来就是如此。另外，这类君王一方面"功成事遂"，成就大业，实现其政治理想；一方面顺应民众本性，满足民众愿望和需求，做到了君王理想与民众要求的天然一致，所以，是理想的君王。

在四类君王中，老子最反对的是"侮之"这一类。这类君王之所以遭到人们的轻蔑，是因为这类君王缺少"信"。老子的"信不足焉，有不信焉"，表达的就是这个意思。为何缺少"信"

---

① 《老子·二章》。

的君王是老子最为反对的、是人们所最为不齿的？老子在此没有深究，但是，在《老子·三十八章》中作了解释。我们将在下文分析。

二

关于治道的种类，各家各派也各有说法。例如儒家孔子将其分为仁与不仁这两类。他说："道二，仁与不仁而已矣。"①老子将治道分为五种。他说："失道而后德，失德而后仁，失仁而后义，失义而后礼。夫礼者，忠信之薄而乱之首。"②

此是说，治道有道、德、仁、义、礼五种。由"失道而后德"这样的句式可知，五种治道也有高下优劣之分，其中，道是最理想的治道，为老子所推崇，在老子心中的地位当然最高，而礼却是所有治道中最被老子批判的治道。

"德"是得于"道"者，"德"可以纳于"道"，道乃自然之道，属于自然性的存在；"义"和"仁"均是儒家的伦理道德，属于伦理性的存在；"礼"乃政治制度范畴，属于政治性的存在，所谓五种之治道也就可以概括为道德、仁义、礼这三种。

在这三种治道中，为何道德是理想的治道？老子认为"道常无为而无不为"③，"上德无为而无以为"④，具有"无为"特质。而"无为"恰是人们"不知有之"这类理想的君王治理天下所运用的方法。如此，理想的君王所使用的治道，理所当然就是理想的治道。

可是，在这三种治道中，为何礼是老子最激烈的抨击对象，是人们最为不齿的？老子的理由是："夫礼者，忠信之薄而乱之首。"即是说，礼使君王丧失信，从而使民众丧失忠，是社会由治

---

① 《孟子·离娄上》引孔子语。
② 《老子·三十章》。
③ 《老子·三十七章》。
④ 《老子·三十八章》。

而乱的祸首和源头。

除却以上论述治道的文字,老子还说过:"天下多忌讳而民弥贫","法令滋彰,盗贼多有"①,认为"法"也是治理天下之治道,不过,老子对于法是持否定态度的,认为法治一方面造成民众生活贫困,一方面还使民众因贫困而偷盗,从而使天下趋于混乱。

这样,老子视界中的治道就有道德、仁义、礼和法这四种。在《老子·三十八章》中,道德、仁义、礼的高下优劣是确定的,其顺序是明显的。那么,法在四种治道中处于何种位置？由于道德是理想的治道,礼是最受老子诟病的治道,它们分别位于四种治道之首、尾,应该是没有疑问的。问题是,仁义和法二者,谁优谁劣,谁排在前谁排在后。我们知道,老子虽曾云:"大道废,有仁义"②,要求"绝仁弃义"③,不满以仁义为治道,但是,毕竟没有直接批评仁义的危害性,而对于法,如上文所述,却直接批评了法的社会危害性。据此,似可以断定,在老子那里,仁义优越于法,法应排在仁义之后。这样,治道四种,顺序如下:道德、仁义、法、礼。

三

人们"不知有之"这类君王,用"无为"的方法治理天下,而"无为"如前文所述,又是道和德的本质属性。老子云:"道常无为而无不为"④,"上德无为而无以为"⑤,即是典型例证。由此可以看出,这类君王实际上是以道治国,其治理天下之治道是"道(包括德)"。君王以道治国,无为而治,人们对其自然"不知

---

① 《老子·五十七章》。
② 《老子·十八章》。
③ 《老子·十九章》。
④ 《老子·三十七章》。
⑤ 《老子·三十八章》。

有之"。

老子最反对的君王是人们"侮之"这一类,并认为这类君王缺少"信"。为什么这类君王缺少"信"？联系老子批评礼的社会危害性时所说的"夫礼者,忠信之薄而乱之首",可以知道,这类君王以礼治国,其治理天下的治道是"礼"。君王以礼治国,因而缺少对民众最基本的"信"。由于君王为政以礼,缺少"信",并因此造成国破家亡,老子自然最为反对,人们理当"侮之"。

人们"亲而誉之"这类君王,之所以获得民众爱戴,是因为其行善积德,对民众关怀备至。据此可以推论,这类君王应是以仁义治国,其治理天下的治道是"仁义"。老子反对以仁义为治道,是因为仁义属于"有为"。老子云:"上仁为之而无以为,上义为之而有以为"①,即是抽去仁义的具体内涵,从"有为"的维度解读仁义,并以此区别于无为的道和德。

人们"畏之"这类君王,之所以让民众畏惧,是因为其严刑峻法,对民众实施高压政策。据此可以推定,这类君王应是以法治国,其治理天下的治道是"法"。

由以上的简略分析可知,老子认为君王有四类、治道有四种,君王之四类取决于治道之四种,君王的优劣高下与治道的优劣高下是一致的;君王划分的标准,从君民关系的维度来看是民对于君王的认知和情感,从君王自身的维度来看是君王为政天下所选择的治道。

---

① 《老子·三十八章》。

圣人与士:老子的理想人格

一般学者认为老子的理想人格是圣人,其实,老子的理想人格除圣人之外,还有士,就像孔子的理想人格除圣人之外,还有君子一样。不同的是,老子的理想人格圣人和士各有侧重,圣人侧重外王的一面,士则侧重内圣的一面,而孔子的圣人和君子都包括内圣与外王两面,只是君子之极致则为圣人。

一

老子心目中作为理想人格的士,乃得道者、行道者,而不是普通意义上的士。老子说:"善为士者不武"[1],此士,王弼注之曰:"卒之帅也"[2],乃是军官,不可以成为理想人格。老子所说的"上士"[3],才是其理想人格。

何为"上士"?老子是通过"上士"与"中士""下士"相比较予以论述的。他说:"上士闻道,勤而行之;中士闻道,若存若亡;下士闻道,大笑之。不笑不足以为道。"[4]

---

[1] 《老子·六十八章》。
[2] 王弼:《老子注·六十八章注》。
[3] 《老子·四十一章》。
[4] 《老子·四十一章》。

这是说，士有上、中、下之分，只有"上士"信从道，并积极付之于行动；"中士"对于道比较犹豫，持存疑态度；"下士"不但不信从、不践行道，反而嘲笑道。此处，值得注意的是，士本无所谓上、中、下之分，老子的"上士""中士""下士"的划分，应是根据"士"对"道"的认识、态度来划分的，寓有褒贬。表面上，"上士闻道，勤而行之；中士闻道，若存若亡；下士闻道，大笑之"，实则应是"闻道，勤而行之"者为"上士"，"闻道，若存若亡"者为"中士"，"闻道，大笑之"者为"下士"。

由此可以看出，"上士"乃是真正的得道者、行道者，乃是老子心中的理想人格。至于那些所谓的"中士"和"下士"，在老子看来仅有士之名而无士之实，根本算不上真正的士，更算不上理想人格。

作为理想人格的士，老子有集中而具体的刻画，他说："古之善为士者，微妙玄通，深不可识。夫唯不可识，故强为之容：豫兮若冬涉川，犹兮若畏四邻，俨兮其若客，涣兮若冰之将释，敦兮其若朴，旷兮其若谷，混兮其若浊。"①

这种刻画，不是对"士"之形体、外表的简单描摹，而是对"士"之内在特征的精心雕刻。这是说，士作为得道者、作为理想人格，不同于芸芸众生，因此，一般人难以认识其真实面目，更难以认识其内在特质。士的内在特征显现在其性格、修养诸方面，呈现为"豫""犹""俨""涣""敦""旷""混"等品格，也即呈现为审慎、警觉、恭敬、庄重、融和、敦厚、旷远、包容等品格。士的这些特征、品格，无疑是道的柔弱、谦下等特征的体现。

二

老子心目中作为理想人格的圣人，当然也是得道者、行道者。关于圣人，老子虽也从内圣的角度论述之，但是，不是主要

---

① 《老子·十五章》。

的,仅如下数处:"圣人去甚,去奢,去泰"①,"圣人方而不割,廉而不刿,直而不肆,光而不燿"②。这无非是说圣人不极端、不奢侈、不过分,具有中道、谦下等品格,例如,方正、正直、明亮而有限度,同时又显得温和、克制。

老子对圣人的论述,主要是从外王的角度加以渲染的。老子关于"圣人之治"③,"圣人不仁,以百姓为刍狗"④,"圣人常善救人,故无弃人;常善救物,故无弃物"⑤,"圣人无常心,以百姓心为心"⑥等等言论,皆是在言说圣人的外在的事功方面,表达圣人自然、为民、爱物等外在特征。

在老子看来,圣人才是理想的统治者。圣人之治所依赖的是"道"。老子说:"圣人抱一为天下式"⑦,此句,马王堆本作"圣人执一,以为天下牧",都是说,道是治理天下的理想之道,圣人治理天下以道为治道。这是老子治道与其他学派的根本区别所在,也是老子对现实政治的反抗。

由于道无为,圣人效法道,以道治理天下,其方法当然也是无为。老子说:"圣人处无为之事,行不言之教"⑧,"圣人云:'我无为而民自化,我好静而民自正,我无事而民自富,我无欲而民自朴'"⑨。这里指出,圣人的无为包括言和行、行动和动机等方面,无为的目的或者说效果是民"治"。民"治"包括民之"化""正""富""朴",也即民之顺化、正直、富足、质朴。同时,这里还指出圣人能够实行无为而治的原因:民众"自化""自正""自富""自朴",自己能够并且主动向顺化、正直、富足、质朴等方面转

---

① 《老子·二十九章》。
② 《老子·五十八章》。
③ 《老子·三章》。
④ 《老子·五章》。
⑤ 《老子·二十七章》。
⑥ 《老子·四十九章》。
⑦ 《老子·二十二章》。
⑧ 《老子·二章》。
⑨ 《老子·五十七章》。

化,无需圣人之有为。相反,统治者之有为,只会扰民乱民。

　　道之无为所实现的客观效果是"无不为",也即无所不为。老子曾明确说道:"道常无为而无不为。"① 与道之无为而无不为相应,老子提出圣人"为无为,则无不治"②,以无为实现无所不治。

　　正因为圣人无为而天下治,圣人无为而民自得,民一方面在"功成事遂"时认为"我自然"③,自己的成功、成就与圣人无关,另一方面又对圣人充满爱戴,更不认为圣人是人民的负担:"圣人处上而民不重,处前而民不害,是以天下乐推而不厌。"④

　　综上所述,老子的理想人格包括士和圣人,士和圣人是道的化身。由道之柔弱、谦下而有士这种侧重于内圣的理想人格,由道之无为而无不为而有圣人这种侧重于外王的理想人格。就士和圣人相比较而言,圣人比士更能代表老子的理想人格。因为圣人虽主要体现于外王的一面,但毕竟也有内圣的因素,而士却局限于内圣,缺少外王的因素。

---

① 《老子·三十七章》。
② 《老子·三章》。
③ 《老子·十七章》。
④ 《老子·六十六章》。

老子仁学略论

研究老子,人们常常关注"道"而忽略"仁",即便言仁,也只是说老子从道的高度否定仁,从道家"道治"的视角批判儒家"德治"。这样"看"仁,仁似乎是儒家的"专利"。其实,《老子》一书虽然论仁的次数只有8次,但是老子却有着不同于儒家的较为丰富的仁学思想。

要想知道老子之仁的涵义,必须先厘清老子对仁的分类。老子没有明确说明仁有两类,但是,从他将"德"划分为"上德"与"下德",并且提出"上仁"这个概念来看,可以推论他实际上是把仁分为"上仁"和"下仁"这两类,虽然《老子》一书尚无"下仁"一词。老子之所以未使用"下仁"是有原因的。我们知道,老子认为上德"有德"、下德"无德",即认为前者具有"德"的属性,是真正的德,后者不具有德的属性,是虚假的德。据此,老子便称"上德"为"德",从不称"下德"为德。这样,所谓德即指"上德"。同理,"上仁"是真正的仁,体现着仁的本质特征,而"下仁"是虚假的仁,不能承担仁的"重任",于是,老子遂称"上仁"这种真仁为仁,不提及"下仁"这种假仁。

关于仁的涵义,老子从道之"无为"的角度界定之。他说:"上仁为之而无以为。""为之"指有为,"无以为"指无为。这是说,仁是有为与无为的矛盾统一体,指主观上"有为"而客观上"无为"。一方面,仁以"有为"别于道,而且违背道;另一方面,仁以"无为"同于道,而且服从道。这表明,老子所谓的仁根本不同于儒家的"爱人"之仁,二者不仅内涵不同,本质也不同。老子之仁仅具政治性,儒家之仁既具政治性,又具道德性。学界将二者混为一谈,以为老子用道家之道批评儒家之仁,实是误解老子。还表明,仁与道有同有异,对立又统一,二者既有联系又有区别。基于仁与道的联系性、同一性,老子还从道的角度讨论仁的由来,那就是:"失道而后德,失德而后仁。"老子的意思是,在无为之道丧失之后,禀受道之本性的"德"才出现;在德丧失之后,"仁"才出现。由于德是得于道者,它"无为而无以为"①,完全符合道的旨意,意味着仁实际上是第一个异于道的存在。所以,老子有时干脆越过德这一"中介",谓"大道废,有仁义"②,将仁的发生直接归于道的丧失。

关于天、地、人与仁的关系,老子认为天地和人均无"仁"性。不用说,老子的道是宇宙的本原,在老子看来,道创造了包括天、地、人在内的宇宙间一切事物,并赋予其道的属性。这样,天、地、人作为道的产物应该禀承道的特质,呈现自然、无为等特征,不可能"拥有"任何有别于道的特征。例如,不可能"拥有"仁。因此,老子说:"天地不仁,以万物为刍狗;圣人不仁,以百姓为刍狗。"③也就是说,天地和人都不具备仁这种德性,都承载着道的自然、无为的本性。因为天地虽"大",但并不干涉自然万物的生死存亡,应该采取无为的方式处理天地与万物的关系,任凭万物自生自灭;圣人虽优越于众人,但并不干涉百姓的生存、生产和生活,应该采取无为而治的政策统治民众,做到

---

① 以上引文,均出自《老子·三十八章》。
② 《老子·十八章》。
③ 《老子·五章》。

"好静""无事""无欲",让民众"自化""自正""自富""自朴"①,自由发展。简言之,天地和人没有"为之而无以为",所以,"不仁"。

关于仁的政治功能与政治价值,老子是全盘否定的。因为老子的道还是宇宙的最高主宰,在老子的心目中,道是统治者治理天下、为政国家的唯一的理想之道。因此,唯有"以道莅天下"②,用道治万民。除此之外,别无选择。在此意义上,老子反对"道治"之外的所有政治主张和为政方略。即便是历史上刚刚经历过的三代"礼治",他亦持否定态度,批评礼是"忠信之薄而乱之首"③,将礼列为国家乱而不治的根源。正因为如此,老子站在以道治世的立场,认定仁不能成为治世之道,更反对在礼崩乐坏后实行"仁治"。为此,他从政治维度提出"绝仁弃义"④的策略,试图将仁逐出政治舞台。

不过,老子还是肯定"善仁"的。大家知道,老子曾以"水"喻道,认为"水善利万物而不争,处众人之所恶"⑤,其柔弱处下、无为不争等特性与道最为接近。水类似于道,而"上善若水"⑥,则意味着真正的"善"(老子所讲的"善"不是儒家所讲的"善")也类似于道,有着道的特征。由此,任何行为或规范只要具备了"善"的特质同时就意味着具备了"道"的特质。基于此,老子肯定"善仁",认为"善仁"乃得道之仁,系道的原则在应对人际关系方面的具体化。他说,"与善仁",交友之道在于"善仁",就像"居善地,心善渊"⑦等等一样,合乎道的无为与不争。

通过以上分析可知,老子之仁并非儒家之仁,它产生于道、

---

① 《老子·五十七章》。
② 《老子·六十章》。
③ 《老子·三十八章》。
④ 《老子·十九章》。
⑤ 《老子·八章》。
⑥ 《老子·八章》。
⑦ 《老子·八章》。

德丧失之后；老子分仁为"上仁"与"下仁"这两种类型，却仅仅谈论"上仁"；老子把道的特性加于天地和人身上，却排斥天地和人的仁性特征；老子否定仁的"治道"功能和政治价值，却肯定"善仁"为处理人与人关系的准则。老子仁学的这种特殊形态，与其说决定于老子之道的自然性，不如说决定于老子哲学在政治和社会层面的"无为"取向。

第二辑 庄子的思想世界

庄子视界中的儒家

庄子虽是先秦道家的著名代表,可是,《庄子》一书记载次数最多的人物不是道家的创始人老子,而是儒家的开创者孔子;记载人数最多的也不是道家人物,而是儒家人物。庄子批评孔子、批评儒家处甚多,庄子的一些重要思想如心斋、坐忘等,又都是通过孔子与其弟子对话的方式表达出来。另外,庄子多次提及儒家经典、儒家学说。这表明庄子谙熟儒家著作,甚至精通儒家思想。

从庄子的视域看儒家,我们发现庄子对儒家的理解是精确而深刻的,且丝毫不逊色于与其同时代的儒家著名人物孟子。

一、儒家之经典:《诗》《书》《礼》《乐》《易》《春秋》

自孔子创立儒家始,儒家即以《诗》《书》《礼》《乐》等教育弟子。孔子问其子孔鲤"学诗乎""学礼乎",并对孔鲤说:"不学诗,无以言","不学礼,无以立"①,要求孔鲤学习《诗》《礼》。孔子曾说:"兴于诗,立于礼,成于乐"②,言诗、礼、乐之于人生炼养

---

① 《论语·季氏》。
② 《论语·泰伯》。

的价值,可见其教育弟子离不开《诗》《礼》《乐》等。至于《书》,也是孔子教育弟子的教材。据《论语·宪问》载,孔子弟子子张与孔子有关于《书》的问答:"子张曰:'《书》云:高宗谅阴,三年不言。何谓也?'子曰:'何必高宗,古之人皆然。君薨,百官总己以听于冢宰,三年。'"这是孔子以《书》教育弟子的明证。孔子四十多岁时曾感叹:"假我数年,五十以学《易》,可以无大过矣"①,希望能够活到五十岁,从而有时间学《易》。学《易》之后,孔子即以《易》为教材教育弟子。《论语·子路》载孔子引《易经》恒卦的爻辞"不恒其德,或承之羞",然后评论道:"不占而已矣",这即是证据。从《论语》来看,虽没有载孔子用《春秋》教育弟子,但是,《春秋》由孔子本人所作,孔子视之甚重②,想必会以之作教材的。

在《诗》《书》《礼》《乐》等教材中,孔子教授最多的应是《诗》。因此,《论语》载孔子谈《诗》处较多。孔子说:"《诗》三百,一言以蔽之曰:思无邪"③,这是对《诗》的内容、意旨的高度概括;孔子说:"《关雎》乐而不淫,哀而不伤"④,这是对《诗》中具体诗篇的评价;"子夏问曰:'巧笑倩兮,美目盼兮,素以为绚兮。何谓也?'子曰:'绘事后素。'曰:'礼后乎?'子曰:'起予者商也,始可与言诗已矣。'"⑤这是对《诗》中具体诗句的解读。孔子教授《诗》,用力甚多,恐与孔子的"兴于诗"的主张有关。

由于孔子以《诗》《书》《礼》《乐》等教育弟子,也由于儒家思想与《诗》《书》《礼》《乐》等关系密切,多是对其解读、发挥和利用,可以说,离开了《诗》《书》《礼》《乐》等,儒家就失去了其根基。所以,孔子之后,儒家学者多重视《诗》《书》《礼》《乐》等,并

---

① 《论语·述而》。
② 《孟子·滕文公下》载孔子之言:"知我者其惟《春秋》乎!罪我者其惟《春秋》乎!"
③ 《论语·为政》。
④ 《论语·八佾》。
⑤ 《论语·八佾》。

利用其表达自己的思想。例如,郭店儒简中的《性自命出》出现《诗》《书》《礼》《乐》并举:"《诗》、《书》、《礼》、《乐》,其始出皆生于人。《诗》,有为为之也;《书》,有为言之也;《礼》、《乐》,有为举之也";《六德》出现《诗》《书》《礼》《乐》《易》《春秋》并举:"观诸《诗》、《书》则亦在矣,观诸《礼》、《乐》则亦在矣,观诸《易》、《春秋》则亦在矣",而郭店儒简中的《缁衣》《五行》《成之闻之》等篇的作者即是引《诗》《书》以表述己意。

庄子看到了这一点,谓古之道术"在于《诗》、《书》、《礼》、《乐》者,邹鲁之士、搢绅先生多能明之"①,并且,刻意通过老子与孔子的对话,经由孔子之口,把上述著作称为儒家之"经":"孔子谓老聃曰:'丘治《诗》、《书》、《礼》、《乐》、《易》、《春秋》六经,自以为久矣,孰知其故矣,以奸者七十二君,论先王之道而明周、召之迹,一君无所钩用。甚矣!夫人之难说也?道之难明邪?'老子曰:'幸矣,子之不遇治世之君也!夫六经,先王之陈迹也,岂其所以迹哉!今子之所言,犹迹也。夫迹,履之所出,而迹岂履哉……"②此处,庄子笔下的孔子称《诗》《书》《礼》《乐》《易》《春秋》为儒家之"经",而与其"对话"的老子也承认这一事实,不同之处在于孔子以为儒家之"经"承载"先王之道",而老子认为儒家之"经"所记载的乃"先王之陈迹"而已。

关于儒家各"经"之旨,孔子只以"思无邪"③概括《诗》,而于其他诸经并无概括;郭店儒简作者云:"《诗》,所以会古今之诗也者","[《书》,□□□□]者也","《礼》,交之行述也","《乐》,或生或教者也","《易》,所以会天道人道也","《春秋》,所以会古今之事也"④,虽有概括,却拘限于各"经"的内容或所涉及的范围,且也不甚准确;庄子却以极其精彩而准确的文字概括之,

---

① 《庄子·天下》。
② 《庄子·天运》。
③ 《论语·为政》。
④ 《语丛一》。

他说:"《诗》以道志,《书》以道事,《礼》以道行,《乐》以道和,《易》以道阴阳,《春秋》以道名分。"① 这种概括,显示庄子对于儒家之"经"的深入思考和精准把握。

因为把《诗》《书》《礼》《乐》等看作儒家之"经",庄子在讽刺、丑化儒家时即时常引用之。例如,庄子讽刺儒者极力用《诗》《书》《礼》《乐》取悦于君王,却适得其反:"徐无鬼因女商见魏武侯","武侯大悦而笑。徐无鬼出,女商曰:'先生独何以说吾君乎?吾所以说吾君者,横说之则以《诗》《书》《礼》《乐》,从说之则以《金板》《六弢》,奉事而大有功者不可为数,而吾君未尝启齿。今先生何以说吾君,使吾君说若此乎?'徐无鬼曰:'吾直告之吾相狗马耳。'"② 再如,庄子丑化儒者盗墓还引经据典时云:"儒以《诗》《礼》发冢,大儒胪传曰:'东方作矣,事之何若?'小儒曰:'未解裙襦,口中有珠。《诗》固有之曰:青青之麦,生于陵陂。生不布施,死何含珠为?'接其鬓,压其顪,儒以金椎控其颐,徐别其颊,无伤口中珠。"③

二、儒家思想之核心:仁义

儒家的经典是《诗》《书》《礼》《乐》《易》《春秋》等六经,六经各有其旨,由六经发展出来的儒家思想深刻而丰富。这深刻而丰富的儒家思想有没有其核心?如果有,其核心是什么?

我们先看孔子。孔子虽然曾云:"吾道一以贯之"④,谓其思想有核心,可是,未曾明言其核心究竟是什么,至于曾参所解读的"夫子之道,忠恕而已矣"⑤,以忠恕为孔子思想的核心,是不准确的。忠恕只是为仁的方法而已。后世学者,或云孔子思想

---

① 《庄子·天下》。
② 《庄子·徐无鬼》。
③ 《庄子·外物》。
④ 《论语·里仁》。
⑤ 《论语·里仁》。

的核心是仁,或云孔子思想的核心是礼,或折衷以上两种说法,谓孔子思想的核心是仁和礼。这些说法各有道理,又均难以说服反对者。再看郭店儒简。儒简中的《五行》将仁、义、礼、智、圣并举,列为"五行";《六德》将圣、智、仁、义、忠、信并列为"六德",曰:"何谓六德?圣、智也,仁、义也,忠、信也";《忠信之道》则将忠、信并举,集中讨论忠、信。无论是从郭店儒简各篇,还是从郭店儒简总体上看,都难究郭店儒简思想之核心。这表明,要看出孔子思想的核心、郭店儒简思想的核心,并指出其核心是什么,是非常困难的,而要把握从孔子到郭店儒简的整个儒家思想的核心,并揭示出其核心是什么,更是困难重重。

庄子认为儒家思想从总体上讲可以仁义礼乐概括之。庄子在描述他心中的理想社会"至德之世"被毁坏时说:"及至圣人,蹩躠为仁,踶跂为义,而天下始疑矣;澶漫为乐,摘僻为礼,而天下始分矣";"道德不废,安取仁义;性情不离,安用礼乐"①,批评儒家思想是破坏"至德之世"的根由,把儒家思想解读为仁义礼乐。与此相同,庄子在解释"赫胥氏之时"的灭亡时说道:"及至圣人,屈折礼乐以匡天下之形,县跂仁义以慰天下之心,而民乃始踶跂好知,争归于利,不可止也。此亦圣人之过也。"②同样指责儒家思想毁灭了"赫胥氏之时",把儒家思想解读为仁义礼乐。另外,庄子曾云:"通乎道,合乎德,退仁义,宾礼乐,至人之心有所定矣"③,要求圣人持守道德而脱离仁义、摈弃礼乐,用道家思想否定儒家思想,用道家的道、德否定儒家的仁义、礼乐,这也是把儒家思想理解为仁义礼乐。

儒家思想主要是仁义礼乐。儒家思想的核心是什么?庄子认为是"仁义"。《庄子》一书,"仁义"连用处颇多。庄子谈及儒家、批评儒家,在很多情况下都是直指仁义。这些,就是证

---

① 《庄子·马蹄》。
② 《庄子·马蹄》。
③ 《庄子·天道》。

据。例如,庄子批评儒家时说:"自我观之,仁义之端,是非之涂,樊然淆乱,吾恶能知其辩"①,即是用"仁义"代表儒家思想。再如,庄子批评儒家的君子时说:"天下尽殉也:彼其所殉仁义也,则俗谓之君子;其所殉货财也,则俗谓之小人。其殉一也,则有君子焉,有小人焉"②,也是用"仁义"代表儒家思想。另外,庄子通过儒道对比论述道的特征时说:"吾师乎!吾师乎!齑万物而不为义,泽及万世而不为仁,长于上古而不为老,覆载天地、刻雕众形而不为巧"③,以道与仁义相对,而道为道家思想的核心,由此也可推知庄子以仁义为儒家思想的核心。

庄子设计孔子与老子相见时大谈"仁义":"孔子见老聃而语仁义。老聃曰:'夫仁义憯然,乃愤吾心,乱莫大焉。吾子使天下无失其朴,吾子亦放风而动,总德而立矣。'"④孔老相见,所谈应是自己学说的主旨。从孔子谈"仁义",从老子反对"仁义",可以看出,庄子是以仁义为儒家思想的核心的。庄子还设计孔子长久未能得道而求见老子,老子批评孔子说:"仁义,先王之蘧庐也,止可以一宿而不可久处。觏而多责。古之至人,假道于仁,托宿于义,以游逍遥之虚……"⑤此处,孔子言其未得道,老子却批评仁义,指出固执于仁义才是阻隔道的根源。可见,庄子笔下的老子是把仁义当作孔子之道,也即当作儒家思想之核心的。此外,庄子还记述孔子师生被困于陈、蔡时,孔子与其弟子子路的所谓对话:"子路曰:'如此者,可谓穷矣!'孔子曰:'是何言也!君子通于道之谓通,穷于道之谓穷。今丘抱仁义之道以遭乱世之患,其何穷之为?故内省而不穷于道,临难而不失其德。天寒既至,霜雪既降,吾是以知松柏之茂也。陈

---

① 《庄子·齐物论》。
② 《庄子·骈拇》。
③ 《庄子·大宗师》。
④ 《庄子·天运》。
⑤ 《庄子·天运》。

蔡之隘,于丘其幸乎!"①在对话中,孔子明确说明其所谓的"道"是仁义之道,把"仁义"看作自己思想的核心。这是庄子以仁义为儒家思想之核心使然。

庄子在《庄子·天道》中写到,孔子欲将自己所著的著作藏于周王室,子路劝孔子先拜见已隐居在家的"征藏史"老子,请老子作中介,孔子赞同这一办法,"往见老聃,而老聃不许,于是繙十二经以说。老聃中其说,曰:'大谩,愿闻其要。'孔子曰:'要在仁义'"。这里,由于儒道观点、主张大不相同,老子对孔子著作不以为然,而孔子情急之下试图说服老子,明知老子知晓自己的思想还在老子面前谈论、介绍自己的思想,老子不愿详听,希望孔子简介其主要观点,孔子概括其思想的核心为"仁义"。这是庄子通过孔子之口,说出儒家思想的核心为"仁义"。

三、儒家人性之内容:仁义和感官欲望

人性论是儒家思想的重要组成部分。子贡云:"夫子之言性与天道,不可得而闻也"②,本身就说明了孔子有丰富的人性学说。遗憾的是,《论语》所载孔子人性言论仅"性相近也,习相远也"③这一句话。郭店儒简始有"圣人之性"与"中人之性"④的划分,有"仁,性之方也"和"喜怒哀悲之气,性也"⑤这两种关于人性内容的解读。

庄子认为儒家内部对人性内容的理解是不一致的,大致包括以仁义为性和以感官欲望为性这两种类型。关于儒家人性的内容是"仁义",庄子首先是通过孔子与老子论辩的方式表达出来的:"老聃曰:'请问:仁义,人之性邪?'孔子曰:'然,君子不

---

① 《庄子·让王》。
② 《论语·公冶长》。
③ 《论语·阳货》。
④ 《成之闻之》。
⑤ 《性自命出》。

仁则不成，不义则不生。仁义，真人之性也，又将奚为矣？'老聃曰：'请问：何谓仁义？'孔子曰：'中心物恺，兼爱无私，此仁义之情也。'老聃曰：'意，几乎后言。夫兼爱，不亦迂乎！无私焉，乃私也。夫子若欲使天下无失其牧乎？则天地固有常矣，日月固有明矣，星辰固有列矣，禽兽固有群矣，树木固有立矣。夫子亦放德而行，循道而趋，已至矣！又何偈偈乎揭仁义，若击鼓而求亡子焉！意，夫子乱人之性也。"①在此，孔子肯定仁义乃人性之内容，并以仁义之于君子生存的绝对价值、仁义是君子之为君子的本质所在，论证仁义为人之性的必要性、必然性。至于仁义的内涵，孔子解之为心正和悦、兼爱无私。老子批评兼爱之迂腐和无私之虚伪，否定孔子所讲的仁义之价值，然后指出人性犹如天地之"常"、日月之"明"、星辰之"列"、禽兽之"群"、树木之"立"，乃是人的自然本性，并非外在于人的且制约人的本性的仁义。上述论辩，无论是孔子还是老子都是把仁义视作儒家之人性，都是在这一前提下进行论辩。

除却通过孔子与老子论辩来表达儒家以仁义为性的观点，庄子还通过直接批评儒家的方式来表达这一观点。这在《庄子·骈拇》中有集中的表述："夫小惑易方，大惑易性。何以知其然邪？自虞氏招仁义以挠天下也，天下莫不奔命于仁义。是非以仁义易其性与"，"且夫属其性乎仁义者，虽通如曾、史，非吾所谓臧也"；"吾所谓臧者，非仁义之谓也，臧于其德而已矣；吾所谓臧者，非所谓仁义之谓也，任其性命之情而已矣"。庄子的意思是人性自然，以仁义为性实是对人性的扭曲和伤害；那种把仁义当作人性的观点是错误的，真正的人性就是人的自然本性。这里，庄子用道家的人性自然对抗、批评以仁义为人性的观点。其所批评的以仁义为人性，就是儒家的人性论，因为在庄子看来唯有儒家重视仁义并以仁义为思想的核心。

---

① 《庄子·天道》。

关于儒家人性的内容是感官欲望，郭店儒简已现端倪。虽然《语丛二》云："情生于性"，谓情源自性，乃性的外显；《性自命出》云："喜怒哀悲之气，性也"，"好恶，性也"，解人性为情，包括喜怒哀悲和好恶等，但是，《语丛二》又云："欲生于性"，言欲出自性，乃性的表现。庄子却认为，儒家人性的内容除仁义之外，还有感官欲望，他说："属其性于五味，虽通如俞儿，非吾所谓臧也；属其性乎五声，虽通如师旷，非吾所谓聪也；属其性乎五色，虽通如离朱，非吾所谓明也"，"吾所谓臧者……任其性命之情而已矣"①。这是用道家人性自然的观点来批评以人性为感官欲望的观点。而以人性为感官欲望的观点，在庄子心中恰是儒家的观点。庄子之前的郭店儒简的"欲生于性"②的表达，与庄子同时的儒家著名人物告子③的"食色，性也"④的界定，均可作证据。儒家以感官欲望为人性内容，在庄子看来，这感官欲望包括口、耳、目等感官对于味、声、色等的欲求。

四、评判庄子视界中的儒家——从庄子和孟、告关系看

通过上述分析可知，庄子认为《诗》《书》《礼》《乐》《易》《春秋》乃儒家经典，仁义乃儒家思想的核心，同时还是儒家人性的内容。此外，儒家人性内容还包括感官欲望。我们知道，孔子精通《诗》《书》《礼》《乐》《易》，又作《春秋》，以此教育弟子，孔子之后，儒者均以上述六书为讲学的基本教材。庄子因此概括之为儒家的"六经"，可谓水到渠成。问题是，孔子思想并不以仁义为核心，郭店儒简的思想也不以仁义为核心，从目前所见到的儒家文献来看，到孟子时才以仁义为核心。一般认为庄子与

---

① 《庄子·骈拇》。
② 《语丛二》。
③ 参见陆建华：《告子哲学的儒家归属》，载《文化中国》（加拿大），2003年第3期。
④ 《孟子·告子上》。

孟子同时,彼此却不知道对方及对方的思想,如果真是这样的话,一种可能是,孟子之前,有的儒家人物即以仁义为其思想的核心;另一种可能是,庄子敏锐地看到了儒家思想发展的趋势,断定孔子之后,儒家必然从重仁转向重仁义,儒家思想必然从以仁为重心转向以仁义为核心。假使第一种可能成立,儒家以仁义为核心就不是由孟子所"发明"的;假使第二种可能成立,儒家以仁义为核心就是由庄子和孟子同时提出的,虽然庄子不是儒门中人。当然,如果我们设想庄子知道孟子及孟子思想的话,庄子解儒家思想的核心为仁义,实质上就是对孟子思想的概括。

另一个问题是,孔子本人只言"性相近也,习相远也"①,郭店儒简《性自命出》仅言"仁,性之方也",就目前所见的儒家典籍来看,直到孟子才以仁义礼智为人性内容,这也与庄子所说的儒家以仁义为人性内容不太一样。如果庄子与孟子互不相知,庄子的儒家以仁义为人性内容的观点要么是对孔、庄之间的儒家学者的人性学说的概括,虽然囿于史料缺失,孔、庄之间的儒家学者的人性学说我们知之甚少;要么是预见到儒家因以仁义为其思想的核心,必然会以仁义为人性的内容。假若第一种可能成立,孟子以仁义礼智为人性内容的观点就没有多少原创性,只是对以仁义为人性内容的观点的扩展;假若第二种可能成立,庄子认定儒家以仁义为人性内容的观点与孟子以仁义礼智为人性内容的观点,对于儒学发展来说就具有相同的价值。如果庄子了解孟子及孟子思想的话,庄子以仁义为儒家人性内容的观点实际上就是对孟子人性论的提炼。再说,告子在与孟子讨论人性时,就曾将孟子的人性论简括为"以人性为仁义"②。

还有一个问题是,郭店儒简《语丛二》只云"欲生于性",并

---

① 《论语·阳货》。
② 《孟子·告子上》。

未明言欲即是性,就目前所见儒家史料来看,儒家直至告子才始言"食色,性也"①,明确提出人性的内容是感官欲望。如果庄子与告子互不相知,庄子的儒家以感官欲望为人性内容的观点,可能是对告子之前的儒家人性学说的概括,也有可能是对儒家人性学说未来发展的准确推论。如若第一种可能成立,告子以食色为性的观点就缺少创造性,仅仅是对前辈人性论的重复;如若第二种可能成立,庄子以感官欲望为儒家人性内容的观点同告子以食色为人性内容的观点,对于儒家而言,就具有同样重要的价值。如果庄子熟知告子以及告子思想的话,庄子以感官欲望为儒家人性内容的观点实质上即是对告子人性理论的总结。

---

① 《孟子·告子上》。

《逍遥游》之逍遥

　　庄子哲学的中心是人,它始终贯通着对人的命运的关注,这种关注基于对个人的理性反思和社会历史进展的冷静观览。不同于儒家学派对人的发展伦理化、社会化要求,庄子追求人的个性化并将其发展到极致,以个体的自我中心自觉抗拒社会的法律强制与道德约束。他把社会等同于自然,个人与社会、自然的关系扭变为物我关系。在物我的矛盾对抗中,物独立于我,宰制我的现时处境和未来趋势,是我的障碍;协调物我关系,赖于我对己行为的调节、内心对物我感受的重构,达到我对物的适合,完成逍遥。

　　《庄子》以《逍遥游》为宗,把人生的最高理想塑造成逍遥之境。逍遥,在我在物,也在物我之外,而这一切又都从心出发,归回内心,它含融庄子独特的经验感受和复杂的精神意蕴,是庄子人生的哲学独白。理解逍遥,才能理解庄子及其哲学。本文将从道、我、物三个角度,从物我关系入手,力求较全面地透视逍遥的多重境界,并由此介入逍遥的内在本质的探讨。

一

　　物我关系直接表现为物我矛盾。人的存在首先要解决自身同社会及自然的对抗,实现物我的动态统一。逍遥是物我统一的个体存在状态及其心灵感应。

以道观物,物(包括人在内)是道的派生物,本无自性,衰毁之后,亡归道体。以物自观,人与物各有其特色,各具其性,但道无处不在,通物为一,界限、区别冥合于道。道从根本上主宰物、我及二者的对抗,因此,庄子认为物我矛盾的解决不能寄托于自己的对立面——物,如果拘泥于外物,求助物的属性可能提供的外在条件,是"有待",且被条件制约,物我之间的对立蜕变成物主宰我、我屈从物。突破物的阻碍,化解物我冲突,凸显人的自在自为、飘然悠游,只有透穿物的运动变化,舍弃物的特点,归向万物之本——道。执道而行,以道御物,才能"无待"。无待,不待于物,不为物用,超然物我之上,与道同流:"若夫乘天地之正,而御六气之辩,以游无穷者,彼且恶乎待哉!"不过,这种乘道而游,不依外物,脱离自然和社会,越过有限时空进入无穷境域的逍遥,主体是得道的至人、神人、圣人。《逍遥游》曰:"至人无己,神人无功,圣人无名。"这里,"无己""无功""无名"方可得道,得道者的特点是"无己""无功""无名"。"无己"是将自身消融物中,混同物我彼此;"无功""无名"是指无心于天下,身处世间,神游方外。

关于神人的"无待"之逍遥,庄子具体描述如下:"藐姑射之山,有神人居焉。肌肤若冰雪,淖约若处子;不食五谷,吸风饮露;乘云气,御飞龙,而游乎四海之外;其神凝,使物不疵疠而年谷熟","之人也,之德也,将旁礴万物以为一,世蕲乎乱,孰弊弊焉以天下为事! 之人也,物莫之伤,大浸稽天而不溺,大旱金石流、土山焦而不热。是其尘垢秕糠,将犹陶铸尧舜者也,孰肯以物为事!"

这样的神人可以说是自然的产物、自然的化身。"溺""热"是物我分离、物加于我、我受物的钳制而产生的感觉。风云变幻、灾变异象乃自然的本性,神人与外物混然合一,内在于自然,当然不会与物相刃、被物残伤,有功于自然界和人间,完全出乎本性,发乎自然。

相反,大鹏展翅南飞,扶摇而上九万里,气势非凡,表面上似乎翱翔自如、自由自在,但并不能真正逍遥。它有己、有待,凭风逞强,傲物远徙,无法逾越风与己的矛盾,结果成为风的奴隶,飞翔的高低远近,待风而定,飞之愈高,待风之"积"愈厚:"且夫水之积也不厚,则其负大舟也无力。覆杯水于坳堂之上,则芥为之舟。置杯焉则胶,水浅而舟大也。风之积也不厚,则其负大翼也无力。故九万里则风斯在下矣,而后乃今培风;背负青天而莫之夭阏者,而后乃今将图南。"因此,鹏之高飞远行,恢宏壮阔,展示的则是风的威力、风的本性,表现的是风的逍遥。

逍遥是无待、无己、无功、无名的自然状态。庄子认为宋荣子"举世而誉之而不加劝,举世而非之而不加沮",不被外物羁绊,超脱了物的束缚,但又"定乎内外之分,辩乎荣辱之境",分辨内外,不顾毁誉,仍未做到"无己":不分内外物我,不辨荣辱,不知毁誉;列子"御风而行,泠然善也",被风牵制,"虽免乎行,犹有所待"。这样,虽然宋荣子在人间世"未数数然也",列子于致福者"未数数然也",然而,两人均未得道,依旧在必然中挣扎。

二

超越时空,逍遥无穷,糅合物我成一体,纯属理性的幻化。物我矛盾的解决取决于物我本身,取决于我对物、对我的认识,处在物我对抗中的自然与社会、自然与个人、个人与社会都不可能脱离对方而存在。从取消矛盾出发,不同于儒家的道德自觉,庄子强调个人的本性自觉,谋求主体的自我超越,这种超越从虚无返回现实、从漠视物我转向内心、从对我的境遇的设置转向对处境的心性感受,以承认现实即逍遥,要求再从逍遥体验现实。郭象《逍遥游注》认为:"夫小大虽殊,而放于自得之场,则物任其性,事称其能,各当其分,逍遥一也,岂容胜负于其间哉",又云:"苟足于其性……小大虽殊,逍遥一也",指的正是这种逍遥。逍遥是自然本性的完美呈现,是本性的实现与固有本性的完美叠合。性无优劣,足性为乐!物在我之外,从外观我,我限于一隅,在有限的时空内作有限的运动,好像身陷囹圄;从内观我,我由性所致,而性由道定,我"不知吾所以然而然",任性为之,表现我的本性。这样,逍遥是本性的淋漓尽致的发挥,物不再是限制我逍遥的异己之必然,变为我逍遥的场所和途径。所以,同一状态,出乎内是性,定于外是命,性的展开就是命。逍遥又是安命。

蜩与学鸠"决起而飞,抢榆枋,时则不至而控于地",斥鷃"腾跃而上,不过数仞而下,翱翔蓬蒿之间",跌跌撞撞,时飞时落,远不及鹏高飞万里之洒脱,但它们尽性尽能,完成"飞之至",自得自乐,安然听命本性所赋予,在足性中获得逍遥——恬谧适然,随心所欲,不求目的,飞翔就是乐、就是乐之至。鲲的本性是闲游北冥,它不足性、不守分,梦想游于南冥,躯大"不知其几千里",也无济于事,化为鹏,"水击三千里,抟扶摇而上者九万里",图南远飞,"抟扶摇羊角而上者九万里,绝云气,负青天",算是挥洒自如了。然而,凭海运、培风力,有待外物,鹏之飞本质上是鲲之飞,鲲丧性妄为,外被物困,内为性惑,又受预定目的的牵引、驱使。

客观上,庄子承认"小知不及大知,小年不及大年",看到"朝菌不知晦朔,蟪蛄不知春秋,此小年也。楚之南有冥灵者,以五百岁为春,五百岁为秋;上古有大椿者,以八千岁为春,八千岁为秋,而彭祖乃今以久特闻",此大年也。但从性各有分出发,庄子认为性无高下贵贱之别,性不可比,自性之外不可知,诸如"适莽苍者,三飡而反,腹犹果然;适百里者,宿舂粮;适千里者,三月聚粮",蜩与学鸠不可知、不必知。至于"知效一官,行比一乡,德合一君,而徵一国者,其自视"若斥鴳,满足自身的状况,不额外求索,也即逍遥了。宋荣子笑之,不亦枉然!

三

从无视内外之分、物我之别而依托道体到放置外物而内求心理体验,本质上都是回避物的异己存在,主观上消解矛盾。立足坚实的大地,置身纷繁的社会,人与人的交往、人对物的索取以及由此引发的一系列冲突,逼迫人们正视矛盾和斗争并力图解决,逍遥的境界终归要落实到具体的物我关系的处理上,而解决物我对抗,必然涉及矛盾的两个基本方面——物和我。为此,庄子最终还是提出了"我驾驭物"的思想,把"我"放回到矛盾的主要方面。但"我"用物之"大用"以博取逍遥,本质上是"我"对物的顺从,"我"的主体作用限于认识物的自然本性,迎合物之自然,我只是形式上的主导方面。

《逍遥游》借惠施与庄子的回答,说明了"无用即大用"的思想:"惠子谓庄子曰:'魏王贻我大瓠之种,我树之成而实五石,以盛水浆,其坚不能自举也;剖之以为瓢,则瓠落无所容。非不呺然大也,吾为其无用而掊之'。庄子曰:'夫子固拙于用大矣。……今子有五石之瓠,何不虑以为大樽而浮乎江湖,而忧其瓠落无所容?则夫子犹有蓬之心也夫!'"

"惠子谓庄子曰:'吾有大树,人谓之樗。其大本拥肿而不中绳墨,其小枝卷曲而不中规矩。立之涂,匠者不顾……'庄子曰:'……今子有大树,患其无用,何不树之于无何有之乡,广莫之野,彷徨乎无为其侧,逍遥乎寝卧其下。不夭斤斧,物无害者,无所可用,安所困苦哉!'"

庄子认为坚固和容物不是大瓠的本性,盛水浆和剖为瓢是大瓠的小用;干中绳墨、枝合规矩不是樗的自然本性,匠者用之是用其小用。大瓠的本性是"浮",放之于水中,让人浮乎江湖、漂游于逍遥,才是瓠的大用;樗的本性是臃肿卷曲,树之于虚无之处、辽阔之域,让人无为无虑、进入逍遥,才是樗的大用。由此可知,用物之小用,伤物之性(剖瓠折樗),不得目的,还会闭塞心灵,把大用当作无用;明物之性,顺物自然,功成在我,人不伤物,物亦不伤人,大瓠和樗不但不改变自己,反而在被我使用的过程中得以全形保性。大瓠因"坚不能自举"、"瓠落无所容"而不被"剖",完好无损,人用其"无用",游向逍遥,逍遥中游。樗因"无所可用"而"不夭斤斧",终其天年,人用樗的"无所可用",纵任不拘,任性无为,完成逍遥。在此,"我"和大瓠、樗同得逍遥,无用之大瓠、无用之樗就是逍遥之我。

风运化万变、恣意狂舞,鹏局限于风的"负大翼"的用途,等待风积甚厚,方可振翅飞翔,不明风的变化无穷的本性,所以不能像蜩、学鸠之类随风而变,不辨上下左右,风中作乐。

四

庄子的逍遥分为无待之逍遥、足性之逍遥、用"大"之逍遥三个层面,逍遥是主观上物我一致及物我一致下的个体存在和存在的感受。那么,逍遥的本质是什么?《逍遥游》通过尧和许由的对话,借许由之口道出逍遥的深层内涵,可惜这段话过去一直未引起学术界的足够重视。现录于下:

"尧让天下于许由,曰:'日月出矣,而爝火不息,其于光也,不亦难乎!时雨降矣,而犹浸灌,其于泽也,不亦劳乎!夫子立而天下治,而我犹尸之,吾自视缺然。请致天下。'许由曰:'子治天下,天下既已治也,而我犹代子,吾将为名乎?名者,实之宾也,吾将为宾乎?鹪鹩巢于深林,不过一枝;偃鼠饮河,不过满腹。归休乎君,予无所用天下为!庖人虽不治庖,尸祝不越樽俎而代之矣。'"

许由如同藐姑射山上居住的神人,临天下如日月出、时雨降,但不以天下为事,无功、无名、无己;尧如同神人的尘垢秕糠所陶铸,治理天下如爝火之光、浸灌之泽。二人都是出自本性,好比鹪鹩巢于深林,占一枝为安,偃鼠饮河,满腹为足,彼此逍遥,互不妨碍。这时,许由和尧同处于"实"的位置,保全自然本性,支配自然本性,超越矛盾和斗争之上。如果许由代尧治天下,以物为事,将如尸祝越樽俎而代庖,丧失自我本质,降作"实"的宾位。从以上分析可知:"实"是齐备自我本性的状态,"名"是实的宾位,是固有本性丧失的状态,是实的异化。逍遥在本质上不外是处于实的位置、全性尽性而已。

无待、足性、用"大"表面上各具特质:无待是向道的归附,足性是向心性的深入,用"大"是向外物的投射;无待游向无限时空之外的无限,足性陶醉于有限时空狭小的一隅,用"大"走向空旷的虚寂之乡。但三者又都是为了在物我关系中保存自己不受摧残,维持自己的本然之质,幻想在化解冲突中张扬本性,自由驰骋。

五

庄子的逍遥力求排除物我对立,把我从物的压迫下解放出来,它涉及了必然与自由的关系问题。从必然方面来说,自由就是必然从"自在的必然"向"为我的必然"的转化。恩格斯说:"自由不在于幻想中摆脱自然规律而独立,而在于认识这些规律,从而能够有计划地使自然规律为一定的目的服务"[1],"自由是在于根据对自然界的必然性的认识来支配我们自己和外部自然界","人对一定问题的判断愈是自由,这个判断的内容所具有的必然性就愈大"[2]。这表明自由以承认客观必然性为前提,自由是对必然的认识和支配,人类走向自由的过程是客观的历史发展过程。庄子的逍遥恰恰是在幻想中摆脱客观规律、泯灭一切矛盾和差别,以不知外物、盲从外物、追求内心超脱为特征,同时,逍遥又是一种绝对静止的终极状态,没有具体的历

---

[1] 《马克思恩格斯选集》第三卷,北京:人民出版社,1972年,第153页。
[2] 《马克思恩格斯选集》第三卷,北京:人民出版社,1972年,第154页。

史进程,只依靠个人观念的改变。因此,逍遥不同于自由。

人类改造着自然和社会,在改造自然和社会的实践中改造自己。人在客观世界面前获得自由,必然也在主观世界中获得自由,这两种自由犹如"外部自然界的规律"和"支配人本身的肉体存在和精神存在的规律"①一样,"我们最多只能在观念中而不能在现实中把它们互相分开"②。所以,恩格斯指出:"意志自由只是借助于对事物的认识来作出决定的那种能力。"③意志自由、精神自由同行动自由一样都是对必然的认识和把握。庄子的逍遥避开实践和个体的行动,把人生的壮丽图景引向心灵的底层,经由抽象思辨,幻化越过必然的无意识之"游",即心游于心。所以说,逍遥也不是精神自由。如果我们硬要把逍遥当作某种自由,它至多不过是黑格尔所批判的那种"也可以是没有必然性的抽象的自由。这种假自由就是任性,因而它就是真自由的反面,是不自觉地被束缚的、主观空想的自由——仅仅是形式的自由"。④

我们虽然不同意逍遥等于自由或精神自由之类的观点,但不是说逍遥和自由毫无共同之处。自由和逍遥都同必然相对立,都以消除人的自然压迫和社会压迫为目标,力图使人成为自然、社会、人自身的主人。它们的根本差别在于:自由是认识和支配必然,自由与必然相统一的基础是社会实践;逍遥是主观上取消必然,逍遥与必然相统一的基础是主体绝对顺从必然。荀子评价庄子"蔽于天而不知人",即基于此。

---

① 《马克思恩格斯选集》第三卷,北京:人民出版社,1972年,第153页。
② 《马克思恩格斯选集》第三卷,北京:人民出版社,1972年,第154页。
③ 《马克思恩格斯选集》第三卷,北京:人民出版社,1972年,第154页。
④ 黑格尔:《哲学史讲演录》第1卷(贺麟译),北京:商务印书馆,1959年,第31页。

逍遥论
——庄子心灵窥探

中国哲学是人学,人之所来、所去、存在方式、理想状态及人与世界的关系是中国哲学的基本内容,而人的本质及其实现则是其思维的起点、论述的核心和逻辑的终点,哲人们正是以人为中心论人、论我、论天、论物而"究天人之际,通古今之变"①。庄子作为中国古代哲学家的杰出代表,以其超常的智慧、独特的人生感悟,通过对个体沉沦的探究、对人生自我存在的设计,构建了他"谬悠""荒唐"②的哲学体系——逍遥论。

逍遥是对自我困境的反思,是对自我自由存在的构造,它重估了人的价值、人的目的,世界作为人的存在、人的目的的实现的外部条件的意义;它否定了困境中的人的一切特征及社会的一切价值尺度;它为人开创了一条别开生面的走向自由之路——主体在自我世界中的自我觉醒和自我实现——外在的阻碍、压迫不在于外在力量本身,而在于自我本身——异己的盲目力量源于自我的异化,人是自己的唯一敌人,人只有回到

---

① 《汉书·司马迁传》。
② 《庄子·天下》。

自己、洞察自己才能实现自己。一句话,"你在于你自己"——你是你的敌人,你是你的拯救者。

逍遥论正是以逍遥——人的解放、自由为根本,以对人的苦难的探究为出发点,以自我的复归为中介,以生命的超拔为归宿,全面揭露了人的本质存在、本质存在中人的意义和价值。

本文以《逍遥论——庄子心灵窥探》为题,以《庄子》"内篇"及"外篇""杂篇"中的庄子言行为基本史料[①],意在揭示庄子逍遥学说的基本内容,略释逍遥学说在庄子哲学中的地位,并试图就学术界所忽视的领域——逍遥者的现实形象和庄子的生活境遇,谈谈庄子逍遥论的实质。

一、人生困境的追溯

庄子是中国哲学史上最早从哲学高度探索人生困境的思想家,不同于他以后的圣哲的是,他把困境的根由安置于自己的心灵之上,即把阻隔自己的外在因素纳入内在基质,用心灵的境况解释人的一切遭遇。

庄子在《齐物论》中写道:"(人)一受其成形,不亡以待尽,与物相刃相靡,其行尽如驰而莫之能止,不亦悲乎!终身役役而不见其成功,苶然疲役而不知其所归,可不哀邪!人谓之不死,奚益!其形化,其心与之然,可不谓大哀乎!"把人生表面的万千烦恼、种种苦痛提炼为哲学意义上的三重困境:(1)人与客观世界的关系表现为主体改造客体、客体压迫主体的矛盾斗争,这种斗争永无止境,它使人陷于物的摧残之下;(2)人的意

---

① 关于《庄子》的作者问题,学术界有以下说法:《庄子》全书为庄子所作;《庄子》内篇为庄子所作,外篇、杂篇为庄子后学所作;《庄子》外篇、杂篇为庄子所作,内篇为庄子后学所作。我写此文时认为《庄子》内篇为庄子所作,外篇、杂篇虽为庄子后学所作,但是,其所记庄子言行大致可信。后来,我的观点有变化,认为《庄子》全书为庄子所作,详见拙作《〈庄子〉作者是庄子——读〈史记·庄子传〉有感》,载《中国文化月刊》(台湾),2001年第2期,总第251期。今整理此文,特作说明。

志目的行动与结果的对立,人不能实现自己的目的,从而使人降为不能主宰自己的异己存在,面对未来"不知所归";(3)形化心化、形灭心亡,形决定心,人沦为无自我内涵的形式存在,背离了心不死(死指丧失)、心不变的人生本质。

揭露了人生困境之后,庄子紧接着感叹不已:"人之生也,固若是芒乎?其我独芒,而人亦有不芒者乎?"①从认识论角度("芒"),通过明知故问的怀疑方式说明人生的以上痛苦并非人的应存方式(本质存在),它是人的本性扭曲(由"芒"所致)后所形成的非本质存在。庄子认为,正因为人的异己存在是自我丧失的结果,人有认识"芒"的能力,他也才有拯救困苦、破除障碍的可能,否则,困境先天固有、无所逃避、伴随人生,他也就不必感慨、反思了。

既然困境出自于认识上的"芒",那么,"芒"指哪些方面呢?

《庄子·大宗师》有一则意而子与许由的对话:"意而子见许由,许由曰:'尧何以资汝?'意而子曰:'尧谓我:汝必躬服仁义而明言是非。'许由曰:'而奚来为轵?夫尧既已黥汝以仁义,而劓汝以是非矣。汝将何以游夫遥荡恣睢转徙之涂乎?'"庄子认为人是自由的存在物,他自在自得、任性而行,人伦道德(仁义)和关于外物的知识(是非)发展了人的某些方面,同时又限制了另一些方面,而无论是发展还是限制,都是对人的本性的制约和破坏,所谓精神文明(德与智)恰是人性的堕落。关于仁义道德对人的自然品性的伤害,庄子说道:"夫孝悌仁义忠信贞廉,此皆自勉以役其德者也,不足多也。"②至于囿于一己之见对人的迫害,庄子认为它超过仁义对人的伤害,导致人的衰老死亡,给人以毁灭性的打击:"大知闲闲,小知间间。大言炎炎,小言詹詹。其寐也魂交,其觉也形开。与接为构,日以心斗。缦者、窖者、密者。小恐惴惴,大恐缦缦。其发若机栝,其司是非

---

① 《庄子·齐物论》。
② 《庄子·天运》。

之谓也;其留如诅盟,其守胜之谓也;其杀若秋冬,以言其日消也;其溺之所为之,不可使复之也;其厌也如缄,以言其老洫也;近死之心,莫使复阳也。"①仁义是关于人人关系的理解,是非系物我关系(准确地说是"我对物")的理解。由对仁义、是非的抨击,我们可知,庄子把人对外在世界(他人、社会、自然界)的错误认知当作"芒"的一种情形、一个方面。

就人对外部世界的认识而言,人处于"芒"中,人对自己的认识又是怎样的呢?庄子认为"小知不及大知,小年不及大年"②虽是客观事实,人们不可改变,也不可回避,但知与年的大小出于性而定于性,它们不是人的幸福、自由与否的标准,"小年"的"不知晦朔"的朝菌、"不知春秋"的蟪蛄与"大年"的"以五百岁为春,五百岁为秋"的楚之南的冥灵、"以八千岁为春,八千岁为秋"的上古之大椿③,其存在(生存)有长短之别,其存在的价值与意义却是等同的,人的逍遥自为应足于内(性)而安于外(人的差别存在及存在差别)。这样,"人故无情"④,人性自然:"不以好恶内伤其身,常因自然而不益生。"⑤遗憾的是,人们以物喜、以己悲,"喜怒哀乐,虑叹变慹,姚佚启态"⑥系于得失成败,企图抗拒自性和自性得不到也不应有的东西,比如与"以久特闻"⑦的彭祖比寿,构成自我摧残——我不是我的尺度,我以他人或他物的尺度来量度我。由此不难看出,人的自我认识同样也是"芒"。

由于人的"芒",人沦为自己和他人的工具,人是他人的"有用"之物,人是自己和外在世界的奴隶。《庄子·人间世》写道:

---

① 《庄子·齐物论》。
② 《庄子·逍遥游》。
③ 参见《庄子·逍遥游》。
④ 《庄子·德充符》。
⑤ 《庄子·德充符》。
⑥ 《庄子·齐物论》。
⑦ 《庄子·逍遥游》。

"山木,自寇也;膏火,自煎也。桂可食,故伐之;漆可用,故割之",说明了有用与被摧残的因果关系,更说明了被摧残的根源不仅在于他人之使用,更在于自身,即人自己毁灭了自己。山木、膏火、桂、漆等正是处于困境、陷于灾难的人的象征。

人追求幸福却得到苦难、寻求自由却身陷囹圄,这是由于人之"芒"。那么,人为什么芒而不明?这是问题的关键。找到了"芒"之因,就意味着找到了一条由"芒"向"明"的大道。

庄子认为"芒"的产生导源于人的"成心"[①]。所谓"成心"就是以个人为中心、以个人的一己之利为至上的主观意志,它一方面使人自身失去道、丧失性、被情所累,另一方面使人弃道逐物,行仁义,求是非、为物困。《庄子·齐物论》的"道隐于小成","未成乎心而有是非,是今日适越而昔至也","是非之彰也,道之所以亏也。道之所以亏,爱之所以成"等所要说的就是这个意思。

由于道在人身上体现为性,性是人的本质特征,"成心"→"芒"→人生困境所探讨的最终目的不外乎恢复人的本性,"成心""芒""人生困境"在本质上、更高层次上讲,都是性的失落,因此,庄子谈人的痛苦及向自由的转化主要是谈固有之性的异化与回复。在此,我们有必要谈一下性的失落——这方面的论述集中于《庄子·逍遥游》里。

《庄子·逍遥游》为《庄子》之宗,它从逍遥的反面论逍遥,通过对人生种种困惑的深层挖掘,以性的存在→丧失→自足揭示人的幸福与苦难及根据。性的堕落就是人失去自己的本性,本质上不再是自己,成为异己的存在及他物的工具。比如鲲居北冥悠游其中,这时,鲲是自己的存在者,鲲自由自得、顺性而行,当它化为鹏时,它成为鹏实现自己愿望的工具,它由"游"到"飞"、由居北冥到"图南",从而陷入为外物和自己所钳制的必

---

① 《庄子·齐物论》。

然状态。性的失落表现于外,就是从自我本性的圆融自足、不需依托转变为求助于内外的"有己""有待","有己""有待"对失性者来说似是得到目的的条件,其实正是阻碍自己的异己力量。鲲游北冥,与水同体,本是逍遥之至(《庄子·秋水》的"鱼之乐"为证),它化己为鹏、以鹏责己、以鹏之性作为己之性,此乃"有己",鹏之飞主观上是其"图南"远行的依托,但客观上使自己失却闲游北冥的自由。鹏之飞实为鲲之飞,它"水击三千里,抟扶摇而上者九万里","绝云气","负青天",好像挥洒自如,而风也好像是它高飞远行的条件:"风之积也不厚,则其负大翼也无力。故九万里则风斯在下矣,而后乃今培风;背负青天而莫之夭阏者,而后乃今将图南。"但是,鹏依赖风就必然反被风所制,飞的高低远近取决于风的大小而非鹏的愿望,这叫"有待"。处于有待中的鹏之飞展示的不是它自己的潇洒自由,而是风的本性、风的逍遥——鹏是风的工具、风的奴隶。基于以上失性(有待、有己)的论述,庄子对列子、宋荣子之类为人称道的人物作了评价,认为他们并未超出必然的领域而进入自由的境界:"夫列子御风而行,泠然善也……此虽免乎行,犹有所待者也";"举世而誉之(指宋荣子——引者注)而不加劝,举世而非之而不加沮,定乎内外之分,辩乎荣辱之境……虽然,犹有未树也(指有己——引者注)"。

在对生之苦作了层层揭示之后,庄子对"芒"者进行了批判,他说:"梦饮酒者,旦而哭泣;梦哭泣者,旦而田猎。方其梦也,不知其梦也。梦之中又占其梦焉,觉而后知其梦也。且有大觉而后知此其大梦也,而愚者自以为觉,窃窃然知之。'君乎!牧乎!'固哉!"①这是说,"芒"者以假为真、以梦为实,从一个梦进入另一个梦,离"道"越来越远,离自己也越来越远,身陷无尽的苦难深渊而不自觉。这种人颠倒是非、混淆黑白,错把

---

① 《庄子·齐物论》。

苦难当作快乐,错把必然当作自由。《庄子·齐物论》最后一段说:"昔者庄周梦为胡蝶,栩栩然胡蝶也。自喻适志与!不知周也。俄然觉,则蘧蘧然周也。"这是庄子以自己为例,说明自己也曾经像芒者一样,把自己的"蘧蘧然"当作"栩栩然",并自以为"适志",直到自己梦后觉醒,方知从前的"栩栩然"实质上是"蘧蘧然"。据此,我们再联想到《庄子·逍遥游》中塑造的假逍遥的形象——鹏,它"翼若垂天之云,抟扶摇羊角而上者九万里,绝云气,负青天",强力有为,横冲怒撞,正是被压迫、被宰制而拼命挣扎的表现。

简单叙述了庄子关于"人生困境的追溯"之后,对此作出评价似乎是必要的。从宗教神学的角度看,神是苦难者的救世主,但庄子把人的苦难根源归结到自身的失误、迷茫,而不是人之上的神明,充分体现了哲学与宗教神学的本质区别。人是自己苦难的承担者,又是自己苦难的制造者,那么,人就得战胜自己、拯救自己。这反映了庄子对人的力量、对自我个体力量的发现与推崇。但是,庄子把困境之因归结到"成心",即人的主观领域、意识领域,这就又把人的力量局限于"心灵世界",看不到人的外在实践力量(尤其是社会实践力量);庄子的"成心"观完全忽视了社会进步程度、人的阶级地位对人类及个人的决定作用,把人的苦难抽象化,导致对人的本质、人的自由的思辨式理解。另外,庄子对人生困境的探索不能自圆其说,有其严重漏洞:道在人的身上为"性",从道顺性是人的先天素质、人的本能,"成心"不可能产生;如果产生,须在道亏损消隐、人无道可依时,但庄子又认为有"成心",道才会亏损消隐,这在逻辑上是矛盾的:道失→成心→道失。而"成心"不能成立,就意味着庄子苦心营造的整个哲学体系——逍遥论的崩溃。

二、人的本质存在

拯救人生是庄子哲学的出发点与目的。庄子批判、揭露人的现实存在的非本质性,其理论依据是人的本质存在,其目的是摆脱人的困境、实现人的非本质存在向本质存在的转化,即人的自我的回复。这表明人的本质存在是庄子哲学的重要方面,我们只有弄清这个方面,才能更好地把握他关于人生困境的理论。

庄子认为脱离苦难窘境的人,本性得以复归,自性完满又足以自性,他们外顺于道、内足于性,与天地并生,与万物为一;他们在与外部世界的关系中,实现了人我、物我的和谐一致,化解了人我、物我的对抗,从而在不被非我的一切力量压抑的意义上战胜并主宰外部世界,成为世界的主人,同时也成为自己的主人。这样的人,是自由的。

庄子谈人的本质存在,首先是性的自足与圆融,他笔下的蜩、学鸠、斥鴳不依靠外界、不被外界左右,自由自在,自得其乐,随意而飞,飞就是目的,活脱脱的足性者形象:"蜩与学鸠笑之(指鹏——引者注)曰:'我决起而飞,抢榆枋,时则不至而控于地而已矣,奚以之九万里而南为'","斥鴳笑之曰:'彼且奚适也?我腾跃而上,不过数仞而下,翱翔蓬蒿之间,此亦飞之至也,而彼且奚适也'"①?至于生活中"知效一官,行比一乡,德合一君,而徵一国者",若"自视""若此"②,满足于自己的固有状态,都属足性者。为了阐发足性即是率性而行、按本性赋予而存在,不是人对外部世界的征服,庄子特意选择了蜩、学鸠、斥鴳与忘性、失性的鹏作对比,可见其用心良苦。

足性的人作为自己而存在,他外不索于物、内不责于己,一任性之所欲,从人之"内"来看,表现在对待外物、对待自己上就是"无待""无己",突破物我的双重压迫。因此,庄子针对困境中的人对物我的依赖与屈从说:"若夫乘天地之正,而御六气之

---

① 《庄子·逍遥游》。
② 《庄子·逍遥游》。

辩,以游无穷者,彼且恶乎待哉","至人无己,神人无功,圣人无名"①。

人的本质存在、人的自我足性,从人之"外"来看,在对待物与物我关系上,表现为执道、任物的特征。庄子说:"欲是其所非而非其所是,则莫若以明","圣人不由而照之于天","彼是莫得其偶,谓之道枢。枢始得其环中,以应无穷。是亦一无穷,非亦一无穷也。故曰:莫若以明","唯达者知通为一,为是不用而寓诸庸","圣人和之以是非而休乎天钧,是之谓两行","为是不用而寓诸庸,此之谓'以明'","和之以天倪,因之以曼衍"②,反复强调以道观物、任物自然、执道即任物,以此破除"成心""是非"及由此而来的诸种谬见。这里的执道任物观与足性观相一致,因为只有我任物,物才会任我,我才能足性。

本质存在的人对内足性、对外执道,以足性执道,以执道足性,生活于以自我本性构筑的世界里,不与外界发生利害冲撞,他的存在是独立的、自由的,相对于失性妄为者而言,他又是超越物我并以超越的方式战胜物的,他因此而摆脱了人生之"芒"、人生之"困"。庄子对这类人充满崇敬,不遗余力地对之详加描述,并把这类人尊称为"至人""神人""真人",以与非本质存在的人相区别:

"藐姑射之山,有神人居焉。肌肤若冰雪,淖约若处子;不食五谷,吸风饮露;乘云气,御飞龙,而游乎四海之外;其神凝,使物不疵疠而年谷熟","之人也,之德也,将旁礴万物以为一,世蕲乎乱,孰弊弊焉以天下为事!之人也,物莫之伤,大浸稽天而不溺,大旱金石流、土山焦而不热。是其尘垢秕糠,将犹陶铸尧舜者也,孰肯以物为事"!③

---

① 《庄子·逍遥游》。这里的"无功""无名"是"无己"的结果,可纳入"无己"的涵义之中。
② 《庄子·齐物论》。
③ 《庄子·逍遥游》。

"齧缺曰:'子不知利害,则至人固不知利害乎?'王倪曰:'至人神矣!大泽焚而不能热,河汉冱而不能寒,疾雷破山、飘风振海而不能惊。若然者,乘云气,骑日月,而游乎四海之外,死生无变于己,而况利害之端乎!'"①

"古之真人,不逆寡,不雄成,不谟士。若然者,过而弗悔,当而不自得也。若然者,登高不栗,入水不濡,入火不热,是知之能登假于道者也若此","古之真人,其寝不梦,其觉无忧,其食不甘,其息深深。真人之息以踵,众人之息以喉","古之真人,不知说生,不知恶死。其出不䜣,其入不距。翛然而往,翛然而来而已矣。不忘其所始,不求其所终。受而喜之,忘而复之。是之谓不以心捐道,不以人助天,是之谓真人。若然者,其心志,其容寂,其颡頯。凄然似秋,暖然似春,喜怒通四时,与物有宜而莫知其极","古之真人,其状义而不朋,若不足而不承;与乎其觚而不坚也,张乎其虚而不华也;邴邴乎其似喜也,崔崔乎其不得已也,滀乎进我色也,与乎止我德也,广乎其似世也,謷乎其未可制也,连乎其似好闭也,悗乎忘其言也"②。

上面的至人、神人、真人的描绘,致力于他们内在特征的外在显现,致力于这种显现所表现的超越困境的自由特质,致力于自由特质与困境状态的内容与形式的区别:(1)形体超凡脱俗,完美自然;(2)内心虚淡,神态宁静,情出于自然——无"人之情",不以万物为事;(3)是非利害不存于心,利害不加于己;(4)与外物为一,物不伤我,我不伤物;(5)以否定句式,从人"不"妄为,到物"不"害我,表达了超脱客观之物与主观之我及其二者关系的自由;(6)在自由中战胜自然和社会力量,在本性自觉中主观为自己(依性而为),客观助他人(依性而为的结果);(7)个体力量无限膨胀,无待而无所不至;(8)既安于生死变化又摆脱生死轮回。总之,至人、神人、真人这些本质存在者

---

① 《庄子·齐物论》。
② 《庄子·大宗师》。

与非本质存在的人相比,不是"人",而是"神""自然"。

至人等的安于生死又超脱生死,在逻辑上是矛盾的,也是不符合本性赋予的,但庄子又把它安置于足性的至人、神人、真人身上,我们有必要在此说明一下(第五节的"生命的超拔"专门论述之)。人是有限的存在者,有其生,必有其死,生死乃本性使然。足性表现在生死观上,应是"不知说生,不知恶死",从容就死,以死为归,即安于死,庄子的超越生死显然违背这些——抗拒死亡就是抗拒自我本性,而抗性也是失性!庄子的失性→复性构思之所以出现失性→复性→抗性的偏差,我想原因不过如下:脱离物我控制的个体对物、对己都是自由的,而自由是不受任何内外因素制约的,以自由来看待人的有限存在,生死不再是人的本性固有,反而是人生的诸多困境中最大的困境——死亡标志着人生一切本性、幸福、自由的全部丧失,这样,个体超越生死,穿透有限,冲破障碍,迈入无限,不但不是抗性,反过来却是回归于性的最后途径。庄子由生命存在方式的自由滑向生命存在本身的自由,由生命体的幸福投向生命的永恒,透露出他在痛斥人生种种生存困境时还隐含对生命有限性的悲叹,他一俟人生困境摆脱,枷锁去掉,便迫不及待地把生命永恒列入探究范围,这是可以理解的。

异己的我以是非、利害的观点认知物我,因有待于物而以物为"有用"的存在,造成我用物、物反抗我等钳制我的物我矛盾,而在这种矛盾中,我又被物看作"有用"的存在被物使用。人的本质存在就自我本身而言是性的自足,就我对物而言是"无用"的存在,同样,物对我来说也是"无用"者。"无用"对自己是"大用"——因无用而不被干扰,因无用而完成本性所赋,对他人他物是"无材"——无所可用。庄子对"无用"有深刻的论述:

"栎社树","其大蔽数千牛,絜之百围,其高临山十仞而后有枝,其可以为舟者旁十数。观者如市,匠伯不顾,遂行不辍。

弟子厌观之,走及匠石,曰:'自吾执斧斤以随夫子,未尝见材如此其美也。先生不肯视,行不辍,何邪?'曰:'已矣,勿言之矣!散木也。以为舟则沉,以为棺椁则速腐,以为器则速毁,以为门户则液樠,以为柱则蠹,是不材之木也。无所可用,故能若是之寿。'匠石归,栎社见梦曰:'女将恶乎比予哉?若将比予于文木邪?夫柤梨橘柚果蓏之属,实熟则剥,剥则辱。大枝折,小枝泄。此以其能苦其生者也。故不终其天年而中道夭,自掊击于世俗者也。物莫不若是。且予求无所可用久矣!几死,乃今得之,为予大用。使予也而有用,且得有此大也邪?且也若与予也皆物也,奈何哉其相物也?而几死之散人,又恶知散木!'"①

"南伯子綦游乎商之丘,见大木焉,有异:结驷千乘,隐,将芘其所藾。子綦曰:'此何木也哉!此必有异材夫!'仰而视其细枝,则拳曲而不可以为栋梁;俯而视其大根,则轴解而不可以为棺椁,咶其叶,则口烂而为伤;嗅之,则使人狂酲三日而不已。子綦曰:'此果不材之木也,以至于此其大也。嗟乎,神人以此不材'"②。

这表明:"无用"者因其无用而存活践性,"有用"者因其有用而夭折失性。"无用",对自己有用,是真正的大用;"有用",对自己无用,是真正的无用。"无用",对他物不是绝对没有价值的,在以保全自己为条件并以保全自己为目的的前提下,"无用"对他物也是有用的,如栎社树的用处在于充当"社树"的角色。

人在关系中存在,自足于性的实践离不开人所处的环境(自然的、社会的)。人与环境的互不干涉,不是人与环境的分离,正是人与环境的联系方式。如何做到人与环境的和谐?庄子认为在人和环境的关系中,人一方面以己之无用保护自己,一方面以顺物之性的方式利用外物,完成性的充盈,即"无用"

---

① 《庄子·人间世》。
② 《庄子·人间世》。

之我用物之"无用"践行本性所具,使物我同具本性、同得自由。这里的用物之"无用",庄子称它为"用大"。有感于"人皆知有用之用,而莫知无用之用也"①,庄子在《庄子·逍遥游》中特别提到"用大":

"惠子谓庄子曰:'魏王贻我大瓠之种,我树之成而实五石。以盛水浆,其坚不能自举也;剖之以为瓢,则瓠落无所容。非不呺然大也,吾为其无用而剖之'。庄子曰:'夫子固拙于用大矣。……今子有五石之瓠,何不虑以为大樽而浮乎江湖,而忧其瓠落无所容?则夫子犹有蓬之心也夫!'"

"惠子谓庄子曰:'吾有大树,人谓之樗。其大本拥肿而不中绳墨,其小枝卷曲而不中规矩。立之涂,匠者不顾……'庄子曰:'……今子有大树,患其无用,何不树之于无何有之乡,广莫之野,彷徨乎无为其侧,逍遥乎寝卧其下。不夭斤斧,物无害者,无所可用,安所困苦哉!'"

大瓠的本性是"浮",樗的本性是臃肿、卷曲。放大瓠于水中,让人浮乎江湖,才是用大瓠之"大";树樗于虚无之处、辽阔之域,让人无为无虑,才是用樗之"大"。这样,我实践我之本性,大瓠和樗不但不改变自己,反而在为我所用的过程中得以全形保性,我、大瓠、樗在物我关系中同具本质,同是本质存在。

三、向本质存在的转化——逍遥之路

庄子深感人间的痛苦惨状,刻画了他所向往的神人、至人、真人形象,并把人的美好与自由的存在方式称作逍遥,其根本目的莫过于力求人生困境的摆脱。摆脱困境就是人由非本质存在向本质存在的转化,就是人从必然走向自由,这个过程在通往自由的意义上叫作逍遥之路。

《庄子·大宗师》中有一段颇具戏剧色彩的对话,它是把握

---

① 《庄子·人间世》。

庄子人的转化学说的基石,也是走向逍遥的关键所在:"意而子见许由,许由曰:'尧何以资汝?'意而子曰:'尧谓我:汝必躬服仁义而明言是非。'许由曰:'而奚来为轵?夫尧既已黥汝以仁义,而劓汝以是非矣。汝将何以游夫遥荡恣睢转徙之涂乎?'意而子曰:'虽然,吾愿游于其藩。'许由曰:'不然。夫盲者无以与乎眉目颜色之好,瞽者无以与乎青黄黼黻之观。'意而子曰:'夫无庄之失其美,据梁之失其力,黄帝之亡其知,皆在炉捶之间耳。庸讵知夫造物者之不息我黥而补我劓,使我乘成以随先生邪'?"

这段话表明人由现实存在状态向理想存在状态的迈进是可能的,在此前提下,逍遥之路的设计才是现实的、必要的,人的本质存在与人的逍遥才是真实的,否则,失性者永居苦海,不可超脱,逍遥便成为永远达不到的人生彼岸境界,至多是人生的一种可望而不可即的精神寄托,"得道"的认识之路充其量不过是在理论上不成立的毫无价值与意义的假设。同时,这段话也说明了人的本性复归过程,就是仁义之徒向得道者的转化过程——这种转化就是忘却仁义及其产物(从否定的角度上讲),文中的"无庄之失其美,据梁之失其力,黄帝之亡其知"突出了"得道"过程中的主体之"忘"(包括"失""亡")。此外,这段话透露出一个十分重要的信息:个体主观之"忘"取决于"炉捶之间",即能否得道复性决定于"道"。推而言之,即有能力复性的失性者才有"得道"的可能,在此之上,人的主观自觉才有意义。在《庄子·外物》中,庄子进而把能"得道"者的"得道"的可能性推向必然性:"人有能游,且得不游乎!人而不能游,且得游乎!"人的本质存在及其存在状态表现为逍遥(或者说叫作逍遥),逍遥的外在表现形式是"游"。能游者必游,不能游者必不游,这说明,不能转化的失性者注定痛苦终生,能复性的人一定要回归本性,这些都是"道定"(或曰"命定")。

庄子肯定人向本质存在转化的可能性,接着又把这个理论推向两个背离该理论的极端:一部分人不可改变自己,另一部分人必须改变自己,两者都是必然的(不再是"可能的")。庄子在能否"得道"(即"复性")上把人划分成两类,这既违背他拯救人类苦难的哲学的出发点,又违逆于他关于人的本质的学说,最为重要的是,他无意中把一部分人的困境之因由个体的"成心"推向个体不可知、不可抗拒的先天决定。但他确确实实又是这样划分了。我们对此该作何种解释呢?是出于统治阶级的偏见?显然不是——在《庄子》外篇、杂篇有关庄子生活状况的记载中,我们可以看出庄子是穷困的平民、是潦倒的书生。我想,可靠的解释可能是:庄子的弱者的偏见、被统治阶级的偏见(参本文第七节所谈逍遥的阶级本质)。

现在,我们再回过头来,顺着庄子的思路看一下哪些人不能得道、不得解脱。《庄子·逍遥游》载:"瞽者无以与乎文章之观,聋者无以与乎钟鼓之声。岂唯形骸有聋盲哉?夫知亦有之。"这类认识上的"瞽者""盲者"以为智者关于神人的说法"大而无当,往而不返",并"惊怖其言河汉而无极也,大有径庭,不近人情"。《庄子·德充符》又载:"无趾语老聃曰:'孔丘之于至人,其未邪?彼何宾宾以学子为?彼且蕲以諔诡幻怪之名闻,不知至人之以是为己桎梏邪?'老聃曰:'胡不直使彼以死生为一条,以可不可为一贯者,解其桎梏,其可乎?'无趾曰:'天刑之,安可解!'"这些具体的例证无非是说自身无智而又受制于"天"(道作为一种自然力量时的形象化说法)的人不可解脱——他们遭受的内外制约是先天的、自然的(不是人为的),归源于道;他们客观上不识道,主观上不愿识道。

既然上面的那一部分人与道无缘,那么,只有另一部分人有机会"得道"。庄子的逍遥之路也正是为这部分人设计的。这部分人又是怎样的呢?庄子通过南伯子葵与女偊的问答摹状了这类人的特征:"南伯子葵问乎女偊曰:'子之年长矣,而色若孺子,何也?'曰:'吾闻道矣。'南伯子葵曰:'道可得学邪?'

曰:'恶! 恶可! 子非其人也。夫卜梁倚有圣人之才而无圣人之道,我有圣人之道而无圣人之才。无欲以教之,庶几其果为圣人乎? 不然,以圣人之道告圣人之才,亦易矣……'"①这说明能够且必然得道的是"有圣人之才而无圣人之道"者,即具备圣人的才质(内在素质)而失却"道"的人。庄子在此似乎还想说明"得道"是个体的自我觉醒,不是寻常的外在灌输——教未闻道者闻道的应是有圣人之道又有圣人之才者,但庄子却硬说是"有圣人之道而无圣人之才"者。

人向本质存在的转化,对自我存在的内在本质而言是复性,对人的本质的依托者而言是"得道",对复性与得道的过程而言是逍遥之路。由于"得道"是庄子谈得最多最详细的方面,我们在下文论述"有圣人之才而无圣人之道"者向"才道俱备"转变时,主要论述他们的"得道"。

庄子说:"夫知有所待而后当,其所待者特未定也……且有真人而后有真知"②,提出真人→真知(对"道"的认知)模式,与"得道"所规定的真知→真人模式表面上正相反对,学界某些人以此认为庄子的"得道"学说不能成立。实际上,只要我们仔细品味上文所引南伯子葵与女偊的对话,我们就可理清庄子的思路,他的真人→真知与真知→真人可合并为真人→真知→真人,其中,第一个"真人"是仅仅具备真人素质的人(即"有圣人之才而无圣人之道"者),第二个"真人"才是"得道"后的理想人格形象(有圣人之才又有圣人之道者)。庄子的"真人→真知"也还是上文提到的对能得道的人的要求,即哪些人能解脱。搞清楚这些后,我们再来讨论庄子的"得道"方法。《庄子·大宗师》中有这样一段对话:"子贡曰:'敢问其方("方"指游乎方之外的方法——引者注)?'孔子曰:'鱼相造乎水,人相造乎道。相造乎水者,穿池而养给;相造乎道者,无事而生定。故曰:鱼

---

① 《庄子·大宗师》。
② 《庄子·大宗师》。

相忘乎江湖,人相忘乎道术。'"这是说,得道的方法是内心虚静、忘却物我,或以"虚"而"忘"、或以"忘"而"虚"。对于人的内"虚"外"忘",庄子又以"心斋"说集中表述之:"回曰:'敢问心斋。'仲尼曰:'若一志,无听之以耳而听之以心,无听之以心而听之以气。听止于耳,心止于符。气也者,虚而待物者也。唯道集虚。虚者,心斋也'。"①道不可见、不可闻,须听之以心,心是识道的唯一器官,但由于"成心"阻"道",闻道之心在闻道之前需自我洁净一番,排除成见与障碍,犹如气之虚而待物,空灵透明无所藏。这个心的洁净方法,即所谓"徇耳目内通而外于心知"②——主体之"忘"("外")。"心斋"之"虚"究竟是怎样呢?我们继续引《庄子·人间世》中孔子与颜回的对话:"颜回曰:'回之未始得使,实自回也;得使之也,未始有回也,可谓虚乎?'夫子曰:'尽矣!'"可见,"虚"即主体之"忘"。由上面的分析可知,"虚"是对主体的内在要求,"忘"是对主体的外在约束,"虚"与"忘"是二而一的。

关于得道的步骤,庄子未向我们交待,但这并不意味得道的体验与自悟是无过程的"顿悟"或观念转变,因为他毕竟为我们描绘了得道时次第出现的境界,如果硬要寻求得道过程,我们只能说庄子是从"境界"的变更的角度来谈过程的。女偊叙述自己教卜梁倚学道时说:"吾犹守而告之,参日而后能外天下;已外天下矣,吾又守之,七日而后能外物;已外物矣,吾又守之,九日而后能外生;已外生矣,而后能朝彻,朝彻而后能见独。"③这是说,得道途中出现了种种具有逻辑先后的境界:外天下→外物→外生→朝彻→见独("见独"是得道的境界和结果),其中,"外天下→外物→外生"不但有逻辑上的先后,还有时间上的先后("参日""七日""九日"等数量词为证),而"外生→朝

---

① 《庄子·人间世》。
② 《庄子·人间世》。
③ 《庄子·大宗师》。

彻→见独"则只有逻辑上的先后（原文中的"后"即指逻辑序列），没有时间上的先后——在时间上，它们是共时的。因为"天下"即社会、"物"即自然，"外天下"与"外物"即指人解除外部世界的压迫；"外生"即忘我，破除自身的束缚；进入"外生"境界时，人已从内外两方面的重压中挣脱出来，而挣脱重压即是得道、复性，迈进自由；"朝彻"指从必然迈入自由、解去羁绊时的特殊体验——犹如经历漫漫黑夜而忽遇朝阳；"见独"则指在这种体验下得道。"外生""朝彻""见独"只是从不同方面谈"得道"——"外生"从破除束缚方面（外生之前已外天下、外物）、从物我关系及本质之我与非本质之我关系方面谈"得道"；"朝彻"从内心体验，尤其是从得道前后的经验对比方面谈"得道"；"见独"从人力图摆脱束缚的目的与结果方面谈"得道"。因此，它们没有时间上的先后，仅有逻辑上的先后承继。

困境中的人承受异己力量的压抑，有的受制于外，有的受制于内，有的受制于内外两个方面。像卜梁倚这样外被物（指自然与社会）困、内为"我"扰的人，其得道过程就是内外两忘的过程，得道修持所经历的境界及境界转化就是我们上面所讨论的。但每个人的"得道"途径都是具体的，被什么迫害就应"忘"什么——受制于异己力量的内容不同，其得道的境界将又是另一番景象。颜回系孔子最值得骄傲的弟子，是孔子思想的忠实执行者，是仁义道德的完美化身，他服膺仁义礼乐最深，庄子以之为例，借他之口，说他的得道过程中的境界顺次为"忘仁义"→"忘礼乐"→"坐忘"："颜回曰：'回益矣。'仲尼曰：'何谓也？'曰：'回忘仁义矣。'曰：'可矣，犹未也。'他日复见，曰：'回益矣。'曰：'何谓也？'曰：'回忘礼乐矣！'曰：'可矣，犹未也。'他日复见，曰：'回益矣。'曰：'何谓也？'曰：'回坐忘矣。'仲尼蹴然曰：'何谓坐忘？'颜回曰：'堕肢体，黜聪明，离形去知，同于大通，此谓坐忘。"① "忘仁义"指破却人的内在道德规范,驱除人的自我摧残的内在机制;"忘礼乐"指抛弃人的外在道德强制,废除人的被奴役的外在因素。"忘仁义"→"忘礼乐"是人的自由化进程的必然序列——人只有首先突破自己设置的内部障碍,才能在自由意识中以自由的自觉冲垮一切自然和人为的外部障碍。"堕肢体,黜聪明,离形去知"指冲破内外约束、离弃物我和物我观念、投向自由的转变方式,它由"忘"而来;"大通"意为逍遥境界中的无碍无阻、畅达通行,此处指代"道","同于大通"即是"得道"。

针对儒家以仁为核心构建的忠孝仁义的伦理观,庄子并不回避,他有时干脆把得道的境界定名为"至仁",以"至仁无亲"力破儒家的仁爱亲亲。他认为"至仁"的接近过程就是离弃儒家之仁的过程:"以敬孝"→"以爱孝"→"忘亲"→"使亲忘我"→"兼忘天下"→"使天下兼忘我",在物我两忘的"至仁"中,"德遗尧舜而不为也,利泽施于万世,天下莫知也,岂直大息而言仁孝乎哉!夫孝悌仁义,忠信贞廉,此皆自勉以役其德者也,不足多也"②。

由上面的介绍可知,"忘"在人的转变中起着至关重要的作用。"得道"的方法是"忘","得道"途中的种种境界的界定是"忘","学道"境界的过程化表述的依据是"忘",这种"忘"是主体的自觉行为,不是无目的、无选择的忘——无目的、违性之忘,恰是庄子所极力批驳的:"人不忘其所忘而忘其所不忘,此谓诚忘。"③由于"得道"以"忘"为"得","忘"是人的主观领域里的自觉意识,因此,"得道"本质上只能是精神超脱,人的自由就只能是关于此岸世界的幻觉。不过,一旦庄子要求主观之"忘"介入客观之实践,以"忘"指导人的动作、思维,这种"忘"和"得

---

① 《庄子·大宗师》。
② 《庄子·天运》。
③ 《庄子·德充符》。

道"又都是具有现实性、实践性,如列子学道于壶子,亲历季咸与壶子的交往后忽悟学道之真谛,"自以为未始学而归,三年不出,为其妻爨,食豕如食人,于事无与亲。雕琢复朴,块然独以其形立。纷而封哉,一以是终"①。

四、逍遥透视

庄子认为人的本质存在是对物我矛盾的超脱,是本性的无阻碍的完满实现,是大道流行于世的人的唯一正确存在,所以,人的本质存在是自由的。庄子把人的本质存在状态称作逍遥,并着重从"状态"方面谈人的本质存在的真实内涵,因此,仅仅谈人的本质存在及向本质存在的转化,我们只停留在庄子哲学的表层,且容易以人的本质存在的特性来理解逍遥。由于人的本质存在必须落实到人的思与行,所以人的本质存在反倒变为逍遥的铺垫。基于庄子哲学的这种理论形态,本节重在对逍遥作全方位、多视角的透视。

逍遥原指人和物的安闲自得貌,如《诗经·郑风·清人》"二矛重乔,河上乎逍遥"、《楚辞·离骚》"欲远集而无所止兮,聊浮游以逍遥"中的"逍遥"就是此意。当庄子把逍遥表达为人的本质存在的状态、境界时,庄子也不时在安闲自得的意义上使用它。例如,庄子云:"彷徨乎无为其侧,逍遥乎寝卧其下"②,"芒然彷徨乎尘垢之外,逍遥乎无为之业"③。但在更多的情况下,逍遥的原意由"游"来表达。这样,"逍遥游"相连,"游"遂为"逍遥"的方式。

庄子以"游"定义"逍遥"的样式,大概是出于对"鱼之乐"的长期观察。《庄子·秋水》载:"庄子与惠子游于濠梁之上。庄子曰:'鲦鱼出游从容,是鱼之乐也'";《庄子·大宗师》中,庄子

---

① 《庄子·应帝王》。
② 《庄子·逍遥游》。
③ 《庄子·大宗师》。

写道:"泉涸,鱼相与处于陆,相呴以湿,相濡以沫,不如相忘于江湖"。鱼游水中,鱼水相合,鱼鱼相离,悠闲自如,畅然适意,无依无待,足性达志,这种鱼水相依恰如人道合一,鱼鱼相忘好似人人相分、互不制约,庄子由此联想到人的逍遥得志:"鱼相造乎水,人相造乎道。……鱼相忘乎江湖,人相忘乎道术。"①因而人之逍遥的式样亦犹鱼之乐的"游"。

因为"游"是逍遥的式样,是对逍遥状态的摹状,我们论逍遥的方方面面即可从"游"入手。庄子述"游"处甚多,兹列于下:

"若夫乘天地之正,而御六气之辩,以游无穷者,彼且恶乎待哉";"(神人)乘云气,御飞龙,而游乎四海之外"②。

"(至人)乘云气,骑日月,而游乎四海之外";"(圣人)游乎尘垢之外"③。

"且夫乘物以游心"④。

"且不知耳目之所宜,而游心乎德之和";"今子与我游于形骸之内";"吾与夫子游十九年矣"⑤。

"圣人将游于物之所不得遁而皆存";"彼游方之外者也";"与造物者为人,而游乎天地之一气";"汝将何以游夫遥荡恣睢转徙之涂乎";"吾师乎!吾师乎!齑万物而不为义,泽及万世而不为仁,长于上古而不为老,覆载天地、刻雕众形而不为巧。此所游已"⑥。

"予方将与造物者为人,厌则又乘夫莽眇之鸟,以出六极之外,而游无何有之乡,以处圹埌之野";"游心于淡,合气于漠";

---

① 《庄子·大宗师》。
② 《庄子·逍遥游》。
③ 《庄子·齐物论》。
④ 《庄子·人间世》。
⑤ 《庄子·德充符》。
⑥ 《庄子·大宗师》。

"立乎不测,而游于无有者也";"体尽无穷,而游无朕"①。

"游乎无何有之宫……寥已吾志,吾往焉而不知其所至,去而来而不知其所止。吾已往来焉而不知其所终,彷徨乎冯闳,大知入焉而不知其所穷"②。

"唯至人乃能游于世而不僻"③。

由上所列,我们不难看出,庄子的逍遥之"游"分为形体之游、心灵之游,所"游"之处分为"无何有之乡"的虚无世界、现实世界(人间世)、德(道)的世界、"心"(心灵构建的精神世界)。"游"的主客体关系为:形游于虚无世界、尘世之外、尘世,心游于"德"、心。但在本质上,庄子之"游"纯粹是心灵之游,即心游于心(德是心灵世界的对象化),形体之游于方之内外乃是一种理想幻化与精神超脱,这可由《庄子·应帝王》中的一段对话为证:"天根游于殷阳,至蓼水之上,适遭无名人而问焉,曰:'请问为天下。'无名人曰:'去!汝鄙人也,何问之不豫也!予方将与造物者为人,厌则又乘夫莽眇之鸟,以出六极之外,而游无何有之乡,以处圹埌之野。汝又何帠以治天下感予之心为?'又复问,无名人曰:'汝游心于淡,合气于漠……'"这里,无名人把自己处身"蓼水之上"解释为"出六极之外,而游无何有之乡,以处圹埌之野",是典型的精神上的自我满足。

庄子的心灵之游将外部世界吞噬于内心,将心灵世界无限膨胀并向外扩展涵盖人间世,这样,客观存在的世界被主观化、意义化为一个空明虚灵的逍遥境界。庄子的形体之游不是形体的自由自在,不是人的真实处境,而是心灵之游的外化和形式,是心灵对人生处境的理想化、本质化的理解和设计,是心灵对困境之我所作的自由化的幻想。通过对庄子逍遥之游的考察,我们遂知逍遥是一种精神超脱、内在超脱,是精神力量、主

---

① 《庄子·应帝王》。
② 《庄子·知北游》。
③ 《庄子·外物》。

观意志的挥洒。

既然逍遥是主体的内在超越,如何解释神人的胜于外物呢?庄子认为是由于得道的缘故,庄子后学也这么认为:"子列子问关尹曰:'至人潜行不窒,蹈火不热,行乎万物之上而不栗。请问何以至于此?'关尹曰:'是纯气之守也,非知巧果敢之列……壹其性,养其气,合其德,以通乎物之所造。夫若是者,其天守全,其神无郄,物奚自入焉。"①但得道之后怎么胜物?庄子以"足性""无为""游"等方法"胜物"。他说:"无为名尸,无为谋府,无为事任,无为知主。体尽无穷,而游无朕。尽其所受乎天而无见得,亦虚而已!至人之用心若镜,不将不迎,应而不藏,故能胜物而不伤。"②由于"足性""无为""游"指的是得道者的内在本质和外在表现,所以庄子上面所言仍属得道以胜物,并未解决"得道之后如何胜物"的问题,但他无意中点出了胜物即顺物的思想,至于"如何胜物"及顺物的具体方法,则由庄子后学一语道破:"夫醉者之坠车,虽疾不死。骨节与人同而犯害与人异,其神全也。乘亦不知也,坠亦不知也,死生惊惧不入乎其胸中,是故遌物而不慑。彼得全于酒而犹若是,而况得全于天乎?圣人藏于天,故莫之能伤也。"③圣人的胜物如同醉酒者精神麻木、不知物我一样,以主观上的"得道"来应付、回避物我矛盾,以内心的陶醉漠视物的伤害,沉湎于自我慰藉的狂想中。既然胜物本质上是调节内心适应外物,那么,它同由"游"得出的逍遥是人的内在超越的结论是一致的。事实上,即便仅从"游"来看待"胜物",我们也同样可得出如上的结论——心之"游"被描绘成形之超然一切、无所不游,"胜物"当然不是人的实践行为,而是主观的畅想和客观上顺于物的表达方式。

人的逍遥定格为人的内在超越,表现为人的外顺于物,是

---

① 《庄子·达生》。
② 《庄子·应帝王》。
③ 《庄子·达生》。

庄子关于人的本质理论的必然产物。庄子认为人是道的载体、道的化身(道的形象说法叫作"天"):"道与之貌,天与之形。"①人的一切为道所予,人的形体的某种残缺当然也是:"公文轩见右师而惊曰:'是何人也?恶乎介也?天与?其人与?'曰:'天也,非人也。天之生是使独也,人之貌有与也。以是知其天也,非人也。'"②这里已含有对人的现实处境的屈从的要求,含有遵道从道、以道来论证现实存在的合理性的倾向。

按照庄子对人的本质的规定,道与人应该是一致的,即"天人合一",不存在人与道的对抗,但庄子又认为,人是道的化身,毕竟又不是道自体,人作为人,在天人合一的前提下,其自身存在着人之"天"与人之"人"的对立,其中"天"为主导方面,"人"为次要方面,而这种对立本身并不是人的困境之源。即便是得道的圣人身上也存有天与人两个方面:"有人之形,无人之情。有人之形,故群于人;无人之情,故是非不得于身。眇乎小哉,所以属于人也;謷乎大哉,独成其天。"③人的困境之源从道与人的关系上讲,在于人以人之"人"对抗人之"天",残道害性,从而使人之"天"丧失,再以丧失"天"而只具"人"的妄性异己之人抗拒决定人的"天",打破"天人合一"(人自身中的天人相分→人丧失自身的"天",即人只具有"人"→人的"人"打破天人之间的"天人合一"→天人相分后"天"钳制"人"。简略地概括就是:人自身内部的天人相分→人→天人之间的天人合一的破坏)。人的痛苦反映了道的失落,作为"人"的最主要内容的"情"的肆意横行,伤己又损道。

出于挽救人类于水火的良好愿望,庄子极力宣扬人存于道、天人合一这个不容改变的"事实",力陈天人对抗所导致的人的悲剧。他说:"其好之也一,其弗好之也一。其一也一,其

---

① 《庄子·德充符》。
② 《庄子·养生主》。
③ 《庄子·德充符》。

不一也一。其一与天为徒,其不一与人为徒。天与人不相胜也,是之谓真人。"①为了维护天人之间的"合一",庄子认为人必须"畸于人而侔于天"②,必须消除属于"人"的人之"情",他反复强调"人故无情"③。对"侔于天"与"无情",庄子开列出以下方法:"不以心捐道,不以人助天"④,"尽其所受乎天"⑤,"不以好恶内伤其身,常因自然而不益生也"⑥。这表明人的以道为本、人的遵道而行就是内养其心尽其性、外顺自然而不为。这样,逍遥理所当然就是超越于内而顺从于外了。

通过对"游"的考察,我们知道逍遥是心灵之游,是人的内在超越;通过对人的本质(道、人关系)的考察,我们知道逍遥的内在超越的必然性。现在,我们就人之"性"方面来考察,看看逍遥呈现出什么样的面目。

道在人的身上叫作"性",性指人的自然本性,足性就是依照本能而生活,如斥鴳"腾跃而上,不过数仞而下,翱翔蓬蒿之间",蜩与学鸠"决起而飞,抢榆枋,时则不至而控于地"⑦。逍遥就是对这种生活的认可,如斥鴳以"腾跃""翱翔蓬蒿之间"为"飞之至"⑧。

上文的足性,要求人按照本能而生活,我们也可反过来说成:按照本能而生活才能践性,即"足性→按本能而生活"与"按本能而生活→践性"都是人的本性使然。这样,人的按本能而生活既是性的展开过程,也是性的实现过程,它由一种现实的实践行动转化成先于行动而存的一种不可逾越的预定、准则,

---

① 《庄子·大宗师》。
② 《庄子·大宗师》。
③ 《庄子·德充符》。
④ 《庄子·大宗师》。
⑤ 《庄子·应帝王》。
⑥ 《庄子·德充符》。
⑦ 《庄子·逍遥游》。
⑧ 《庄子·逍遥游》。

它相对于人自身而言便成了一种外在的制约力量:命。这样,逍遥便是"安命"。

不过,庄子的"命"与"安命"不停留于上面的表层意思,或者说,远远不是上面的这层含义。他说:"死生、存亡、穷达、贫富、贤与不肖、毁誉、饥渴、寒暑,是事之变、命之行也。日夜相代乎前,而知不能规乎其始者也。故不足以滑和,不可入于灵府。使之和豫,通而不失于兑。使日夜无郤,而与物为春,是接而生时于心者也。……平者,水停之盛也。其可以为法也,内保之而外不荡也。德者,成和之修也。"①这里,"命"由人生应有状况的规定变而为人生种种遭际、社会和自然对人的压迫,同时,人的困境转而为人生应有的必然性的东西,而"安命"就是调节自我的心理感受,对人生遭遇作合理重构。在这里,我们还可以看出,"安命"就是顺应"物","安命"通过人的内心的修炼而实现,也即通过人的内在超越而实现。此外,庄子还把人的一切不可抗拒的外部压力及被这种力量压迫的结果,作"若命"的解释,要求人们持心安理得的态度,不作任何抵抗,像"安命"一样安于现状。他说:"自事其心者,哀乐不易施乎前,知其不可奈何而安之若命,德之至也。"②他借兀者申徒嘉之口说:"自状其过以不当亡者众,不状其过以不当存者寡。知不可奈何而安之若命,唯有德者能之。"③此处,"若命"的设想及"安之若命"的态度均有赖于人的"德"的修持,即人的内在超越。

由以上对"逍遥"的分析,我们可知:逍遥是超越于心、顺从于物,定于性而安于命;逍遥以超越实施安命,以安命完成超越;逍遥对于己是自由,对于物是宿命;神人和现实社会中的安命者同属逍遥,他们分别代表逍遥的自由与宿命两重内涵,他们分别是逍遥者内心状态和外在处境的化身。

---

① 《庄子·德充符》。
② 《庄子·人间世》。
③ 《庄子·德充符》。

庄子认为人的本质存在是一种自由的存在,逍遥系人的本质存在的状态,它亦应该是自由的——超脱内外之困、身心自然自在,但庄子在"自由"的外表下,把"逍遥"变质为内在自由与外在安命相合一的精神超脱,背离他当初的愿望和他的哲学的立足点。这其中的缘由我们暂且不谈(第七节将详述),我们只想在探明庄子逍遥观的本质之后,再追问一下庄子,这种逍遥观的意义何在,或者说,构建这种逍遥观的目的何在。在《庄子·山木》中,庄子对此作了正面回答:

"弟子问于庄子曰:'昨日山中之木,以不材得终其天年;今主人之雁,以不材死。先生将何处?'庄子笑曰:'周将处乎材与不材之间。材与不材之间,似之而非也,故未免乎累。若夫乘道德而浮游则不然,无誉无訾,一龙一蛇,与时俱化,而无肯专为。一上一下,以和为量,浮游乎万物之祖。物物而不物于物,则胡可得而累邪!此神农、黄帝之法则也。……悲夫,弟子志之,其唯道德之乡乎。'"

这段话说出了"逍遥"的真实用意:保全生命。庄子的"乘道德而浮游"无非是在精神上摆脱"材"与"不材"对生命构成的威胁,在内心深处幻想自己超越了"处乎材与不材之间"及由此带来的恐惧感。这里,逍遥已不是"活得幸福",而是"活下来"。

本节名为"逍遥透视",按理说应到此结束,但是,由于逍遥着重追求人的本然状况,把本性的自然流露当作自由,把自由解释为主体对外部世界的重构或主体对客体的吞没,很多学者抓住这些硬说庄子的逍遥观是出世的或超世的,我们认为有必要在此向学者们谈谈自己的看法(不是"商榷")。《庄子·齐物论》曰:"六合之外,圣人存而不论;六合之内,圣人论而不议;春秋经世先王之志,圣人议而不辩。"圣人是逍遥者,他关注的是六合之内的客观世界(包括社会)和先王的经世之道。可见,逍遥的基点落实在现实社会,它要解决的是社会之"治"。正是基于"治世"的目的,庄子坚决反对逃世、避世的行为,积极主张入世且在"入世"中保持自我本质。他说:"夫流遁之志,决绝之行,噫,其非至知厚德之任与!……虽相与为君臣,时也,易世而无以相贱。……唯至人乃能游于世而不僻,顺人而不失己。"①庄子的"逍遥"中有"世蕲乎乱,孰弊弊焉以天下为事"②、"汝又何帠以治天下感予之心为"③,似是"弃世"之语,但其实质是反对"以天下为事"而"治天下"的违反本性、违反"道术"的治世之法("方术"),并不是强求人们遗世独立,相反,庄子津津乐道于圣人之治、明王之治。他的《庄子·应帝王》三次提到治天下之术,并以这种治世之术为帝王逍遥的途径与方式:"夫圣人之治也,治外乎?正而后行,确乎能其事者而已矣","游心于淡,合气于漠,顺物自然而无容私焉,而天下治矣","明王之治:功盖天下而似不自己,化贷万物而民弗恃。有莫举名,使物自喜。立乎不测,而游于无有者也"。在国与国的关系,特别是强国对待弱国的态度上,庄子非常强调得道的君王的宽容精神。他借尧与舜的问答阐明了这一点:"昔者尧问于舜曰:'我欲伐宗脍、胥、敖,南面而不释然。其何故也?'舜曰:'夫三子者,犹存乎蓬艾之间。若不释然,何哉!昔者十日并出,万物皆照,而况德之进乎日者乎。'"④由以上几个方面的叙述,我们不难看出庄子"逍遥"的"入世"精神,虽然它的"入世"方式甚至内容都是消极的。

五、生命的超拔

逍遥立足于生命存在的应有境况,反映了人生窘境的解脱,它面向人的有限的此生,不涉及生命的终结。因为在"人生困境"中,庄子未将死亡列入生之"苦"中。但是,庄子在完成了

---

① 《庄子·外物》。
② 《庄子·逍遥游》。
③ 《庄子·应帝王》。
④ 《庄子·齐物论》。

人生理想境界的形上学构筑之后,试图以人的行为自由突破生之有限,畅通生死之界,化此生自由为生命自由,即人的存在方式的自由变为人的存在的自由。鉴于此,我们既把生命超拔与"逍遥"相分离,又把生命超拔纳入逍遥论中,使之成为逍遥的不可或缺的部分。下面,我们扼要论述庄子生命超拔的主要内容:

(1)《庄子·养生主》开首道:"吾生也有涯,而知也无涯。以有涯随无涯,殆已!已而为知者,殆而已矣!"谈生与知的有限与无限关系,表述以有限的生命去应付无限的社会、人事、自然是人的危机和人的悲哀,要求人们"去知"("忘")。但既以之论"养生",其中不免隐有对"生也有涯"的感伤。

生命的存在是人的存在方式——自由的基础,生命的终结标志着自由的终结。生命高于自由,自由不是最后的目标。待有涯之生的困境解脱后,庄子从逍遥着手,介入了对生命本身的探究。他一方面脱离逍遥的原初构想,以"生"代替自由,并以"全生"为人的最大逍遥;另一方面又以自由求永生,用逍遥超越生之极限。《庄子·至乐》曰:"庄子之楚,见空髑髅,髐然有形,撽以马捶,因而问之,曰:'夫子贪生失理而为此乎?将子有亡国之事、斧钺之诛而为此乎?将子有不善之行,愧遗父母妻子之丑而为此乎?将子有冻馁之患而为此乎?将子之春秋故及此乎?'……(庄子)曰:'吾使司命复生子形,为子骨肉肌肤,反子父母、妻子、闾里、知识,子欲之乎?'"这里,人之死无论出于何种原因,无论是夭折还是终寿,也无论死者生时的处境多么艰难、行为多么放荡,庄子都希望死者得以"复生",这是"全生"的"生"就是乐、活着就是幸福的价值观的体现。由于死者不仅难以"复生",就算可以"复生","复生"的"生→死→生"虽能够使生命无限延续,却总有"死"的阻隔,生命也因之而呈现不连续性。为此,庄子不得不更进一步,从逍遥的高度越过生死障碍,剔除"死亡"。他说:"见独而后能无古今,无古今而后能入于不死不生。"①"见独"即"得道","得道"即"逍遥",逍遥则贯通古今、游于无限,从而与无限时间为一体,摆脱有限时间中的"生→死"规定。"不死不生"的超越生死,对逍遥者自己来说是"色若孺子"②,长生不老;对生命局限而言是"死生无变于己"③,"死生亦大矣,而不得与之变"④,外于生死,存于生死约束之外;对道、人关系而言,是"参万岁而一成纯"⑤,人、道合一。

(2)对生命有限的突破,不能像逍遥那样经由自我调控及自我陶醉而取得貌似合理的解释。人的生、老、病、死不可避免,人们只见到一个个熟悉的人相继离开人世,没见到谁能长生不死,长寿者也只是比普通人活得长久一些。庄子虽鼓吹生命的永恒,但也自知自己不断地走向衰老,生命的必然规律无法抗拒。为了论证既定的"超越生死",庄子在"得道而不死"的哲学命题下,不得不直面人之死。他针对人们普遍存在的死是形体死亡的观念,对"死"作了合于己意的解释:死是精神的灭亡,不是形体的腐朽消失。这样,人在本质上是精神的存在者,而非有形的存在物,判断人之生死应以精神的存在与否为标准。庄子首先借孔子之口说出了神比形更根本的观点:"丘也尝使于楚矣,适见𤠔子食于其死母者。少焉眴若,皆弃之而走。不见己焉尔,不得类焉尔。所爱其母者,非爱其形也,爱使其形者也。"⑥紧接着,庄子以薪(指)火比喻形神,指出形有限而神无限:"指穷于为薪,火传也,不知其尽也。"⑦既然神无限、神是人的生命的本质,那么,人的生命将是永恒的。

---

① 《庄子·大宗师》。
② 《庄子·大宗师》。
③ 《庄子·齐物论》。
④ 《庄子·德充符》。
⑤ 《庄子·齐物论》。
⑥ 《庄子·德充符》。
⑦ 《庄子·养生主》。

神无形,神秘而不可捉摸,它在形体毁灭后是否存在,凭经验直观是不可知的,这就为庄子阐扬精神不死提供了先决条件。精神不死在理论上的可证明性,又为精神是人的实质、人可超越生死提供了理论前提。此外,庄子的形毁神存的生命观和稷下道家一起开了中国哲学史上形神观讨论之先河。

(3)庄子没有"来生"的观念,没有天堂、地狱的设置,他只求生命的此在,只关心人所活动的世间,他的生命学说表现为哲学形态及哲学与宗教的质的差别。精神的永恒虽有理论上的合理性,但得道而永生的人们不能像形神俱存时那样干涉人事,不能给亲近者以关照,不能对他人的追忆、怀念作出一种应答,这一切又迫使庄子不得不怀疑进而否定自己的摆脱生死的思辨式的设计,承认生之有限的客观必然性,对生命和死亡现象作出新的解释。这种新的解释,是对他的"精神是生命的本质"的观点的抛弃。

庄子是以其妻之死为例论生命现象的:"察其始而本无生;非徒无生也,而本无形;非徒无形也,而本无气。杂乎芒芴之间,变而有气,气变而有形,形变而有生。今又变而之死。是相与为春秋冬夏四时行也。"①这就是说,生命的获得历经了如下的过程:"杂乎芒芴之间"的东西(道)→气→形→生,人之生是自然发生的,而死亡也是自然的,生命的有限性是人的内在特征。如果要追溯生之因与死之缘,庄子认为这是"道"的作用。除了我们已经引用过的"道与之貌,天与之形",《庄子·大宗师》中尚有:"夫大块载我以形,劳我以生,佚我以老,息我以死。"这样,人生的历程就是"道→人→道"方式的"道"的流行,人之死不过是"反其真"②而已。

当生命被看作自然,尤其是死被视作因自然而必然时,庄子的"生命超拔"终于启动了他在"逍遥"中所特别钟爱的"忘",

---

① 《庄子·至乐》。
② 《庄子·大宗师》。

以"不知所以生,不知所以死"①,忘却有限的生命进程中的生死纠缠,求得有限生命的无限价值,把有限扩充或理解为无限。

(4)死不因为"忘"而不存在,死是人的必然与归宿,死也因此而成为人的内在特征、人的本性所固有。这样,人的超越生死的行为因之而蜕变为人的走向死亡、追求死亡的践性活动。《庄子·齐物论》中的"予恶乎知说生之非惑邪!予恶乎知恶死之非弱丧而不知归者邪","予恶乎知夫死者不悔其始之蕲生乎",反映了这种观点,指出了以死为归为足性的价值指向。

生命的最后目标和自由的最高指向是死亡,死亡不再是生命的终结,它是生命的归宿,它规定人生的历程,从它对生命旅程的规范与制约而言,它又是来自于人自身的一股外在力量:"命"。庄子说:"死生,命也;其有夜旦之常,天也。人之有所不得与,皆物之情也。"②既然死非人力所能为,不可逆转,人的唯一出路和践性行为即是"安命"了。

生命观上的"安命",就是把人生的"大苦"——死亡看作是人生的"大解",不以生乐,不以死悲,冷峻地面向生与死,视死为归、为超脱,用子舆的话讲,即是"得者,时也;失者,顺也。安时而处顺,哀乐不能入也,此古之所谓县解也"③。以安命论的观点看待死亡,庄子认为要像他对待妻子死亡时的"箕踞鼓盆而歌"④那样,镇定从容,而不可像老聃死时的"老者哭之,如哭其子;少者哭之,如哭其母"⑤。否则,便是"遁天之刑":"遁天倍情,忘其所受。"⑥

从安命的生死观出发,庄子给逍遥自由的真人予安命的特质,把本质存在的真人描写成安然就死的典型:"古之真人,不

---

① 《庄子·大宗师》。
② 《庄子·大宗师》。
③ 《庄子·大宗师》。
④ 《庄子·至乐》。
⑤ 《庄子·养生主》。
⑥ 《庄子·养生主》。

知说生,不知恶死。其出不䜣,其入不距。翛然而往,翛然而来而已矣。不忘其所始,不求其所终。受而喜之,忘而复之。是之谓不以心捐道,不以人助天,是之谓真人。"①除去对真人的生死由命的描绘,庄子也同样地刻画了许许多多现实生活中的安命者,并通过这些人之间的彼此赞美、感叹抒发自己的仰慕之情。《庄子·大宗师》的下列记载最为典型:

"子祀、子舆、子犁、子来四人相与语曰:'孰能以无为首,以生为脊,以死为尻;孰知死生存亡之一体者,吾与之友矣!'四人相视而笑,莫逆于心,遂相与为友。俄而子舆有病,子祀往问之。曰:'伟哉,夫造物者将以予为此拘拘也。'曲偻发背,上有五管,颐隐于齐,肩高于顶,句赘指天,阴阳之气有沴,其心闲而无事,跰𨇤而鉴于井,曰:'嗟乎!夫造物者又将以予为此拘拘也。'子祀曰:'女恶之乎?'曰:'亡,予何恶!浸假而化予之左臂以为鸡,予因以求时夜;浸假而化予之右臂以为弹,予因以求鸮炙;浸假而化予之尻以为轮,以神为马,予因以乘之,岂更驾哉……'俄而子来有病,喘喘然将死,其妻子环而泣之。子犁往问之,曰:'叱!避!无怛化!'倚其户与之语曰:'伟哉造化!又将奚以汝为?将奚以汝适?以汝为鼠肝乎?以汝为虫臂乎?'子来曰:'父母于子,东西南北,唯命之从。阴阳于人,不翅于父母。彼近吾死而我不听,我则悍矣,彼何罪焉?……今大冶铸金,金踊跃曰:我且必为镆铘。大冶必以为不祥之金。今一犯人之形而曰:人耳!人耳!夫造化者必以为不祥之人。今一以天地为大炉,以造化为大冶,恶乎往而不可哉!'成然寐,蘧然觉。子桑户、孟子反、子琴张三人相与友,曰:'孰能……相忘以生,无所终穷?'三人相视而笑,莫逆于心,遂相与为友。莫然有间,而子桑户死,未葬。……或编曲,或鼓琴,相和而歌曰:'嗟来桑户乎!嗟来桑户乎!而已反其真,而我犹为人猗!'……孔

---

① 《庄子·大宗师》。

子曰：'……彼以生为附赘县疣,以死为决疣溃痈。夫若然者,又恶知死生先后之所在!'"

(5)"生命超拔"把人的悲哀集中为生命的有限性,企求借助人的存在方式的逍遥实践有限→无限,让人进入永恒世界,但庄子经由生之有限(死的存在)→形体不死(包括精神不死)→精神不死(精神为生死的标志)→死是命定,又从假定的无限回复到有限:无限→有限,得出"安命"的结论。这种超拔即安命,与逍遥的自由即安命何其相似!

超拔等同于安命,这本来是错误的,只是庄子借用了认识上的转换来使二者协调一致:死是人的外在制约力量时,它是人之苦;当它是人的内在之性时,它又是人的本性的复归。超拔就是调节人的认识,把死当作人之性(命),从而安于它。

六、道论

逍遥是主体得道、与道合一,"逍遥"与"道"相关联。要更深刻地揭示逍遥,我们认为有必要专辟一节单独论道。

庄子之"道"是什么？现当代学者对此争论不休,或以道为世界的本原,或以道为世界的本体;或以为道是物质,或以为道是精神。我们对学术界的这些争论不作介绍和评价,只想在此谈谈我们自己的看法。

前面几节我们集中讨论"逍遥"时,不时涉及道,并从逍遥与道的关系的角度零零碎碎地论述到道的某些涵义:道是人的本质(性),它使人本性自足,又使本性自足的人自由无为;道是人的本质存在的氛围(世界),对于体现道的人来说,它是人的活动场所,又是人的逍遥境界。我们现在要论究的不再是逍遥与道的关系中的"道",而是独自存在的"道"自身。

道的形象性说法或拟人化,叫作"浑沌"。《庄子·大宗师》和《庄子·应帝王》各有一段极为精彩的文字论道和浑沌:"夫道有情有信,无为无形;可传而不可受,可得而不可见;自本自根,未有天地,自古以固存;神鬼神帝,生天生地;在太极之先而不为高,在六极之下而不为深;先天地生而不为久,长于上古而不为老"①;"南海之帝为儵,北海之帝为忽,中央之帝为浑沌。儵与忽时相与遇于浑沌之地,浑沌待之甚善。儵与忽谋报浑沌之德,曰:'人皆有七窍以视听食息,此独无有,尝试凿之。'日凿一窍,七日而浑沌死"②。

这表明道是客观的,它独立自存,因无限而无形("形"指有限物的外观);它是天地未开时的世界本来状态,这种状态的最显著特征就是浑沌如一的整体性和自在自为的自然性。但是,上面的两段文字又揭露这样的事实:由于人的主观行为和一己意志干涉乃至破坏道("浑沌死"),道沦丧而有天地之分。

天地分,万物成,世界被分割为无序而对立的众多部分,人在"成心"的主宰下,在充满矛盾的环境中处处受阻、时时遇难,陷入困境。庄子为此高举"复性以去成心,得道以驱逐物(指关于物的认知)"的旗帜。所谓"得道"便是在更高层次上恢复世界的整体性,变无序为有序,变对立为和谐,将纷乱的万物重组为有机的、统一的系统存在。庄子所"游"的"圹埌之野""无何有之乡""方之外"等无非是丧失后而又复活的"道"。

浑沌因凿七窍死,道分裂为天地万有不再存在。道物相对,为了"得道",人应胜物求道、强力有为,可是,庄子因看到人之成心及由成心而来的有为("谋""凿")是毁坏道之根源,所以,他在"得道"中反人为、重自然,尚内省、崇顺道,不顾"物生→道死"的理论,硬说"物物者与物无际"、道不死且"无所不在",比如"在蝼蚁""在稊稗""在瓦甓""在屎溺"③,声称道不离人、人却离道,人必须以"道"为准,遵道以"得道"。

为了让人破除有为,遵道以"得道",庄子遂赋予"道"以主

---

① 《庄子·大宗师》。
② 《庄子·应帝王》。
③ 《庄子·知北游》。

宰意义,称道为"真宰""真君"①"杀生者""生生者"②"造物者"③,虚构道的无边力量:道是"万物之所系而一化之所待","鼇万物而不为义,泽及万世而不为仁,长于上古而不为老,覆载天地、刻雕众形而不为巧"④。这种描写显然有神学化倾向:道既是客观的、自然的、统一的存在,又具有统治万有的人格力量。

由道的神学化倾向及遵道的需要,庄子的《庄子·大宗师》论道的内涵、道的失落之后,大谈"得道"对于得道者的作用:"豨韦氏得之,以挈天地;伏戏氏得之,以袭气母;维斗得之,终古不忒;日月得之,终古不息;堪坏得之,以袭昆仑;冯夷得之,以游大川;肩吾得之,以处大山;黄帝得之,以登云天;颛顼得之,以处玄宫;禺强得之,立乎北极;西王母得之,坐乎少广,莫知其始,莫知其终;彭祖得之,上及有虞,下及五伯;傅说得之,以相武丁,奄有天下,乘东维、骑箕尾而比于列星。"得道方得逍遥,逍遥乃内在的自我超脱,但这里的"得道"则有超脱于外的外在化趋向,这是道的人格化偏差的必然结果。

从道的客观自然性、道的自由境界(逍遥)到道的神性意味的偏颇,这是庄子"道论"的矛盾,但这个矛盾不是不可解释的,相反,通过对庄子道论的矛盾及矛盾成因的如上介绍(矛盾的形成过程,即矛盾的成因),我们可据此作出如下推论:道是现实社会的对立面,是人生现实的反面,是庄子对人的自由的幻想,是庄子对人的自由存在的社会状况的虚构,是由这种幻想与虚构而假定的世界的本然模样。幻想、虚构、假定,标志人的现实力量的弱小;人的力量的不足,意味着介入这些幻想、虚构、假定同样需要幻想等手段,意味着幻想、虚构时还需要借助

---

① 《庄子·齐物论》。
② 《庄子·大宗师》。
③ 《庄子·应帝王》、《庄子·天下》。
④ 《庄子·大宗师》。

于这些幻想、虚构、假定并神话它们。弄清这其中的逻辑上的层层关联,我们便真正把握了庄子界定的道的合理性了——如果去掉矛盾的任何一方,"道"都将不但毫无意义,而且妨碍逍遥论的表达。

七、逍遥——来自社会底层的呼声

庄子从哲学高度论述人生困境、塑造人的逍遥,但庄子哲学不是纯粹思辨式的抽象。透过庄子的抽象的人与抽象的人的痛苦,我们会发现逍遥原本是处于社会大动荡中、生活于社会底层的被压迫者、弱者的呼声,它表达了弱者们对自由的渴望、对无常的命运的漠然。我们以为结束了对逍遥内涵的考察,开始关于逍遥的阶级本质的探讨便是必然的了,要不然,我们就会不自觉地陷于庄子式的抽象。

"逍遥"中对逍遥者的刻画、描述随处可见,然而,分其类别,仅为两类:生活在自然界以至"方之外"的神人、真人等,活命于社会之中的得道者。对于神人、真人等,庄子着墨不多,且多半具有精神寄托的意味;对于社会中的"平凡的"得道者,庄子倾注了巨大的热情,投入了无限的希望,他们足以代表庄子"逍遥"的真正意图,我们从逍遥者形象的挖掘来探索逍遥的阶级实质,主要侧重于这类人。这类得道者有以下几种:

形体不健全者:"支离疏者,颐隐于脐,肩高于顶,会撮指天,五管在上,两髀为胁。挫针治繲,足以糊口;鼓筴播精,足以食十人。上征武士,则支离攘臂而游于其间;上有大役,则支离以有常疾不受功;上与病者粟,则受三钟与十束薪。夫支离其形者,犹足以养其身,终其天年……"①"阐跂支离无脤说卫灵公,灵公说之,而视全人:其脰肩肩;甕㼜大瘿说齐桓公,桓公说之,而视全人:其脰肩肩。故德有所长而形有所忘……"②

---

① 《庄子·人间世》。
② 《庄子·德充符》。

处刑断足者:"鲁有兀者王骀,从之游者与仲尼相若",孔子赞曰:"夫子(指王骀——引者注),圣人也,丘也直后而未往耳!丘将以为师,而况不若丘者乎!奚假鲁国,丘将引天下而与从之";"申徒嘉,兀者也",对子产说:"自状其过以不当亡者众,不状其过以不当存者寡。知不可奈何而安之若命,唯有德者能之。游于羿之彀中。中央者,中地也;然而不中者,命也。人以其全足笑吾不全足者多矣,我怫然而怒,而适先生之所,则废然而反。不知先生之洗我以善邪?吾之自寤邪?吾与夫子游十九年矣,而未尝知吾兀者也。今子与我游于形骸之内,而子索我于形骸之外,不亦过乎","子产蹴然改容更貌曰:'子无乃称!'"①

容貌丑陋者:"鲁哀公问于仲尼曰:'卫有恶人焉,曰哀骀它。丈夫与之处者,思而不能去也;妇人见之,请于父母曰"与为人妻,宁为夫子妾"者,十数而未止也。未尝有闻其唱者也,常和人而已矣。无君人之位以济乎人之死,无聚禄以望人之腹,又以恶骇天下,和而不唱,知不出乎四域,且而雌雄合乎前,是必有异乎人者也。寡人召而观之,果以恶骇天下。与寡人处,不至以月数,而寡人有意乎其为人也;不至乎期年,而寡人信之。国无宰,寡人传国焉。闷然而后应,氾若辞。寡人丑乎,卒授之国。无几何也,去寡人而行。寡人恤焉若有亡也,若无与乐是国也。是何人者也。'"孔子曰:"今哀骀它未言而信,无功而亲,使人授己国,唯恐其不受也,是必才全而德不形者也。"②

年老者:"南伯子葵问乎女偊曰:'子之年长矣,而色若孺子,何也?'曰:'吾闻道矣'。"③

患病及患病将死者:庄子在《庄子·大宗师》中所载子舆、

---

① 《庄子·德充符》。
② 《庄子·德充符》。
③ 《庄子·大宗师》。

子来等即是,我们在第五节里已引用其所载子舆、子来等的相关史料,这里不再重复。

在日常生活中,统治者、形体健全者、美貌者、年少者、健康者优越于被统治者、肢体残缺者、貌丑者、年老者、病者,前者比后者更应该具有自由感、幸福感,但庄子硬说后者自由、前者被困,通过二者的对比描写,把后者塑造为逍遥者——人间自由的化身,这足以证明庄子的逍遥名为现实社会中的抽象的一般"人"的得道境界,实为多重矛盾挤压下的被压迫者、弱者("畸人")挣脱枷锁、掌握自己的善良、美好然而无以实现的愿望。

《庄子·逍遥游》通篇论逍遥,文中的大鹏给后人留下了深刻的印象,它背"不知其几千里也"、"翼若垂天之云"、"怒而飞"、"水击三千里,抟扶摇而上者九万里"、"绝云气,负青天",远飞"图南",本该是勇猛、强健、力量、自由的象征,但庄子却言它是失性妄为、陷于人生困境的苦难者的化身。与大鹏相对,文中的蜩与学鸠"决起而飞,抢榆枋,时则不至而控于地"、斥鴳"腾跃而上,不过数仞而下,翱翔蓬蒿之间",它们弱小、可怜,挣扎于一隅,本来是生活中的痛苦者、受难者,庄子却赋予它们以逍遥、自由的特征。这种"强大者不逍遥,弱小者得逍遥"的构思,也明显地透露出逍遥——弱者哲学的阶级实质。

我们说逍遥是弱者的哲学,是"畸人"的精神寄托,是被压迫者不满于现实而又无力改变的呼声,是困境中的人们用生命、鲜血、泪水绘就的虚幻的图景。我们还有一条不为人注意的证据可对此作证:

庄子尊道术、贬方术,赞古之"内圣外王之道"[①],推崇"内圣外王"的理想人格。他界定"内圣外王"曰:"不离于宗,谓之天人;不离于精,谓之神人;不离于真,谓之至人;以天为宗,以德为本,以道为门,兆于变化,谓之圣人。……配神明,醇天地,育

---

① 《庄子·天下》。

万物，和天人，泽及百姓，明于本数，系于末度，六通四辟，小大精粗，其运无乎不在。"①但庄子的逍遥学说只言及"内圣"而丢弃"外王"，并以"内圣"曲解"外王"、吞并"外王"，把"内圣"视作唯一的解脱途径与精神支柱。即便是君王的逍遥，他也主张治乎内，用治内代替或实现治外。他的"圣人之治也，治外乎"②的疑问与"为天下"的"游心于淡"③，即是明证。

古之人内修外治的"内圣外王"之道，乃经营天下的统治之术，其由内圣而外王，重在天下国家的治理，直指客观的物质世界。庄子的追求内圣的逍遥，乃个人的修身之术，其由内圣而顺世，重在个体的自我保护，沉湎于精神世界的自慰。这表明"内圣外王"是理想的统治者的人格形象，而逍遥的精神超脱表现了自我外在力量的弱小、自我对社会重压的迎合及借迎合而乞求生命的苟存。逍遥的承担者，只能是被统治者。

最后，我们还想以庄子本人的生活境况为例，证明"逍遥——来自社会底层的呼声"这个论题。因为哲学是时代的精华，也是哲学家本人的生活体验及理想的结晶。庄子后学对庄子生活有零散的记录，我们认为这是研究庄子本人较为可靠的史料，现择其要而录于下：(庄子)"处穷闾厄巷，困窘织屦，槁项黄馘"④；"庄周家贫，故往贷粟于监河侯。监河侯曰：'诺。我将得邑金，将贷子三百金，可乎'"，庄子气愤地说道："周昨来，有中道而呼者，周顾视车辙，中有鲋鱼焉。周问之曰：'鲋鱼来，子何为者耶？'对曰：'我，东海之波臣也。君岂有斗升之水而活我哉！'周曰：'诺，我且南游吴越之王，激西江之水而迎子，可乎？'鲋鱼忿然作色曰：'吾失我常与，我无所处。我得斗升之水然活

---

① 《庄子·天下》。
② 《庄子·应帝王》。
③ 《庄子·应帝王》。
④ 《庄子·列御寇》。

耳。君乃言此,曾不如早索我于枯鱼之肆'"①;"庄子衣大布而补之,正縻系履而过魏王。魏王曰:'何先生之惫邪?'庄子曰:'贫也,非惫也。士有道德不能行,惫也;衣弊履穿,贫也,非惫也,此所谓非遭时也。王独不见夫腾猿乎?其得枏梓豫章也,揽蔓其枝而王长其间,虽羿、蓬蒙不能眄睨也。及其得柘棘枳枸之间也,危行侧视,振动悼栗,此筋骨非有加急而不柔也,处势不便,未足以逞其能也。今处昏上乱相之间而欲无惫,奚可得邪?此比干之见剖心,征也夫'"②。

由上可知,庄子是一个下层知识分子,他被剥削、被压迫,他自食其力而落入"贫""惫",他揭露社会的黑暗,但又停留在言论上。这样,他的最大安慰莫过于"独与天地精神往来,而不敖倪于万物。不谴是非,以与世俗处。……上与造物者游,而下与外死生、无终始者为友"③,幻想在主观世界中解除现实生活中不堪忍受的重负与痛苦。

弄明了庄子逍遥的阶级归宿,庄子的"逍遥以全生"的现实目的,我们就可以理解了。在阶级压迫的社会中,被压迫者生命无常、朝不保夕,自由永远是梦想。他们为生存而奔波,为活命而挣扎。"活下来"——这是他们对于他们所生活的那个社会的最后的乞求。逍遥的自由表层包裹安命的内核,"逍遥游"不过是"养生主"!庖丁以"道"解牛,"依乎天理","因其固然","以无厚入有间,恢恢乎其于游刃必有余地矣"④,当他把"道"用于实际,还不就是"为善无近名,为恶无近刑,缘督以为经"的"保身""全生""养亲""尽年"之"技"⑤!仅就庄子本人而言,他可谓"逍遥"了,但他的逍遥所关心的并不是他不可能得到的幸

---

① 《庄子·外物》。
② 《庄子·山木》。
③ 《庄子·天下》。
④ 《庄子·养生主》。
⑤ 《庄子·养生主》。

福与自由,而是生命的保全。这一点,我们可从他拒绝为官和批驳"见宋王而富者"的言论中清楚地看到:"庄子钓于濮水。楚王使大夫二人往先焉,曰:'愿以境内累矣!'庄子持竿不顾,曰:'吾闻楚有神龟,死已三千岁矣。王巾笥而藏之庙堂之上。此龟者,宁其死为留骨而贵乎?宁其生而曳尾于涂中乎?'二大夫曰:'宁生而曳尾涂中。'庄子曰:'往矣!吾将曳尾于涂中'"①;"或聘于庄子,庄子应其使曰:'子见夫牺牛乎?衣以文绣,食以刍叔。及其牵而入于大庙,虽欲为孤犊,其可得乎'"②;"人有见宋王者,锡车十乘,以其十乘骄稚庄子。庄子曰:'……今宋国之深,非直九重之渊也;宋王之猛,非直骊龙也。子能得车者,必遭其睡也;使宋王而寤,子为齑粉夫'"③。

八、逍遥是庄子哲学的核心

前面用了七节的篇幅讨论了庄子"逍遥"的成因、状态、本质、归宿和阶级属性,对"逍遥"自身作了一个较全面的交待。现在,我们把逍遥置于庄子哲学之中,我们将会看到庄子的哲学实际上就是逍遥之学,逍遥是其哲学的核心。

《庄子·天下》,有人认为是庄子所作,有人认为是庄子后学所作,但不管作者是谁,有一点是可以肯定的——《庄子·天下》代表了庄子的学术史观,它以庄子哲学为学术发展的顶峰。《庄子·天下》以"道术"为古代最纯正、完备、齐美的学术,认为学术的发展历史就是道术的分裂过程,各家"判天地之美,析万物之理,察古人之全",致使"内圣外王之道暗而不明,郁而不发,天下之人各为其所欲焉以自为方"。接着,《庄子·天下》不论各家学说的旨趣何在,一律以道术为准加以批判,而对各家非道术方面的内容,即使是核心内容,均不予评论。比如,它评

---

① 《庄子·秋水》。
② 《庄子·列御寇》。
③ 《庄子·列御寇》。

墨家曰:"不侈于后世,不靡于万物,不晖于数度,以绳墨自矫,而备世之急。古之道术有在于是者,墨翟、禽滑厘闻其风而说之……"它评宋钘、尹文曰:"不累于俗,不饰于物,不苟于人,不忮于众,愿天下之安宁以活民命,人我之养,毕足而止,以此白心。古之道术有在于是者,宋钘、尹文闻其风而悦之……"它评彭蒙、田骈、慎到曰:"公而不党,易而无私,决然无主,趣物而不两,不顾于虑,不谋于知,于物无择,与之俱往。古之道术有在于是者,彭蒙、田骈、慎到闻其风而悦之……"它评关尹、老聃曰:"以本为精,以物为粗,以有积为不足,澹然独与神明居。古之道术有在于是者,关尹、老聃闻其风而悦之……"这种以"道术"作为评判标准的学术史观,反映了庄子哲学以"道术"为根本、为归宿。《庄子·天下》又用"道术"评庄子哲学:"寂漠无形,变化无常,死与?生与?天地并与?神明往与?芒乎何之?忽乎何适?万物毕罗,莫足以归。古之道术有在于是者,庄周闻其风而悦之……"可见,庄子哲学的核心是"道术"。"道术"是人之"道术","道术"的实质性内容是"内圣外王之道"。由于庄子的阶级属性,他取"内圣"而剔"外王"、以"内圣"代"外王",这样,他的哲学中的"道术"仅是"内圣之道":"独与天地精神往来,而不敖倪于万物。不谴是非,以与世俗处。……上与造物者游,而下与外死生、无终始者为友。其于本也,弘大而辟,深闳而肆;其于宗也,可谓稠适而上遂矣。"而这个"内圣之道",庄子称之为逍遥,所以,逍遥便成为庄子哲学的核心。

　　《庄子》内七篇以《逍遥游》作首,可见,庄子(至少是整理庄子学说的本门弟子)以《逍遥游》为宗,把《逍遥游》放置于统摄全书的地位,视《逍遥游》为庄子哲学的代表。而《逍遥游》正如篇名所指,以"逍遥"为主题,通篇论逍遥:指明人生困境及困境之源(鲲化为鹏远飞南冥,凭风力、恃海运),提出人的解除困境、通向自由的路径(无己、无待、足性),要求人们外顺自然内责于己、博取内心的宁静和悦及精神上的满足(蜩、学鸠、斥鹓），在本性自足的基础上战胜外物，悠然游于六合之内外（神人），这样，物我羁绊消弭，我和物（大瓠、樗）"无用"而同得逍遥。据此，我们可以断定庄子哲学的核心是逍遥。

《庄子》内七篇中，除首篇《逍遥游》之外，尚有其他六篇，这六篇均未超出"逍遥"的界域，且均以"逍遥"为中心，它们的差异只在于论述逍遥的侧重点不同，对《逍遥游》确定的"逍遥"框架从不同侧面予以深化和阐扬：

《齐物论》齐"物"且齐"物论"，它以人为中心，从人物关系的角度谈人对外部世界的认识，并把这种认识纳入人生超越之中——将认识的正确与否看作人生痛苦和逍遥与否的原因和标准，将认识论与逍遥之路合于一体。它以"南郭子綦隐机而坐，仰天而嘘，荅焉似丧其耦"的"吾丧我"开头，以"庄周梦为胡蝶"作结，用"夫吹万不同，而使其自己也"的"天籁"审视"大知""小知""大言""小言"，认为是非乃是人生痛苦（"大哀"）之因，而是非又由"成心"所致，接着，庄子力论"成心"支配下的人对世界（物）、对物（社会与自然）我关系的错误认识（属于知识判断的是非、属于价值判断的仁义）的相对性，指出物之成毁、彼此、大小和认知中的是非、然否、美丑，以及论辩的胜负等皆源于主观之心，而非物之固然；只有除却"成心"的以道观物，才是正确的认识态度、认识方法和认识之路（"以明""照之于天"）；"道通为一"的万物齐同才是物之真实；也只有如此，人才能与天地并生、与万物为一，挣脱内外束缚，重获自由（神人）。

《养生主》论养生之道，从"吾生也有涯"的生命局限，到"指穷于为薪，火传也，不知其尽也"的精神畅流，以庖丁为文惠君解牛的解牛之"道"："以神遇而不以目视，官知止而神欲行。依乎天理……以无厚入有间，恢恢乎其于游刃必有余地矣"，喻被压迫者（或者说逍遥者）的夹缝中求生存的处世之术："为善无近名，为恶无近刑，缘督以为经"，揭露了逍遥的"自由"意蕴下包藏的"保身""全生""养亲""尽年"的内核，以及由此而来的从

"天"顺命、任物自然、随世沉浮,安然面对生死:"安时而处顺,哀乐不能入",并以此为"悬解"。

《人间世》谈处世哲学,更准确的说法是谈在下者、被统治者的处世之道,论被压迫者的人世间的逍遥。它以卫君"轻用其国,而不见其过。轻用民死,死者以国量,乎泽若蕉,民其无如矣"情形下,颜回之卫,试图以"端而虚,勉而一""内直而外曲,成而上比"等方法感化卫君的失败(理论上的不成立),提出"心斋"之法,并指出"心斋"是得道之术;它以"叶公子高将使于齐"而有"人道之患""阴阳之患",论面临事君、事亲之类"无所逃于天地之间"的"大戒"时,要"知其不可奈何而安之若命"的"安命说"和忘却物我、从而"乘物以游心,托不得已以养中"的心性自由观(内在超越);它以"颜阖将傅卫灵公大子,而问于蘧伯玉",论"顺"而莫"逆"的顺世而全生保己思想,反对螳螂"怒其臂以当车辙"式的抗争;它以匠石所见的栎社树、南伯子綦游乎商之丘所见的大木、宋之荆氏宜种植的楸柏桑、支离疏者等的"无用",论有才者"以其能苦其生",超脱之道在于发展自己趋于"无所可用",从而以此全生而终天年;它以楚狂接舆的"天下有道,圣人成焉;天下无道,圣人生焉。方今之时,仅免刑焉",点明了逍遥乃"全其生也"(宣颖《南华经解》)的社会根源。

《德充符》篇名指道德完善的标志,通篇论道德——逍遥中的人的特征,让人们透过"德"而窥逍遥。该文通过孔子与常季的问对,写出了王骀"死生亦大矣,而不得与之变;虽天地覆坠,亦将不与之遗;审乎无假而不与物迁,命物之化而守其宗也","官天地,府万物,直寓六骸,象耳目,一知之所知而心未尝死",原来只是"游心乎德之和",指明逍遥的心灵自由的一面;通过申徒嘉与子产同师于伯昏无人时,申徒嘉反驳子产的论点:"知不可奈何而安之若命,唯有德者能之。游于羿之彀中。中央者,中地也;然而不中者,命也。……我游于形骸之内……",说明逍遥的内在自由与外在安命的合一及"安之若命"的自我解脱;通过叔山无趾见孔子后,叔山无趾与老子相语,点出逍遥境界中的生死观:"以死生为一条",逍遥只属于可以逍遥的那部分人("天刑之,安可解?");通过鲁哀公与孔子的问答,道出哀骀它"未言而信,无功而亲,使人授己国,唯恐其不受也",是由于"才全而德不形"的缘故,揭示逍遥的责于内、顺于外的世俗形式;通过闉跂支离无脤和甕瓷大瘿的"德有所长而形有所忘",说明逍遥在于主体的自我之"忘",而不是不自觉的"诚忘"之"忘";通过庄子与惠施之辩,点明"人故无情",人因自然是"成其天"。此外,该文采用对比的手法,将属"兀者""恶人"之流的王骀、申徒嘉、叔山无趾、哀骀它、闉跂支离无脤、甕瓷大瘿与儒家人物孔子、执政者子产以及当权者鲁哀公、卫灵公、齐桓公作比,透露了逍遥的社会性、阶级性和逍遥的阶级本质。

"大宗师"指道,《大宗师》论道与修道。它先谈"自适其适"、"与天为徒"、忘物无情的"真人"的逍遥自由形象;次以"夫大块载我以形……",谈道是人的本质、人对"万物之所系而一化之所待(道)"的绝对服从;再引出"夫道有情有信……"的道之论及关于道的决定一切、主宰一切的巨大作用的例证;然后,由"南伯子葵问乎女偊",论修道(得道)之术——逍遥之路;再由"得道",以子祀、子舆、子犁、子来、子桑户、孟子反、子琴张等得道者为例,着重从生命观方面论逍遥的"安命"意蕴;最后,针对儒家之徒服膺"仁义",谈"得道"方法的具体性(颜回的"坐忘"即是一例)。另外,《大宗师》的"畸人"(子祀、子舆之类)观,也吐露了逍遥的阶级实质。

《应帝王》的题意是回答帝王治世之道,它是一篇政治论,明写逍遥以治天下,暗含或实写帝王之逍遥。它要求帝王治内正己:"夫圣人之治也,治外乎?正而后行,确乎能其事者而已矣";认为"为天下"之方莫过于"游心于淡,合气于漠,顺物自然而无容私","明王之治"也只是"功盖天下而似不自己……游于无有者也";它用季咸四次为壶子相面的故事,论证以"道"治理天下、经纬世界乃是治天下的"至道"。最后,《应帝王》又虚构浑沌之死,说明大道(道与治世之道)崩溃起于人之"成心"("谋"、"凿"),特别是统治者的主观情欲(南海之帝儵、北海之帝忽象征统治者——帝)。

由于《逍遥游》之外的这六篇也都以"逍遥"为中心论"逍遥",因此,逍遥系庄子哲学的核心。

《庄子》外篇、杂篇有多处记载了庄子的言论和事迹,从所有这些记录,我们也可看出"逍遥"在庄子哲学中的核心地位。

《庄子》外篇中的《天运》《秋水》《至乐》《山木》《知北游》,《庄子》杂篇中的《徐无鬼》《外物》《寓言》《列御寇》等,对庄子言行都有零零散散的记述。为了行文方便,也为了论证的客观性,我们不以"逍遥"的多方位、多层次的内涵来对这些记述予以分类,而以篇目为序,对它们加以评述(限于篇幅,引文从简):

《天运》载"商大宰荡问仁于庄子",庄子答之以"至仁无亲",以物我两忘释"至仁"境界,并把走向"至仁"定为人生逍遥。

《秋水》载庄子拒绝楚王(楚威王)的聘请,其"宁其生而曳尾于涂中",表达了逍遥的"全生"意义;又载庄子对惠施的误会("或谓惠子曰:'庄子来,欲代子相'")给予痛责,贬"相"为"腐鼠"。这种对权欲的厌恶、对官场的批判,正是出于"全生"的考虑。另外,《秋水》还载了庄子与惠施的"濠梁之辩",庄子的"儵鱼出游从容,是鱼之乐也",象征人游于道的逍遥境况。

《至乐》载"庄子妻死,惠子吊之"时,庄子对"生命自然"的阐发,又载"庄子之楚,见空髑髅"时而产生的恋生心态,这都属"逍遥"后的人生超拔。

《山木》载庄子由"昨日山中之木,以不材得终其天年;今主人之雁,以不材死",而探讨生命的保全,进而将"处乎材与不材之间"的保命术,上升为"乘道德而浮游"的"逍遥",反映逍遥的终"天年"的真相;载庄子"过魏王(梁惠王)",论"惫"("士有道德不能行,惫也")之因在于"处昏上乱相之间",揭露了逍遥落实于"全生"层面的社会根源;载庄子"游于雕陵之樊",论"忘真"危害人生,督促自己足性守真、自律以道。

《知北游》载"东郭子问于庄子曰:'所谓道,恶乎在?'庄子曰:'无所不在'",并向东郭子讲述了游于道("无何有之宫")的彷徨逍遥情形。

《徐无鬼》载庄子与惠施辩天下是否有"公是",力论"公是"的存在,这个"公是"就是"道术";又载"庄子送葬,过惠子之墓",悲叹论证对手的失去:"自夫子之死也,吾无以为质矣,吾无与言之矣。"

《外物》载庄子家贫,借粟于监河侯的窘境,客观上揭露了统治阶级的虚伪和狡诈;载庄子对惠施论"无用之为用",而"无用"恰是逍遥中物我的彼此的价值判断。《外物》又载庄子以"游"划分人,认为逍遥仅是部分人的"专利";反对逃避现实的"流遁之志,决绝之行",提倡逍遥的入世精神;解逍遥为"游于世而不僻,顺人而不失己"的"安命顺物"。

《寓言》载庄子对孔子的描绘,孔子被描述成放弃儒学、反对儒家的道家类人物:"孔子云:夫受才乎大本……利义陈乎前,而好恶是非直服人之口而已矣。使人乃以心服而不敢蘁,立定天下之定。已乎,已乎!吾且不得及彼乎!"

《列御寇》载庄子之言:"知道易,勿言难。知而不言,所以之天也;知而言之,所以之人也。古之人,天而不人",反映了庄子"天而不人"的"之天"(即"得道")观;载庄子批驳曹商的得宠而富贵如同为秦王治病:"所治愈下,得车愈多",反映了庄子对"乱世"中的名利之徒的蔑视;载庄子以"全生"为指导,驳斥见宋王而被"锡车十乘"的人:"子能得车者,必遭其睡也;使宋王而寤,子为齑粉夫";载庄子用"欲为孤犊"的"全生"观拒绝君主之"聘";载"庄子将死,弟子欲厚葬之"时,庄子所言:"吾以天地为棺椁"，透露出庄子的生命自然、以死为归的思想。

人的言论与行为取决于他所接受的哲学。庄子的论辩或谈逍遥、或以逍遥为理论前提,庄子的行为始终贯彻逍遥的方方面面。可见,"逍遥"是他的哲学的核心。

结束语

庄子不但是自老子之后道家学派最著名的代表人物,也是中国哲学史上为数不多的、有自己独立的思想体系的大哲学家之一。他对人生处境的深刻反思、对人的痛苦的执着追溯、对人的幸福的热切向往与不倦追求、对人的美好未来的充满诗意的设计,永远是人类解放史上的一座丰碑、一座灯塔；他的内容精深、思辨玄远的哲学思想,犹如不可逾越的高山巨峰,令他生前身后的诸多哲人黯然失色,犹如智慧的海洋,滋养了在他之后的各家各派——魏晋玄学、隋唐佛学、宋明理学以至"五四"时期的思想启蒙,无不从中汲取丰富的营养。

庄子因其宏大、丰富的哲学体系,在后世,被人尊敬,也被人误解,而误解不仅包括对他的种种不当的批评,也包括许多善良的肯定乃至赞赏——这些批评与赞赏不正是庄子所嘲笑过的所谓是非之辩吗？为了恢复庄子的本来面目,还一个庄子给庄子,我们写下了《逍遥论——庄子心灵窥探》一文,但愿庄子地下有知,能从中发现自己。

第四辑 当代中国新哲学的建构

建构当代中国新哲学的实践维度

每一时代、每一民族、每一国家都有属于自己时代、自己民族、自己国家的哲学,当代中国也应有属于自己的哲学。建构当代中国新哲学是时代赋予我们的重任,因此,如何建构当代中国新哲学是近年来学术界关注的焦点问题。一批学者集中力量探讨建构当代中国新哲学的方法,并提出了一系列具有较大影响的观点,试图为当代中国新哲学的建构提供某种指导性原则或某种路径。其实,在我看来,就当代中国新哲学的建构而言,最需要的不是关于建构方法的讨论,而是关于建构的尝试,也即建构新哲学的实践。

一

从哲学的产生和发展来看,历代哲人均致力于哲学体系的建构,也就是说,致力于建构新哲学的实践,并不重视建构新哲学的方法。我们能够看到的是,哲人们建构哲学的诸多尝试,以及哲人们所建构出来的诸多哲学体系,我们很难看到哲人们对于建构哲学的方法的研究。哲学的历史是哲人们建构哲学的历史,哲学史是由历代哲人所建构出的形态各异的哲学所构成。哲学和哲学史中只有哲学而没有所谓建构哲学的方法,属于哲学范畴的方法论也不是所谓建构哲学的方法。

  一般说来,在建构了某一哲学之后,才有关于建构这种哲学的方法的梳理,这种梳理有的是建构哲学体系者自己的事后说明,有的是研究者对其所作的归纳、解释。例如,程颢与其弟程颐在建构了以理(天理)为核心的哲学体系之后,才说:"吾学虽有所授受,天理二字却是自家体贴出来。"①意思是说,他们是通过"自家体贴"的方法建构了哲学体系。再如,孔子建构了以仁为核心的哲学体系,孔子生前并未说明其建构哲学体系的方法,甚至谦称自己并未建构出哲学体系。所谓"述而不作"②,是后儒借孔子之言而对孔子建构哲学体系的方法的认定。几乎没有一个哲学家先研究或选择好建构新哲学的方法,然后据此方法建构出哲学体系。

  所谓建构新哲学的方法相对于建构新哲学的实践来说,是滞后的,同时也是无意义的,其价值虽然不能绝对地说仅仅在于让人们明白某种哲学是如何建构出来的,某哲学家是如何建构自己的哲学的,有为他人建构哲学体系提供某种借鉴的作用,这种作用也是十分有限的。在某哲学家所建构的哲学体系与其建构该哲学体系所用的方法之间,其所建构的哲学体系对他人的影响远甚于其建构该哲学所用的方法对他人的影响。

  我们经常看到的是,一个哲学家在建构其哲学体系时所受到的另一个哲学家的影响,这种影响本质上主要是哲学思想方面的,而不是方法方面的;一个哲学家自己在回顾自己的哲学体系的建构时,所谈的也多是哪些哲学家、哪些哲学思想影响了他们,而并非哪些哲学家建构哲学的方法影响了他们。

  在此意义上,对于建构哲学的方法的讨论只具有哲学史意义,它只是为后人研究和解说前人的哲学提供了某种方便罢了,不可能成为建构新哲学的"先导"。此外,就建构哲学体系

---

① 《程氏外书》卷十二。
② 《论语·述而》。

者对其建构哲学的方法的事后说明,或者研究者对其建构哲学的方法的归纳、解释来说,这些说明、归纳、解释等等也是具体的、经验式的,并不具有理论上的普遍价值。

二

从哲学体系的建构来看,哲学的建构是自由的,是不受任何条条框框限制的,哲学家总是根据自己的需要、按照自己喜欢的方式建构其哲学,而且,其喜欢的方式不是事先预设的,而是产生于建构新哲学的实践,甚至在建构过程中也不是一成不变的。它会因建构者感到"此路不通"而改变,也会因建构者觉得"此路不是最佳"而改变,当然,更会因建构者正在建构的新哲学的"样式"的改变而改变。

在建构哲学体系的过程中,为建构哲学体系的哲学家提供方法是徒劳的,没有人会直接利用别人提供的方法来建构自己的哲学,不管其提供的方法看起来是多么精致或实用。相反,这些方法有可能会表面上为建构新哲学者提供建构新哲学的"捷径",实际上却成为建构新哲学者建构新哲学的"枷锁",从而在方法的层面制约了建构新哲学的哲学家的创造力,迫使他们只能"如此"而不能"如彼",更不能超越"此"与"彼"。

哲学家建构哲学体系的方法产生于建构哲学体系的实践,并且,建构者自己在建构哲学体系时对其所使用的方法未必十分清楚。只有在哲学体系创建成功之后,建构者也许才真正明白自己建构新哲学的方法究竟是什么样的方法。有的建构者即使在建构了自己的哲学体系之后,也不十分清楚自己建构新哲学的方法。还有的建构者在建构了自己的哲学体系之后,自以为自己的哲学是用某种方法建构出来的,事实上却并非如此,也不被后人认可。例如,孔子自谓"述而不作,信而好古"[1],

---

[1] 《论语·述而》。

谦称自己没有能力建构哲学体系,把自己的"作"看作"述",并不知道自己是以"述而不作"的方法建构了哲学体系。后儒研习孔子哲学,参透其建构哲学体系的方法,并借用其"述而不作"概括其建构哲学的方法,认为其"所谓的'作',实在已经包含在'述'之中了"①。再如,荀子建构了以礼为核心的哲学体系,在其批评子张、子夏、子游为"贱儒"②,批评子思、孟子为儒家罪人时,以为自己承接孔子,是通过凭依孔子学说而不吸取其他任何人的思想的方法建构出自己的哲学的,因而自己的哲学最符合先王之道、最合乎孔子之真意,而子张、子夏、子游、子思、孟子诸人在建构各自的哲学体系时一方面不明孔子哲学之宗旨,另一方面又掺杂其他学派的思想,因而建构出来的哲学背离了孔子学说之旨。事实是,荀子立足于孔子学说,是通过广泛汲取道家、法家等哲学的精华而建构出其哲学体系的。也就是说,荀子建构哲学体系的方法本质上恰是他所批评的子张、子夏、子游、子思、孟子等建构哲学体系的方法。韩愈批评其"择焉而不精"③,主要是批评其哲学思想,也含有批评其建构哲学的方法的成分。

另外,由于每个哲学家都是按照自己的方式、方法建构哲学体系的,历史上,没有任何两位哲学家所用的建构哲学体系的具体方法完全一样,就像他们所建构出的哲学体系那样,不可能完全一样;也没有任何一位哲学家完全按照别人所提出的建构哲学的方法来建构自己的哲学。这意味着,每个哲学家都有仅属于自己的建构新哲学的方法,每个哲学家建构新哲学的方法在质的层面都是特殊的,不具有普遍性。

---

① 王博:《说"寓作于编"》,载《中国哲学史》,2006年第1期,第15页。
② 《荀子·非十二子》。
③ 《韩昌黎集·原道》。

三

从关于建构当代中国新哲学的方法的讨论来看,由于大家的学术背景、知识结构不同,导致彼此的立足点、角度、观点或对于观点的表述虽也有所不同,不过,大致的思路是一致的。无论是"综合创新"说、"中西融合"说,还是走中国哲学、马克思主义哲学、西方哲学相结合的道路,归到一处,即是说建构当代中国新哲学不能"闭关自守",要立足中国传统哲学或马克思主义哲学而吸收古今中外一切优秀的哲学与文化的精华。这种关于建构当代中国新哲学的方法的讨论仅仅局限于表面上的观点的多种多样,而在本质层面却是相似甚或相同的。如果只能如此讨论,那么,这种讨论本身因缺少充足的理论准备而缺少真正的学术深度,这种讨论从一开始就陷入"常识"的圈套,更不用说用此种讨论所提供的方法来建构当代中国新哲学了。再说,如果所有的致力于当代中国新哲学建构的人们都以中国传统哲学或马克思主义哲学为立足点,在广泛吸取古今中外各种哲学与文化的养分的基础上来建构当代中国新哲学,这种建构新哲学的方法岂不太单调且简单了?由此种方法所建构出来的当代中国新哲学岂不都是大同小异?如果真是如此的话,当代中国新哲学未及繁荣即走向枯萎。

细究起来,这种关于建构当代中国新哲学的方法的讨论又有偏离"方法"的味道,似乎是在谈建构当代中国新哲学所需要的知识背景、哲学资源等问题。当然,有人可能会说这是从知识背景、哲学资源的维度讨论建构当代中国新哲学的方法,并未偏离主题。如果是这样的话,也限制了"方法"的讨论范围。这表明我们关于建构当代中国新哲学的方法的讨论还未走向深入,即使要为建构当代中国新哲学提供方法,这些方法也是不成熟的,更何况如前文所说,建构新哲学的方法相对于建构新哲学的实践来说是滞后的。

既然大家大都认为建构当代中国新哲学要广泛吸取古今中外一切优秀的哲学与文化的精华,我在此也顺便提出自己的看法。从常识上讲,建构当代中国新哲学的资源越多越好,当代中国新哲学的建构者的知识背景越丰富越好。但是,建构新哲学的哲学资源和建构者的知识背景虽与所建构出的新哲学有联系,这种联系却不是决定性的,因为所谓资源、知识背景只是建构新哲学的外在方面,换言之,只是"外因",真正决定建构出的新哲学的面貌特征与水平高低的是建构者自身的"智慧",这才是建构新哲学的"内因"。另外,建构新哲学的哲学资源和建构者的知识背景与所建构出的新哲学虽有联系,但这种联系同时也是复杂的,不是简单的成正比的,建构新哲学的哲学资源"多"、建构者的知识背景的"丰富"未必一定能建构出高水平的新哲学。反之,建构新哲学的哲学资源并不充足甚至十分贫乏,建构者的知识背景并不丰富甚至十分单薄,未必不能建构出高水平的哲学。例如,惠能的佛教哲学的知识远逊于玄奘,可是,惠能所建构的佛教哲学的创造性远高于玄奘所建构的佛教哲学的创造性。历史上还有一些没有经过专门的哲学训练的人,他们所建构的哲学并不比那些受过专门的哲学训练的人所建构的哲学的水平差。如果我们在讨论建构当代中国新哲学时把关注的重心放在"哲学资源"方面,我们只能在外面兜圈子,同时又把"哲学资源"的讨论作简单化处理了。

此外,从哲学资源的维度来说,建构新哲学的大致方法不外乎有两种:一种方法是以一家一派的哲学为根基,吸收其他哲学派别的成果以构建新哲学;另一种方法是仅以一家一派的哲学为依托,不依赖、不吸收其他任何哲学的成果以构建新哲学。除此之外,我以为不会有第三种方法。我们近几年来所讨论的建构当代中国新哲学的方法,实际上也只是讨论了其中的一种方法,也就是第一种方法而已。更何况,每一个哲学体系的建构的具体方法都是独特的。

我有时在想,为什么会有一些学者致力于建构当代中国新哲学的方法的研究,或者说,从建构当代中国新哲学的方法入手来讨论当代中国新哲学的建构,应有深刻的原因。其深刻原因我以为大致有二:其一,这些学者多为研究中国哲学的哲学史家,他们精通哲学的历史、历史上的哲学,熟悉历史上各种哲学、各个时期的哲学的建构方法,惯于从建构某哲学的方法的角度解剖研究对象,而忽视建构哲学的方法相对于哲学的建构来说的相对滞后性,并以为研究已有的哲学如此,建构当代中国新哲学也应如此,也即认为建构当代中国新哲学也应从建构哲学的方法着手。其二,在长期的中国哲学研究中,我们总是"方法"先行,总认为方法越新越好、越先进越好,而忽视研究对象本身各自的特殊性,忽视研究方法与研究对象之间的关系的具体性,并以为研究中国哲学是这样的,建构当代中国新哲学当然也应这样,也即从建构当代中国新哲学的方法的研究、讨论做起。殊不知,研究已有的哲学与建构新的哲学并非"同类"。再说,目前中国哲学的研究之所以不尽如人意,之所以有人甚至因之而质疑中国哲学的合法性,其根源之一恰恰就是中国哲学研究的"方法"先行,也就是先设定方法然后据此研究中国哲学中某家某派或某人的哲学。试想,"方法"先行在中国哲学的研究中尚且不"合理",更何况是在建构当代中国新哲学的过程中呢!

四

从当代中国新哲学的建构来看,集中力量研究建构当代中国新哲学的方法的学者们,为当代中国新哲学的建构提供了各种方法,他们应该比别人更重视建构新哲学的方法在建构新哲学中所起的作用,也应该比别人更理解自己所提出的建构新哲学的方法,更认为自己所提出的建构新哲学的方法是理想的,也是可操作的。同时,从理论上讲,他们还应该比别人更能看出其他人所提出的建构新哲学的方法的优劣,更能吸收其他人所提出的建构新哲学的方法的长处。这意味着他们比别人更渴望建构新哲学,比别人更有条件和能力建构出新哲学。可是,据我所知,他们中几乎没有人能够按照自己事先提出的建构新哲学的方法或其他人所提出的建构新哲学的方法来建构当代中国新哲学,他们到目前为止也没有建构出新哲学,甚至也没有关于建构当代中国新哲学的尝试。这似乎又意味着他们所提出的建构当代中国新哲学的方法并不可行,在更深的层次上更意味着关于建构当代中国新哲学的方法的研讨没有多少实际意义。

相反,那些努力建构当代中国新哲学的人们,一方面在确立建构新哲学的目标之后,默默耕耘,致力于建构新哲学的尝试,试图创建新的、独具特色的哲学体系,并试图通过新哲学的创建来展示自己的哲学智慧和生命沉思;另一方面却不热衷于谈论建构当代中国新哲学的方法,甚至也不参加关于建构当代中国新哲学的方法的讨论,同时,也不信从别人所提出的建构当代中国新哲学的方法,更没有利用别人所提出的建构当代中国新哲学的方法来建构自己的哲学体系。他们中有些人在初步建构了自己的哲学体系之后,也只是谈论自己建构自己的哲学体系的体会和方法,并没有将其建构新哲学的具体方法普遍化为建构当代中国新哲学的基本方法,更没有希望或要求别人在建构新哲学时运用自己的建构新哲学的方法。他们中更多的人则是在初步建构了自己的哲学体系之后,也不谈论自己建构新哲学的方法。

由此可见,当代中国新哲学的建构绝对不是一个方法问题,或者说,不仅仅是一个方法层面的问题,方法问题不是最关键、最重要的问题;当代中国新哲学的建构本质上是一个尝试问题,是建构实践的问题。

基于以上,我以为当代中国新哲学的建构最需要的是尝试,而不是方法的讨论。一方面,方法的讨论不会直接产生新哲学,也不会催生新哲学,它对当代中国新哲学的建构弊大于利;另一方面,当代中国新哲学的建构属"创新",而任何创新性的研究都没有现成的或预定的方法可用,都是在实践中摸索着前进,只有常规性的、程序性的研究才有所谓现成的或预定的方法可言,不过,即便是这现成的或预定的方法也是前人或他人在创新时摸索、创造出来的。虽然相对于建构当代中国新哲学的方法的讨论,建构当代中国新哲学的尝试要艰辛得多、困难得多;虽然时至今日,当代中国新哲学的建构仍处于尝试阶段,并且已有的尝试还远远不够,我们还没有看到当代中国新哲学的雏形,更难以预料当代中国新哲学的远景,但是,只要我们充满自信,能以最大的理论勇气,尽自己的最大努力去创建属于自己也属于这个时代的新哲学,不管所创建出来的新哲学是否成熟、是否符合时代要求,都为他人和后人创建新哲学提供了宝贵的经验和教训,都对当代中国新哲学的建构作出了自己特有的贡献。如果我们不怕失败,不断积累经验、吸取教训,经过长期的艰辛工作,我们就有可能在无数次的尝试、无数次的失败乃至无数次的绝望之后建构出无愧于这个伟大时代的新哲学——当代中国新哲学。

当代中国新哲学的建构
——对中西马融合会通的反思

当代中国新哲学的建构，是近年来学术界讨论的热点问题，马克思主义哲学的中国化、中国传统哲学的现代转化是其主要的表述形式，马哲、中哲乃至西哲等领域的学者均参与其中。如何建构当代中国新哲学，或者说，建构当代中国新哲学的方法、路径是什么？学者们一般认为建构当代中国新哲学要广泛汲取古今中外一切哲学的精华，因此，建构当代中国新哲学要走中哲、西哲与马哲融合会通之路，而且学者们表述观点的方式也基本一样；如何融合会通中哲、西哲和马哲？学者们一般主张以马哲为主、以中哲和西哲为辅，只是学者们的具体表述方式有些差异而已。这些，可以说是学界之共识，几乎没有不同的声音。问题是，当代中国新哲学的建构一定要走中哲、西哲与马哲融合会通之路吗？融合会通中哲、西哲和马哲一定要以马哲为主、以中哲和西哲为辅吗？换言之，当代中国新哲学的建构仅仅只有这一种方法、一种路径吗？在我看来，未必一定如此。

一

　　哲学的发展,新哲学的建构,从来都是有同一哲学系统、哲学类型的哲学的内部生成和不同的哲学系统、哲学类型的哲学的融合会通这两条路径。以中国哲学为例,历史上,各个时期的道家和儒家哲学的建构,就是通过中国哲学内部生成的,属于同一哲学系统、哲学类型的哲学的内部生成,而现代新儒家的建构则是通过中国哲学尤其是儒家哲学与西方哲学融合会通而产生的,中国的马克思主义哲学则是通过马克思主义哲学与中国哲学融合会通而产生的,属于不同哲学系统、哲学类型的哲学的融合会通。这里,中国哲学、西方哲学和马克思主义哲学属于三种不同的哲学系统、哲学类型。既然如此,当代中国新哲学的建构就不仅仅只有中哲、西哲和马哲三者融合会通这一种路径,还应该有另一种路径,那就是通过中哲、西哲和马哲各自的内部生成建构出新哲学。当然,这里所说的通过中哲、马哲和西哲各自的内部生成来建构当代中国新哲学,都是由我们中国哲学家自己独立完成的。只有由中国哲学家所建构出来的新哲学,才算是新的中国哲学;只要由中国哲学家所建构出来的新哲学,就算是新的中国哲学。这是判定建构出来的新哲学是否是当代中国新哲学的唯一标准。至于中国哲学家建构当代中国新哲学时是利用中哲、马哲和西哲三者中的哪一种哲学,是通过中哲的内部生成,还是通过马哲、西哲的内部生成来建构新哲学,都不足以判定其所建构出来的新哲学是否是当代中国新哲学,因为中哲、马哲、西哲只是建构当代中国新哲学的材料。例如,贺麟先生融合会通中西哲学特别是陆王心学与西方哲学所建构的"新心学",是中国哲学,金岳霖先生主要凭依西方哲学所建构的"知识论",也是中国哲学。由此可知,在我们讨论建构当代中国新哲学时,我们认为只有走中哲、西哲和马哲融合会通之路,是片面的。之所以造成这种片面,大概是因为讨论者以为当代中国新哲学的建构,要利用人类历史上最为典型的三种哲学系统、哲学类型,要吸取人类历史上所有优秀哲学的精华,因而,哲学资源越多越好。其实,就新哲学的建构来说,哲学资源的多少与建构出来的新哲学的质量、水准并没有必然的、决定性的联系[①]。

通过不同的哲学系统、哲学类型的哲学的融合会通建构新哲学,各种哲学在融合会通时所处的地位多数情况下是不同的,一般都是以一种哲学为主,以其他哲学为辅,只有在极少数情形下,被融合会通的哲学没有主次之分。至于融合会通时,以哪一种哲学为主,以哪一种或几种哲学为辅,不是确定的,更不是绝对的,主要取决于建构新哲学者的选择,这种选择都是出于所建构出来的新哲学的哲学系统、哲学类型的归属的考虑。再以中国哲学为例,中国现代哲学中各种新哲学的建构大都是以一种哲学为主,以其他哲学为辅,而且,以何种哲学为主、以哪些哲学为辅,都是出于建构者的选择。现代新儒家融合会通中西哲学尤其是儒家哲学与西方哲学时,以中国哲学尤其是儒家哲学为主,以西方哲学为辅;中国马克思主义哲学家融合会通马克思主义哲学与中国哲学时,以马克思主义哲学为主,以中国哲学为辅。现代新儒家融合会通中西哲学时之所以选择以中国哲学为主、以西方哲学为辅,是因为现代新儒家哲学的建构者要建构的中国哲学是现代形态的儒家哲学;中国的马克思主义哲学家融合会通马克思主义哲学和中国哲学时之所以选择以马克思主义哲学为主、以中国哲学为辅,是因为中国马克思主义的建构者要建构的中国哲学是中国化的马克思主义哲学。

具体到当代中国新哲学的建构,当我们讨论中哲、马哲与西哲融合会通时,我们可以以马哲为主、以中哲和西哲为辅,也

---

① 陆建华:《建构当代中国新哲学的实践维度》,载《哲学动态》,2008年第2期,第21页。

可以以中哲为主、以马哲和西哲为辅,甚至也可以以西哲为主、以中哲和马哲为辅。以马哲为主、中哲和西哲为辅,建构出来的当代中国新哲学,乃是中国化的、又具有西方哲学元素的中国马克思主义哲学;以中哲为主、以马哲和西哲为辅,建构出来的当代中国新哲学,乃是借鉴和利用马哲、西哲精华实现中国传统哲学现代转换的具有当代意义的中国哲学;以西哲为主、以中哲和马哲为辅,建构出来的当代中国新哲学,乃是产生于中国大地,具有东方特色、马克思主义因素的西方形态的中国哲学。那种认为中哲、马哲与西哲的融合会通,一定要以马哲为主、以中哲和西哲为辅,只是讨论了中哲、马哲与西哲融合会通的一种情形,而忽视了另外两种情形。之所以讨论者坚持以马哲为主,以中哲和西哲为辅,来建构当代中国新哲学,大概是因为讨论者认为当代中国只能有一种形态的哲学,那就是中国化的马克思主义哲学。其实,任何时代都应该有不同形态的哲学,任何具有时代精神的哲学都是那个时代的产物,都反映了那个时代的时代精神,而且,哲学的形态多样,不同形态的哲学之间的碰撞、交融或争论,恰恰是哲学繁荣、时代伟大的标志。另外,讨论者认为当代中国只能有中国化的马克思主义哲学,可能是立足于意识形态之维的考虑。其实,大可不必。作为主流意识形态的哲学只能有一种,那就是马克思主义哲学,但是,作为学术形态的哲学,可以有许多种。当代中国形态多样的哲学,并不能挑战马克思主义哲学在当代中国的主流地位,只要我们坚定不移地选择并坚持马克思主义哲学作为我们的指导思想。

由于在新哲学的建构中,哲学资源的多少与建构出来的新哲学的质量、水准没有必然的、决定性的联系;通过融合会通不同的哲学系统、哲学类型的哲学以建构新哲学,不一定要融合会通所有的哲学系统、哲学类型的哲学,因此,建构当代中国新哲学,不一定要融合会通中哲、马哲与西哲三者。我们既可以融合会通中哲与马哲,也可以融合会通中哲与西哲,也可以融合会通马哲与西哲。由于不同的哲学系统、哲学类型的哲学的融合会通,以哪一种哲学为主是不确定的,取决于建构者的选择,那么,当我们融合会通中哲和马哲以建构当代中国新哲学时,既可以马哲为主、以中哲为辅,也可以以中哲为主、以马哲为辅;我们在融合会通中哲和西哲以建构当代中国新哲学时,既可以以中哲为主、以西哲为辅,也可以以西哲为主、以中哲为辅;我们在融合会通马哲和西哲以建构当代中国新哲学时,既可以以马哲为主、以西哲为辅,也可以以西哲为主、以马哲为辅。以马哲为主、中哲为辅,建构出来的当代中国新哲学,乃是纯粹的中国化的马克思主义哲学,邓小平理论即是其代表;以中哲为主、马哲为辅,建构出来的当代中国新哲学,乃是通过融汇马哲实现中国哲学现代转化的现代化的中国哲学;以中哲为主、西哲为辅,建构出来的当代中国新哲学,乃是通过融汇西哲实现中国哲学现代转化的现代化的中国哲学,当代新儒家哲学即是如此;以西哲为主、中哲为辅,建构出来的当代中国新哲学,乃是具有中国本土特色的西方形态的中国哲学;以马哲为主、西哲为辅,建构出来的当代中国新哲学,乃是吸取西方哲学因素的中国的马克思主义哲学;以西哲为主、马哲为辅,建构出来的当代中国新哲学,乃是吸收马克思主义哲学营养的、具有西方形态的中国哲学。不论中哲、马哲与西哲如何融合会通,也不论中哲与马哲、中哲与西哲、马哲与西哲如何融合会通,所建构出来的新哲学一定是当代中国新哲学,因为这些形态各异的新哲学是由中国哲学家创立的、建构的。这一点,是最重要的,也是最根本的。

由于通过不同的哲学系统、哲学类型的哲学的融合会通建构新哲学,在极少数情形下,被融合会通的哲学没有主次之分。通过中哲、马哲和西哲融合会通,建构当代中国新哲学,中哲、马哲和西哲在融合会通之时,其地位、位置可以是不同的、有主次之分的,也可以是相同的、没有主次之分的。当中哲、马哲和西哲在融合会通时地位、位置相同,没有主次之分,建构出来的当代中国新哲学既有明显的中哲、马哲和西哲特色,又是超越了中哲、马哲和西哲之分别的新形态的中国哲学。通过中哲与马哲融合会通,或者中哲与西哲、马哲与西哲融合会通,建构当代中国新哲学,中哲与马哲、中哲与西哲、马哲与西哲在融合会通之时,其地位、位置可以是不同的、有主次之分的,也可以是相同的、没有主次之分的。当中哲与马哲、中哲与西哲、马哲与西哲在融合会通时地位相同、没有主次之分,建构出来的当代中国新哲学,要么是既有明显的中哲和西哲特色,又超越了中哲和西哲之分的新形态的中国哲学;要么是既有中哲和马哲特色,又超越了中哲和马哲之分的新形态的中国哲学;要么是既有明显的马哲和西哲特色,又超越了马哲和西哲之分的新形态的中国哲学。

二

通过同一哲学系统、哲学类型的哲学的内部生成建构新哲学,只是表明所建构的新哲学仅仅利用某一哲学系统、哲学类型的哲学作为"生长点",没有利用其他哲学系统、哲学类型的哲学作为依据、参照,并不意味通过这种方法、路径建构新哲学者不熟悉其他哲学系统、哲学类型的哲学。事实上,正是因为洞悉其他哲学系统、哲学类型的哲学,才会更加清楚地体悟自己建构新哲学时所选择的哲学系统、哲学类型,也才会在建构新哲学时选择自己所依赖的哲学系统、哲学类型。通过同一哲学系统、哲学类型的哲学的内部生成建构新哲学,而不利用其他哲学系统、哲学类型的哲学,主要是指不系统的、有意地利用别的哲学系统、哲学类型的哲学,零星地渗入其他哲学系统、哲学类型的哲学,在个别地方、在细枝末节处受其他哲学系统、哲学类型的哲学的影响,是在所难免的,因为通过这种方法、路径建构新哲学者不可能在建构新哲学时彻底消除其他哲学系统、哲学类型的哲学的一丝一毫的影响。

　　通过同一哲学系统、哲学类型的哲学的内部生成建构新哲学,具体来说,又有两种路径,一种是直接从某一哲学系统、哲学类型内部的某一哲学学派或某一哲学学派中的某一哲学出发,以此为哲学建构之源头、基础,而不利用该哲学系统、哲学类型中任何别的哲学学派或别的哲学家的哲学,建构出新的哲学。例如,庄子以道家中的老子哲学为根基,不吸收其他任何哲学营养,建构出庄子哲学;孟子以儒家中孔子哲学为根基,不吸收其他任何哲学营养,建构出孟子哲学,即是如此。当然,通过这种方法建构新哲学,并不意味建构者只熟悉自己建构哲学时所凭依的哲学,而不了解其他学派的哲学,其实,恰是因为了解各家各派哲学,才会更清楚地理解自己建构哲学时所依靠的哲学,才会在建构新哲学时更加坚定地选择自己所依靠的哲学。例如,庄子立足老子哲学而建构新哲学——庄子哲学,但是,其对儒家、墨家、名家等的哲学均有精深的把握,其在《庄子·天下》中能够评判各家之学,即是证明。再如,孟子立足孔子哲学建构自己的哲学——孟子哲学,但是,其对道家、墨家等学说均有深入的研究,其从礼的角度批评杨朱和墨子学说在理论上的荒谬性、在政治上的危害性曰:"杨氏为我,是无君也;墨氏兼爱,是无父也。无父无君,是禽兽也"①,即是证据。

　　通过同一哲学系统、哲学类型的哲学的内部生成建构新哲学,其另一种具体路径是经由某一哲学系统、哲学类型内部的某几个学派的哲学的融合会通,来建构新哲学。例如,战国时期的黄老学即是道家、儒家、法家、名家与阴阳五行家等的哲学融合会通而成,魏晋玄学即是儒家与道家融合会通的产物,宋明理学即是儒家、道家乃至中国化的佛教三者融合会通的产

---

① 《孟子·滕文公下》。

物。由同一哲学系统、哲学类型内部某几个学派的哲学的融合会通来建构新哲学,被融合会通的这几个学派的哲学在融合会通时多数情况下有主次之分,少数情况下没有主次之分。有主次之分的原因在于建构者在以此方法建构自己的哲学之时,有明确的学派归属,而且这种学派归属直接决定了其融合会通时对被融合会通的各派哲学的主次之选择。例如,魏晋玄学的学派归属是道家,魏晋玄学的建构者建构玄学,选择儒家、道家哲学进行融合会通之时,儒家与道家哲学在建构者的心中当然就有主次之分,而且,当然是以道家为主,以儒家为辅。再如,宋明理学的学派归属是儒家,宋明理学的建构者建构理学,选择儒家、道家以及中国化的佛教进行融合会通之时,儒家、道家、中国化的佛教在建构者的心中当然也有主次之分,而且,当然是以儒家为主,以道家与中国化的佛教为辅。没有主次之分的原因则在于建构者在以此方法建构自己的哲学之时,没有明确的学派归属,同时,也不愿意自己所建构出来的哲学归属于任何已有的学派。不愿意自己所建构出来的哲学归属于任何已有的学派,其因在于不满意于已有的各家各派的哲学,不仅力图在哲学思想上创新,还力图在哲学派别上创新。例如,王充、方以智在建构自己的哲学之时没有明确的学派归属,也不愿意自己的哲学归属于任何已有的学派,王充融合会通儒家、道家等哲学以建构自己的哲学时,儒家、道家等哲学在其心中就没有主次之分;方以智融合会通儒家、道家、中国化的佛教等哲学以建构自己的哲学时,儒家、道家、中国化的佛教等哲学在其心中也没有主次之分。因之,我们才感叹王充、方以智的哲学难以归结到中国哲学各学派中的任何一派。这同时也说明,试图将王充、方以智的哲学划归到中国哲学中的任何一派,不仅是徒劳的,而且是错误的。

对于当代中国新哲学的建构来说,我们可以立足于中国哲学中的某一学派甚至某一个哲学家的哲学,不利用其他任何别的哲学资源,来建构新哲学,也可以立足于马克思主义哲学或者西方哲学中的某一学派甚至某一个哲学家的哲学,不利用其他任何别的哲学资源,来建构新哲学。同时,我们还可以立足于中国哲学中的各家各派哲学,通过融合会通中国哲学中的各家各派哲学,来建构新哲学,在融合会通中国哲学中的各家各派哲学时,各家各派的地位、位置可以是有主次之分的,也可以是没有主次之分的。同理,我们也可以立足于马克思主义哲学或者西方哲学,通过融合会通马克思主义哲学中的各家各派哲学或者西方哲学中的各家各派哲学,来建构新哲学,在融合会通马克思主义哲学中的各家各派哲学或者在融合会通西方哲学中的各家各派哲学时,各家各派的地位、位置可以是有主次之分的,也可以是没有主次之分的。

三

我们知道,建构新哲学有同一哲学系统、哲学类型的哲学的内部生成和不同哲学系统、哲学类型的哲学的融合会通这两种路径。通过同一哲学系统、哲学类型的哲学的内部生成建构新哲学,具体来说,又有两种路径:一种是从某一哲学系统、哲学类型内部的某一哲学学派或某一哲学学派中的某一哲学家的哲学出发,而不利用该哲学系统、哲学类型中任何别的哲学学派或别的哲学家的哲学,建构出新的哲学;另一种路径是经由某一哲学系统、哲学类型内部的某几个学派的哲学的融合会通,来建构新哲学。

由于通过同一哲学系统、哲学类型的哲学的内部生成来建构新哲学,所建构的新哲学是从同一哲学系统、哲学类型内部生成的,其相比于通过不同哲学系统、哲学类型的哲学的融合会通来建构新哲学而言,这种方法、路径,可以称作广义的"内生"之路①。同一哲学系统、哲学类型内部有不同的哲学派别的哲学,有不同哲学派别中思想各异的各个哲学家的哲学,仅从某一哲学系统、哲学类型内部的某一哲学学派或某一哲学学派中的某一哲学家的哲学出发来建构新哲学;仅从某一哲学系统、哲学类型内部的某几个学派的哲学的融合会通来建构新哲学,是广义的"内生"之路的两种样式。相应地,通过不同哲学系统、哲学类型的哲学的融合会通来建构新哲学,所建构的新哲学是从不同哲学系统、哲学类型的哲学的融合会通而来的,其相比于通过同一哲学系统、哲学类型的哲学的内部生成来建构新哲学而言,这种方法、路径,可以称作"外生"之路。

从某一哲学系统、哲学类型内部的某一哲学学派或某一哲学学派中某一哲学家的哲学出发,而不利用该哲学系统、哲学类型中其他任何派别或哲学家的哲学,来建构新哲学,所建构的哲学是从某一哲学派别或某一哲学家的哲学内部生成的,其相比于经由某一哲学系统、哲学类型内部的某几个学派的哲学的融合会通,来建构新哲学而言,这种方法、路径可以称作狭义的"内生"之路。广义的"内生"之路同狭义的"内生"之路相比,前者主要指建构新哲学只利用同一哲学系统、哲学类型的哲学;后者主要指建构新哲学只利用同一哲学系统、哲学类型内部某一哲学学派的哲学乃至只利用某一学派中某一哲学家的哲学。前者包括后者,后者只是前者的一种样式。

通过某一哲学系统、哲学类型内部的某几个学派的哲学的融合会通,来建构新哲学,所建构的新哲学是从同一哲学系统、哲学类型内部几个学派的哲学融合会通而来的,其相比于通过同一哲学系统、哲学类型内部的某一哲学派别或某一哲学家的哲学内部生成来建构新哲学而言,也即相比于狭义的"内生"之

---

① 本文对"内生"之路和"外生"之路的界定,不同于笔者在拙作《"内生"之路:中国传统哲学的另一条创新路径》(载《河北学刊》,2010年第5期)中对"内生"之路和"外生"之路的界定,且差别较大。

路而言,这种方法、路径虽然也属于广义的"内生"之路,但是,同时也具有"外生"之路的某些特点。即这种"内生"之路与"外生"之路都是对不同哲学的融合会通,区别仅在于,这种"内生"之路融合会通的是同一哲学系统、哲学类型内部不同的哲学,而"外生"之路融合会通的则是不同哲学系统、哲学类型的哲学。这样,广义的"内生"之路包括狭义的"内生"之路和具有"外生"之路某些特点的"内生"之路。

相比于通过不同哲学系统、哲学类型的哲学的融合会通来建构新哲学而言,通过同一哲学系统、哲学类型的哲学的内部生成来建构新哲学,换言之,相比于通过"外生"之路来建构新哲学而言,通过广义的"内生"之路来建构新哲学,在哲学资源的选择上比较纯粹,需要处理的哲学史料也比较集中,真正利用的哲学资料无论在派别还是在数量上都比较少,不太可能会为哲学资料的准备、利用而耗费较多的时间和精力,但是,由于所利用的哲学资源限定于同一哲学系统、哲学类型内部,采用这种方法建构新哲学,要求建构者必须要有很强的创造性诠释哲学资料、催生新哲学的能力,否则,用这种方法、路径建构出的新哲学就没有创造性,甚或只是研究他人哲学的哲学史著作。在不同的哲学系统、哲学类型彼此隔绝、互不相知的时代,这种方法、路径是建构新哲学的最主要的乃至唯一的方法。

相比于通过同一哲学系统、哲学类型内部不同哲学学派的哲学的融合会通来建构新哲学,通过同一哲学系统、哲学类型内部某一哲学派别或者某一哲学家的哲学内部生成来建构新哲学,换言之,相比于通过具有"外生"之路某些特点的"内生"之路来建构新哲学而言,通过狭义的"内生"之路来建构新哲学,在哲学资源的选择上更纯粹,需要处理的哲学资料更集中,真正利用的哲学资料更为有限,不可能会为哲学资料的准备、利用耗费较多时间和精力,但是,由于所利用的哲学资源限定于同一哲学系统、哲学类型内部某一哲学派别或者某一哲学家的哲学,采用这种方法建构新哲学,要求建构者必须具有超凡的创造性诠释哲学资料的能力、超凡的百折不挠的毅力和超凡的不畏困难的勇气,还要具有强烈的创造新哲学的历史使命感,才有可能创造出新哲学,否则,用这种方法、路径建构出的新哲学就不具备原创性,甚或是关于某一哲学学派、某一哲学家的研究性著作。由于采用这种方法、路径建构新哲学最为艰难,哲学史上,运用这种方法、路径建构新哲学的哲学家并不多,以至于我们在讨论建构新哲学的方法、路径时会忽视这种方法、路径,这是可以理解的,但是,因此而把这种方法、路径排除在建构新哲学的方法、路径之外,是不应该的。由此也可知,上文所说的在不同的哲学系统、哲学类型彼此隔绝、互不相知的时代,广义的"内生"之路是建构新哲学的最主要的乃至唯一的方法,不包括由狭义的"内生"之路来建构新哲学。

相比于通过同一哲学系统、哲学类型的哲学的内部生成来建构新哲学而言,通过不同哲学系统、哲学类型的哲学的融合会通来建构新哲学,换言之,相比于通过广义的"内生"之路来建构新哲学而言,通过"外生"之路来建构新哲学,在哲学资源的选择上非常庞杂,需要处理的哲学史料也非常庞大,真正利用的哲学资料无论在类型还是在数量上都非常多,为哲学资料的准备、利用而耗费的时间和精力可能会非常多,但是,由于有不同系统、不同类型的哲学资源可以利用,由于可利用的哲学资源种类和数量都丰富多彩,采用这种方法建构新哲学,要求建构者的创造性诠释哲学资料的能力不是很强,当然,有很强的创造性诠释哲学资料的能力最好,相反,要求建构者必须要有高超的融合会通各种系统、各种类型的哲学,各种哲学派别的哲学,各个哲学家的哲学的能力,以融合会通出新的哲学,否则,用这种方法、路径建构出的新哲学就没有创造性,甚或是关于不同哲学系统、哲学类型方面的比较哲学类的哲学史著作。从不同哲学系统、哲学类型的哲学彼此交往开始,由这种方法、路径建构新哲学逐渐成为建构新哲学的主要方法,现代新儒家学者、中国的马克思主义者在建构新哲学时即是采用这种方法、路径,前者是将中国哲学与西方哲学融合会通,后者是将马克思主义哲学与中国哲学融合会通。

相比于通过不同哲学系统、哲学类型的哲学的融合会通来建构新哲学而言,相比于通过同一哲学系统、哲学类型内部某一哲学派别或者某一哲学家的哲学内部生成来建构新哲学而言,通过同一哲学系统、哲学类型内部不同哲学学派的哲学的融合会通来建构新哲学,换言之,相比于通过"外生"之路来建构新哲学而言,相比于通过狭义的"内生"之路来建构新哲学而言,通过具有"外生"之路某些特点的"内生"之路来建构新哲学,在哲学资源的选择上比通过"外生"之路建构新哲学要纯粹,比通过狭义的"内生"之路建构新哲学要繁杂;需要处理的哲学资料比通过"外生"之路建构新哲学要集中,比通过狭义的"内生"之路建构新哲学要庞大;真正利用的哲学资料比通过"外生"之路建构新哲学要有限,比通过狭义的"内生"之路建构新哲学要多许多;为哲学资料的准备、利用而耗费的时间和精力比通过"外生"之路建构新哲学要少,比通过狭义的"内生"之路建构新哲学要多,采用这种方法建构新哲学,要求建构者既要具有融合会通同一哲学系统、类型内部各种哲学派别的哲学的能力,又要有相对高超的创造性诠释哲学资料的能力,唯有如此才有希望建构出新哲学,否则,用这种方法、路径建构出来的新哲学就缺乏创造性,甚或是关于同一哲学系统、哲学类型内部的比较哲学方面的哲学史类著作。哲学史上,中国哲学、西方哲学在各自的系统、类型内主要是采用这种方法、路径建构新哲学。例如,中国哲学从战国时代开始,直至鸦片战争之前,即主要采用这种方法、路径建构新哲学;西方哲学迄今为止都依然采用这种方法、路径建构新哲学。由此也可知,上文所说的在不同的哲学系统、哲学类型彼此隔绝、互不相知的时代,广义的"内生"之路是建构新哲学的最主要的乃至唯一的方法,主要是指用这种具有"外生"之路某些特点的"内生"之路来建构新哲学。

综上所述,建构当代中国新哲学并非只有中哲、西哲和马哲融合会通这一条路,而且,融合会通中哲、西哲和马哲也并非只能以马哲为主、以中哲和西哲为辅。建构当代中国新哲学可以走中哲、西哲和马哲融合会通之路,也可以走中哲和马哲、中哲和西哲、马哲和西哲融合会通之路,也可以走中哲、马哲、西哲各自内部生成之路。至于中哲、西哲、马哲融合会通究竟以谁为主、以谁为辅,是不确定的,取决于建构者自己的选择。同理,中哲和西哲、中哲和马哲、马哲和西哲的融合会通,以谁为主、以谁为辅,也是不确定的,也取决于建构者自己的选择。另外,中哲、西哲和马哲融合会通是否要有主次之分,中哲和西哲、中哲和马哲、马哲和西哲的融合会通是否要有主次之分,同样是不确定的,同样取决于建构者自己的选择。只有这样,当代中国新哲学的建构在方法、路径上才能多种多样,所建构出来的新哲学才有可能形态多样、精彩纷呈。当然,我们不能因为所建构出来的新哲学的形态多样而迷失方向,坚持马克思主义哲学作为我们的指导思想,是始终不可动摇的。从哲学发展的历史来看,建构新哲学有两种基本的方法、路径,即同一哲学系统、哲学类型的哲学的内部生成和不同的哲学系统、哲学类型的哲学的融合会通这两条路径,前者可以称作"内生"之路,后者可以称作"外生"之路。而"内生"之路又有狭义的"内生"之路和具有"外生"之路某些特点的"内生"之路这两种。由"内生"之路和"外生"之路建构新哲学,前者对建构者哲学诠释能力有更高的要求,后者对建构者筛选、组合、利用不同哲学系统、哲学类型的哲学的能力有更高的要求。

关于马克思主义中国化问题的沉思
——从马克思主义与中国固有思想文化相结合的角度看

马克思主义传入中国伊始,就开始了中国化的历程,马克思主义中国化就是马克思主义的中国特色化、马克思主义的中国本土化。马克思主义的中国化是通过马克思主义与中国革命和建设实践相结合、马克思主义与中国固有的思想文化相结合来实现的。从马克思主义传入中国到改革开放初期,马克思主义中国化主要通过马克思主义与中国革命和建设实践相结合来实现,马克思主义与中国固有的思想、文化相结合居于次要地位,而现在,马克思主义与中国固有的思想、文化相结合被推至历史的前台,成为马克思主义中国化所要研究、解决的热点问题。那么,马克思主义与中国固有的思想、文化相结合走过哪些艰难历程,如何进行马克思主义与中国固有的思想、文化相结合,这是我们首先面临的问题。

一

"五四"运动前后,马克思主义经陈独秀、李大钊等人的介绍进入中国,正式登上中国的政治和思想舞台。陈独秀、李大钊等人在介绍马克思主义的同时,也进行了初步的中国马克思主义的建构。从"五四"运动到新民主主义革命胜利,中国的马克思主义者一方面领导全国人民进行革命斗争,抗击日本侵略者,推翻国民党反动政权,一方面将马克思主义同中国革命相结合,建构了具有中国特色的新民主主义革命阶段的马克思主义,其代表即是毛泽东思想。新中国成立之后的近三十年,中国的马克思主义者一方面领导全国人民进行社会主义建设,探索建设社会主义的道路,一方面将马克思主义同社会主义建设相结合,建构了具有中国特色的社会主义建设初期的马克思主义,其代表也是毛泽东思想。新时期以来,中国的马克思主义者一方面领导全国人民改革开放,抓经济建设,一方面将马克思主义同改革开放的伟大实践相结合,建构了具有中国特色的社会主义初级阶段的理论体系,其代表即是邓小平建设有中国特色社会主义理论、江泽民"三个代表"重要思想、胡锦涛科学发展观。

从新民主主义革命到社会主义建设初期,从社会主义建设初期到改革开放,中国的马克思主义者始终坚持将马克思主义同中国革命和建设实践相结合,坚持在实践和理论上走自己的道路。其间,在新民主主义革命时期,有对教条主义的批判,有对共产国际错误主张的抵制;在社会主义建设初期,有对苏联模式的否定,有对西方马克思主义的拒斥,也有在摸索中所遭遇的挫折和困境,但是,最终总是能够战胜困难,走向胜利、走向成熟。

马克思主义作为中国马克思主义者的信仰、中国马克思主义者领导全国人民前进的旗帜,其最基本的形态是理论、是思想,这就要求马克思主义要实现中国化,不仅要同中国的革命和建设实践相结合,还必须与中国固有的思想、文化相结合。因为中国固有的思想、文化是中华民族之根,是中华民族的灵魂,马克思主义唯有同中国固有的思想、文化相结合,植根于中国固有的思想、文化,才能深入中华民族的灵魂,不仅在中华大地生根发芽,而且自身也通过创造性转化而成为中国固有的思想、文化之新鲜血液,成为中华民族之根、中华民族灵魂的不可或缺的重要的组成部分;因为马克思主义本身是一种理论、思想,要在中国落地生根,化为中国人民的政治信仰、精神家园,最终需要中国固有的思想、文化的接引、诠释,才能为中国人民所接受、信服,才能适应中国人的政治诉求和精神需求。

中国先进的知识分子、先进的阶级选择了马克思主义,马克思主义既要与中国的革命和建设实践相结合,又要与中国固有的思想、文化相结合,这些,都是历史的必然。在新民主主义革命时期、社会主义建设初期、改革开放初期,中国的马克思主义者为了中华民族的生存、为了人民的解放、为了国家的富强,主要集中精力于将马克思主义同中国的革命和建设实践相结合,而对将马克思主义与中国固有的思想、文化相结合没有给予较多的关注,不过,这并不意味着没有关注,其实,从中国第一代马克思主义者开始,每一代中国马克思主义者都对其给予一定程度的关注,无论是李大钊、陈独秀、毛泽东还是邓小平、江泽民、胡锦涛,都在不同程度上自觉地将马克思主义同中国固有的思想、文化相结合。例如,李大钊以马克思主义为武器,批判尊孔复古,然而又吸取儒家、道家的思想精华,创建中国特色的马克思主义——青春哲学;毛泽东早年受儒家和佛教影响较大,在其成为马克思主义者之后,摆脱了旧思想、旧哲学的羁绊,又广泛汲取儒家、道家、兵家等的思想精华,创建了中国马克思主义者在新民主主义革命时期和社会主义建设初期的最高理论成果——毛泽东思想;邓小平以中国传统思想、文化中"摸着石头过河"的精神和勇气,创造了新时期建设有中国特色的社会主义理论;胡锦涛吸收儒家的思想精华,建构了改革开放以来的最新理论成果——科学发展观,其中的"八荣八耻"思想即是显明的例证。

由此可知,中国三代马克思主义者的思想、理论总体上看主要是马克思主义与中国革命和建设实践相结合的产物,具体地看则是马克思主义与中国革命和建设实践以及中国固有的思想、文化相结合的产物,只是与中国革命和建设实践相结合得更突出、更紧密,也因此使得中国三代马克思主义者的思想、理论集中于面对中国革命和建设问题、解决中国革命和建设问题,显现于对中国革命和建设问题的思索、对中国革命和建设问题的实践的升华;马克思主义与中国革命和建设实践相结合是中国三代马克思主义者建构有中国特色马克思主义思想,实现马克思主义中国化的主线、明线,因而广为人知,而马克思主义与中国固有的思想、文化相结合是中国三代马克思主义者建构有中国特色马克思主义思想,实现马克思主义中国化的次线、暗线,则不易被人所知。

二

在中华民族早已摆脱生存危机,摆脱列强凌辱,摆脱贫穷落后,既站起来又富起来的今天,在马克思主义与中国革命和建设实践相结合取得卓越成果、获得巨大成功的今天,在中国日益强大、中华民族追求民族伟大复兴的今天,马克思主义与中国固有的思想、文化相结合被中国的马克思主义者明确提出,被推至历史舞台的前台,被提到前所未有的高度。把马克思主义与中国固有的思想和文化相结合、马克思主义与中国革命和建设实践相结合放在同等重要的地位,使之共同成为建构中国特色马克思主义思想、实现马克思主义中国化的主线、明线,时机已经成熟,也乃时代呼唤,同时,也是马克思主义在中国发展的必然,中国马克思主义进一步向前发展的必然。

关于马克思主义与中国固有的思想、文化相结合,有些学者将之简单地理解为马克思主义与中国儒学相结合,他们的理由是儒学是中国固有的思想、文化的主干、主流,中国固有的思想、文化主要就是儒学,儒学可以代表甚至代替中国固有的思想、文化。这是非常狭隘的，也是有着明显的局限性的。暂且不说儒学是否是中国固有的思想、文化的主干、主流，儒学能否代表中国固有的思想、文化，中国固有的思想、文化至少应包括儒家、道家、墨家和法家等的学说以及佛教学说，同时还应包括近现代以来中华民族所创造的具有中国气派的新的思想和文化，也就是说，中国固有的思想、文化主要指中国传统的思想、文化，同时还涵盖中国近现代的思想、文化。此外，中国固有的思想、文化不仅指中国的精英思想、精英文化，还应该包括中国的大众文化、民间文化等。中国马克思主义者心中的中国固有的思想、文化就涵括儒家、道家等精英思想、精英文化，以及中国固有的大众文化、民间文化。例如，李大钊将马克思主义与儒家、道家思想相结合，邓小平将马克思主义与中国的大众文化、民间文化相结合。在李大钊看来，中国固有的思想、文化至少包括儒家和道家学说，而在邓小平看来，中国固有的思想、文化至少还应包括大众文化、民间文化。如果我们今天致力于将马克思主义与中国固有的思想、文化相结合，致力于马克思主义中国化的建构，在中国固有的思想、文化的理解上、选择上局限于儒家学说，我们怎么能超越前人，实现真正意义上的创新；怎么能完成时代交给我们的任务，实现马克思主义的真正的中国化。

  关于马克思主义与中国固有的思想、文化如何结合，李大钊、毛泽东、邓小平等中国马克思主义者已经做过成功的尝试。李大钊通过借用儒家和道家的范畴，引用《老子》《周易》《诗经》等道家和儒家的文本，然后予以创造性的马克思主义的解释，来表达自己的马克思主义思想；毛泽东通过利用儒家、道家、兵家等思想以及中国古代诗文小说、历史故事等阐述其马克思主义思想，将中国固有的思想、文化纯熟地融入其马克思主义思想，特别是其对儒家"实事求是"的创造性的、马克思主义的解读，使"实事求是"不仅成为中国马克思主义的重要范畴，而且使"实事求是"成为其思想的活的灵魂;邓小平用"摸着石头过河"这种大众文化、民间文化表达他的马克思主义思想,把他的中国特色的马克思主义理论用"不论白猫黑猫,逮到老鼠就是好猫"这种大众文化的样式加以解释,是用中国固有的思想、文化表达其马克思主义思想的精髓。这些,使得中国马克思主义者的马克思主义思想充满中国气息,具有中国气派、中国风格。

从上可知,李大钊、毛泽东、邓小平等将马克思主义与中国固有的思想、文化相结合的方法有所不同,各具特色,李大钊、毛泽东重视将马克思主义与中国固有的思想、文化中的精英思想、精英文化相结合,惯于直接利用中国固有的思想、文化的文本,邓小平则重视将马克思主义与中国固有的思想、文化中的大众文化、民间文化相结合,惯于超越中国固有的思想、文化的文本,而利用中国固有的思想、文化的精神,所以,李大钊、毛泽东的马克思主义论著中时有对中国传统经典的引用、解读和运用,邓小平的马克思主义论著中鲜有对中国传统经典的引用、解读和运用。但是,李大钊、毛泽东、邓小平等将马克思主义与中国固有的思想、文化相结合,有一个共同点,那就是,都是以马克思主义为本,或者说立足于马克思主义立场、观点和方法,而适当吸收中国固有的思想、文化,以建构自己的马克思主义理论,而不是以中国固有的思想、文化为本,或者说立足于中国固有的思想、文化,对马克思主义作儒家化或道家化之类的解读。即是说,马克思主义与中国固有的思想、文化相结合所产生的是中国化的马克思主义,所导致的是马克思主义的中国化,所呈现的是马克思主义的中国特色,而不是马克思主义被中国固有的思想、文化所扭曲乃至消解,也不是中国固有的思想、文化的马克思主义化。这表明,马克思主义与中国固有的思想、文化相结合,既丰富了马克思主义的内容,也实现了马克思主义的本土化,但是,马克思主义与中国固有的思想、文化结合后，依然是马克思主义，而不是所谓儒家或道家化之类的马克思主义。如果不能分清马克思主义与中国固有的思想、文化相结合过程中二者的本末、主次关系，我们将迷失方向，丧失马克思主义的立场，这是不可以原谅的，也是决不允许的。

三

马克思主义与中国革命和建设实践相结合，虽然经历过一些挫折，但是，最终是成功的，也因此有许多宝贵的经验，中国的马克思主义者领导中国的革命和建设所取得的伟大胜利、伟大成就充分证明了这一点。在新的历史时期，在努力实现中华民族伟大复兴的壮丽时刻，继续将马克思主义与中国革命和建设实践相结合，我们有成功的经验可以借鉴，在某种程度上可以说是轻车熟路。相比于马克思主义与中国革命和建设实践相结合，马克思主义与中国固有的思想、文化相结合，还很不够，还有很长的路要走，而且，李大钊、毛泽东、邓小平等中国马克思主义者侧重于将马克思主义与中国革命和建设实践相结合，他们对马克思主义与中国固有的思想、文化相结合不是十分关注，留下的经验不是很多，这就需要新一代的中国马克思主义者坚持马克思主义的坚定立场，以极大的理论勇气，以开放的心态，在新的理论高度做好这一工作。

虽然李大钊、毛泽东、邓小平等中国的马克思主义者因为时代原因，受外在的客观条件限制，没有特别重视马克思主义与中国固有的思想、文化相结合，更没有将之与马克思主义同中国革命和建设实践相结合相并列，但是，他们从来没有忽视马克思主义与中国固有的思想、文化相结合，在极其艰难的情况下依然不忘马克思主义与中国固有的思想、文化相结合，并做出了艰苦的尝试，这是以实际行动提醒后来的中国马克思主义者在条件许可的情况下一定要积极地、集中力量进行马克思主义与中国固有的思想、文化相结合。这种精神是一份珍贵的精神财富,我们在努力实现马克思主义与中国固有的思想、文化相结合时,要牢记这种精神,将之化为无穷的精神动力。同时,李大钊、毛泽东、邓小平等中国马克思主义者将马克思主义与中国固有的思想、文化相结合的理论尝试、理论创建,是一份珍贵的历史遗产,给我们留下了宝贵的经验,我们在努力实现马克思主义与中国固有的思想、文化相结合时,要充分挖掘、利用这份经验,从而少走弯路,少犯错误。

马克思主义与中国固有的思想、文化相结合,涉及对中国固有的思想、文化的理解。对中国固有的思想、文化的理解的正确与否、准确与否,直接影响马克思主义与中国固有的思想、文化相结合的质量甚至成败。为此,马克思主义与中国固有的思想、文化相结合,要首先解决中国固有的思想、文化是什么的问题。我们一定要在全球化的视域下、在中西对比中,用发展的眼光理解中国固有的思想、文化,而不可以在古今对比中、从中国固有的思想文化的内部,用传统的眼光解读中国固有的思想、文化。在全球化的视域下、在中西对比中,用发展的眼光理解中国固有的思想、文化,我们才能真正弄清何为世界性的、普遍的思想、文化,何为西方的思想、文化,何为中国固有的思想、文化。中国固有的思想、文化,从时间上讲,包括中国古代的思想、文化和中国近现代思想、文化;从类型上讲,包括中国的精英文化和大众文化、民间文化;从范围上讲,包括古今所有中国人所创造的思想、文化,包括中华民族所创造的所有的思想、文化,不限于汉文化,还涵盖中国其他民族的思想、文化;从中西对比上讲,既包括纯粹的中国的思想、文化,也包括吸收了西方文化的中国的思想、文化。在古今对比中、从中国思想文化的内部,用传统的眼光解读中国固有的思想、文化,我们就会把中国固有的思想、文化误解为中国古代的思想、文化,而忽略、否定中国近现代思想、文化;我们就会把中国固有的思想、文化曲解为中国古代的儒家思想、儒家文化,而忽略、否定中国古代的道家、法家、墨家、兵家、佛教等的思想、文化；我们就会把中国固有的思想、文化拘限在精英文化、主流文化的层面,而忽略、否定中国的民间思想、大众文化。

马克思主义与中国固有的思想、文化相结合,涉及与什么样的中国固有的思想、文化相结合的问题。我们知道,任何思想、文化都是由精华和糟粕所构成,或者说,总是既有精华,又有糟粕,中国固有的思想、文化有其精华和糟粕;任何思想、文化都有积极和消极、先进和落后两面性,其积极的、先进的一面能促进时代进步,其消极的、落后的一面则是时代进步的羁绊,中国固有的思想、文化也不例外。马克思主义作为时代精神的精华、人类最先进的思想,与中国固有的思想、文化相结合,当然是与中国固有的思想、文化中的精华以及中国固有的思想、文化中的积极的、先进的一面相结合。如此,分清中国固有的思想、文化中的精华和糟粕、积极和消极因素、先进和落后成分,筛选、提取中国固有的思想、文化中的精华、积极因素和先进成分,将是一项迫切而艰巨的任务。

马克思主义与中国固有的思想、文化相结合,还涉及马克思主义与中国固有的思想、文化之间的主次关系问题。这是一个原则问题,不可回避,不可轻视,更不可犯错误。关于这方面,李大钊、毛泽东、邓小平等中国的马克思主义者给我们指引了方向、提供了经验。如前所述,就是以马克思主义为主,以中国固有的思想、文化为次,立足于马克思主义,适度吸取中国固有的思想、文化,而不是相反,更不是放弃马克思主义的立场。马克思主义与中国固有的思想、文化相结合,还涉及二者相结合之后的形态问题。这是最为关键的问题,也是一个实质性问题。关于这方面,也如前所述,李大钊、毛泽东、邓小平等中国的马克思主义者为我们提供了经典示范：马克思主义与中国固有的思想、文化相结合之后所产生的不但是马克思主义,而且还是中国化的马克思主义,不会是儒家或道家化的马克思主义,更不会是马克思主义同中国固有的思想、文化的"混合物";马克思主义与中国固有的思想、文化相结合之后所产生的中国化的马克思主义,不但是中国的马克思主义,而且是中国最先进的思想,中国人民最强大的理论武器。

总之,马克思主义中国化必须走马克思主义与中国革命和建设实践相结合的道路,必须走马克思主义与中国固有的思想、文化相结合的道路。马克思主义与中国革命和建设实践相结合,我们有丰富的经验、丰硕的成果,取得了巨大成功。马克思主义与中国固有的思想、文化相结合,我们在经验和成果两方面都显得不足,但是,马克思主义与中国固有的思想、文化相结合又是中国的马克思主义者所面临的迫切任务,这就需要我们以虚心的态度充分借鉴、利用李大钊、毛泽东、邓小平等前辈的经验,准确理解中国固有的思想、文化,认真区分中国固有的思想、文化中的精华和糟粕、积极和消极因素、先进和落后成分,立足于马克思主义的立场,把马克思主义与中国固有的思想、文化中的精华、积极因素、先进成分相结合,从而构建出中国化的马克思主义,实现马克思主义的中国化。

困境与出路:对马克思主义哲学中国化研究的反思

马克思主义哲学从传入中国即开始了中国化的历程,李大钊、陈独秀、毛泽东、李达等中国共产党的第一代领导人、第一代哲学家一边传播马克思主义哲学,在中华大地播撒革命的种子;一边将马克思主义哲学同中国革命、中国哲学相结合,用中国民众所熟知的方式解读马克思主义哲学、创新马克思主义哲学。在传播、解读、创新马克思主义哲学中,诞生了第一代中国化的马克思主义哲学——毛泽东思想。毛泽东思想,既包括中国共产党主要领导李大钊、陈独秀、毛泽东、刘少奇等人的哲学思想,也包括职业化的马克思主义哲学家李达、艾思奇等人的哲学思想。

当下学术界,马克思主义哲学中国化的研究成为热点,高质量的研究成果也颇多。但是,其成果多为哲学史意义上的研究,所论述的多为马克思主义哲学中国化的历程、经验以及中国的马克思主义哲学家的哲学思想、中国的马克思主义哲学家的哲学思想与中国哲学的关系等,而关于马克思主义哲学中国化的体系建构方面的论述却相对较少,而且,在这相对较少的关于马克思主义哲学中国化的体系建构方面的论述中,也多是关于马克思主义哲学中国化的建构方法方面的论述,却鲜有关于马克思主义哲学中国化的真正的体系建构。基于此,有学者明确指出:"马克思主义哲学中国化的研究主要还停留于一种'中国化史'的描述阶段,打外围战的多(讨论必要性、方法论的多),实质性的成果少。"①事实上,马克思主义哲学中国化的研究应包括马克思主义哲学中国化的历史叙事与马克思主义哲学中国化的体系建构,马克思主义哲学中国化的体系建构应包括建构方法与建构实践,前者主要为后者服务。执着于马克思主义哲学中国化的历程的历史叙事,忽视马克思主义哲学中国化的体系建构;倾心于马克思主义哲学中国化的建构方法,忽视马克思主义哲学中国化的建构实践,是不应该的。相比于马克思主义哲学中国化的历史叙事,马克思主义哲学中国化的体系建构更为迫切;相比于马克思主义哲学中国化的建构方法,马克思主义哲学中国化的建构实践不仅更为迫切,而且更为重要②。

由于马克思主义哲学中国化研究中,关于马克思主义哲学中国化的哲学史研究成果颇丰、质量颇高;也由于马克思主义哲学中国化的体系建构的成果中关于建构方法的论述相对较多,所以本文所谈马克思主义哲学中国化的困境,主要指马克思主义哲学中国化的建构实践的困境。

一

马克思主义哲学中国化的体系建构问题,是马克思主义哲学中国化最为重要的问题,也是当前马克思主义哲学研究中最为紧迫的理论和现实问题,它是中国社会向更高层次发展的需

---

① 李景源:《中国哲学要关照时代的发展——在"中国哲学论坛(2011)"闭幕式上的讲话》,载《哲学动态》,2012年第3期,第8页。
② 陆建华:《建构当代中国新哲学的实践维度》,载《哲学动态》,2008年第2期。

要,是实现中华民族伟大复兴的需要,也是党领导人民继续前进的需要,以及马克思主义哲学在中国进一步发展的需要。

自改革开放以来,以邓小平、江泽民、胡锦涛等为代表的中国共产党人,立足于中国改革开放的伟大实践,自觉吸取中国哲学的精华,始终坚持马克思主义哲学中国化的建构,并取得伟大成就,建构出代表当代中国马克思主义哲学最高水平的邓小平建设有中国特色社会主义理论、江泽民"三个代表"重要思想、胡锦涛科学发展观。可是,中国职业化的马克思主义哲学家却未能建构出反映这个伟大时代的中国化的马克思主义哲学,集体"缺席"马克思主义哲学中国化的建构,特别是马克思主义哲学中国化的体系建构的建构实践。他们所从事的主要是马克思主义哲学史研究,中国化的马克思主义哲学思想研究,特别是毛泽东、邓小平、江泽民、胡锦涛等人的哲学思想的研究,也参与马克思主义哲学中国化的建构方法的讨论。

如果说从新中国成立,到改革开放以前,尤其是"文革"期间,中国职业化的马克思主义哲学家受限于复杂多变的国际政治环境、特殊的社会政治环境,乃至受限于自身生存的不利环境,在建构中国化的马克思主义哲学时顾虑重重,甚或没有机会建构中国化的马克思主义哲学,从而未能建构出中国化的马克思主义哲学,那么,改革开放以来的伟大社会实践,"百家争鸣、百花齐放"的指导方针,开放、宽松、自由的学术环境,为职业化的中国马克思主义哲学家建构中国化的马克思主义哲学提供了马克思主义哲学传入中国以来的前所未有的机遇、最好的机遇。面对这前所未有的、最好的机遇,却未能建构出中国化的马克思主义哲学,甚至也没有想到要建构出中国化的马克思主义哲学,而把自己归位为仅仅研究他人哲学的哲学史家,这是当前职业化的中国马克思主义哲学家所遭遇的共同的尴尬。即使职业化的中国马克思主义哲学家关于马克思主义哲学史类的研究成果再丰富、质量再高,也无法掩盖这种尴尬,反而更映衬这种尴尬、放大这种尴尬。

职业化的中国马克思主义哲学家集体"缺席"中国化的马克思主义哲学的建构,没有马克思主义哲学中国化的体系建构的建构实践,是因为曾经遭遇过曲折、遭受过伤害,从而心有余悸吗?答案应该并非如此。因为当前从事马克思主义哲学研究的职业化的中国马克思主义哲学家大多是"文革"以后、新时期以来成长起来的哲学家,未曾经历前辈所经历过的曲折、未曾遭遇前辈所遭遇过的磨难,他们作为职业化的中国马克思主义哲学家是在顺境中成长起来的,他们拥有他们的前辈、他们的老师所没有过的难得的机遇和优越条件。这里说的优越条件包括社会环境、学术环境、物质条件和个人待遇等等。

相反,那些经历过"文革"、经历过曲折,目前依然从事马克思主义哲学研究的极少数职业化的中国马克思主义哲学家诸如高清海、黄楠森等反而在人生的暮年、在学术生命即将结束的学术晚期愈加珍惜学术生命、焕发学术青春、激发学术斗志,全心投入到马克思主义哲学中国化的建构中去。高清海在其生命的最后时刻所撰写、发表的论文,黄楠森近年来的有关论著,都是马克思主义哲学中国化的体系建构的可贵尝试。可惜,为之鼓掌者较多,响应者并不多。

那么,职业化的中国马克思主义哲学家为什么集体"缺席"马克思主义哲学中国化的体系建构而至多言及建构方法、缺乏建构实践?换言之,职业化的中国马克思主义哲学家集体"缺席"马克思主义哲学中国化的体系建构而至多言及建构方法、缺乏建构实践的真正原因何在?这是需要弄清的。因为只有弄清原因,才有可能真正、彻底地破除马克思主义哲学中国化的困境,为马克思主义哲学中国化的建构实践开出一条切实可行的道路。

二

我们以为职业化的中国马克思主义哲学家集体"缺席"马

克思主义哲学中国化的体系建构而至多言及建构方法、缺乏建构实践,原因也许有很多,各个人的具体情况也不尽相同,但是,以下三点是一样的:缺乏建构中国化的马克思主义哲学的勇气,难以忍受建构中国化的马克思主义哲学过程中以及建构中国化的马克思主义哲学之后所承受的寂寞,建构中国化的马克思主义哲学的能力不足。

建构中国化的马克思主义哲学像建构其他新哲学一样,需要极大的理论勇气、勇敢的创新精神,它不同于马克思主义哲学研究中的哲学史研究,也不同于一般意义上的哲学研究中的哲学史研究,它是新哲学的建构,是创造哲学史上、马克思主义哲学史上从来没有过的新哲学,它不是对他人哲学的解读,不是哲学史意义上的思想的分析、历史脉络的梳理。建构中国化的马克思主义哲学之所以要有极大的理论勇气、创新精神,还因为在建构中国化的马克思主义哲学过程中将会遇到各种各样的挫折,这各种各样的挫折远甚于马克思主义哲学史研究中所遇到的挫折,而且,每一个马克思主义哲学中国化的建构者的建构中国化的马克思主义哲学的实践,未必就一定都能够成功,很可能在耗尽所有的精力、热情之后会面临失败。再说,就算很幸运地建构出中国化的马克思主义哲学,水平也未必就很高,自己也未必就满意。还有,建构出来的中国化的马克思主义哲学就算水平较高,自己也很满意,学术界未必就一定认可。这些,都会使得职业化的中国马克思主义哲学家丧失理论勇气、创新精神。

与缺乏建构中国化的马克思主义哲学的勇气相应的是,难以忍受建构中国化的马克思主义哲学过程中以及建构中国化的马克思主义哲学之后所承受的寂寞。一方面,学术界热衷于关于马克思主义哲学中国化的历程的研究、中国的马克思主义哲学家的哲学思想研究、中国的马克思主义哲学家的哲学思想与中国哲学的关系的研究等;另一方面,鲜有学者从事中国化的马克思主义哲学的体系建构。这意味着马克思主义哲学中国化的"历史研究",是马克思主义哲学研究中的主流、热点,而马克思主义哲学中国化的体系建构则是马克思主义哲学研究中的非主流、"冷门",建构中国化的马克思主义哲学意味着离开学术界的所谓热点,离开马克思主义哲学研究的繁华热闹的大道,走上了一条几乎无人走过的冷僻的小道,而且这条冷僻的小道上几乎没有同行者,这需要中国化的马克思主义哲学的建构者既要忍受建构新哲学的艰辛,又要忍受孤独,耐得住寂寞。中国化的马克思主义哲学的建构者在历经千辛万苦建构了中国化的马克思主义哲学之后,也许依然会寂寞、孤独,因为建构出来的中国化的马克思主义哲学很可能不会被学术界立即承认,这种不被学术界立即承认,有建构者自身的原因,也有学术界故意"冷漠"的原因。这些,也会使得职业化的中国马克思主义哲学家不愿意建构中国化的马克思主义哲学。

建构中国化的马克思主义哲学要求建构者要有较强的建构能力,而较强的建构能力是建立在精通马克思主义哲学和中国哲学的基础上,也就是说,建立在较为宽厚的哲学知识背景之上。从马克思主义哲学的角度上讲,建构中国化的马克思主义哲学要有丰富的马克思主义哲学的知识和智慧,这丰富的马克思主义哲学的知识和智慧大体包括马克思恩格斯哲学思想、马克思主义哲学史、西方马克思主义哲学、中国化的马克思主义哲学等,可是,职业化的中国马克思主义哲学家中多数人只是主要研究其中的一个方面、一个领域,而对其他方面、其他领域不太精通,甚至不太熟悉,显得马克思主义哲学素养不够、不全面,从而没有能力建构中国化的马克思主义哲学。另外,在马克思主义哲学研究领域,似乎只有研究中国化的马克思主义哲学的学者,对建构中国化的马克思主义哲学,从建构方法、建构路径的维度提出过一些看法,但是,也没有建构中国化的马克思主义哲学的实践,而研究马克思恩格斯哲学、马克思主义哲学史、西方马克思主义哲学的学者,对中国化的马克思主义哲学的研究用力不多,多数学者以至于远离中国化的马克思主义哲学的研究,至于中国化的马克思主义哲学的建构,更是几乎无人问津。

从中国哲学的维度上讲,"为了使马克思主义哲学中国化取得积极成果,必须汲取中国哲学传统的精华"①。这表明,建构中国化的马克思主义哲学还要有丰富的中国哲学的知识和智慧,这丰富的中国哲学的知识和智慧包括传统的儒家哲学、道家哲学等以及近现代中国哲学,可是,职业化的中国马克思主义哲学家大多对中国哲学不熟悉,有的人对中国哲学更是陌生乃至不懂,还有的人对中国哲学有着心理上的歧视,这导致他们没有较为深厚的中国哲学底蕴,更没有能力将马克思主义哲学与中国哲学相结合,并在此基础上建构中国化的马克思主义哲学。

既没有全面掌握马克思主义哲学,又对中国哲学不熟悉乃至排斥,致使职业化的中国马克思主义哲学家在建构中国化的马克思主义哲学时知识储备不全,显得能力不足,这也是职业化的中国马克思主义哲学家集体"缺席"马克思主义哲学中国化的体系建构的原因。

三

马克思主义哲学中国化的困境主要是指马克思主义哲学中国化的体系建构十分欠缺,职业化的中国马克思主义哲学家不注重建构中国化的马克思主义哲学。造成这种困境的根本原因主要是职业化的中国马克思主义哲学家缺乏勇气,难以忍受寂寞,同时也能力不足。既然如此,消除马克思主义哲学中

---

① 秦庭国:《马克思主义哲学中国化的理论之镜与实践创新——"艾思奇与马克思主义哲学中国化"学术研讨会侧记》,载《哲学动态》,2008年第2期,第95页。

国化的困境就要从造成其困境的根本原因入手。

坚定马克思主义的信念,增强建构中国化的马克思主义哲学的使命感,以建构中国化的马克思主义哲学为自己的时代机遇,以中华民族的伟大复兴为自己的历史使命,树立建构中国化的马克思主义哲学的信心,培养不畏艰辛、不怕困难、勇于创新、敢于失败的决心。只有这样,才能够积蓄建构中国化的马克思主义哲学的理论勇气,勇于从事建构中国化的马克思主义哲学的实践,勇于在建构中国化的马克思主义哲学的实践过程中正确并且坦然地面对挫折乃至失败,不被任何困难所吓倒,一如既往地继续前进。

建构中国化的马克思主义哲学是一项长期的"工程",不可能一蹴而就,也不是急功近利者所能胜任的,需要持久的毅力,需要默默地奉献,更需要忍受寂寞、忍受孤独,净化心灵,放弃一些世俗的名利和追求。为此,把建构中国化的马克思主义哲学看作是人生中最壮丽的事业,而不仅仅看作是一份工作、一个任务;在建构中国化的马克思主义哲学过程中提升自己的人生境界、升华自己的生命理想,而不仅仅是为了建构出中国化的马克思主义哲学这种哲学体系,才能超越自我,承受寂寞,不惧清贫,不在意个人的荣辱、得失,不在意学术界的"冷漠",并且无怨无悔。

建构中国化的马克思主义哲学需要建构者具备全面丰富的马克思主义哲学的知识和智慧,这就要求中国化的马克思主义哲学的建构者扩展自己的研究领域,拓展自己的知识面,全面掌握马克思主义哲学,不可局限于马克思主义哲学的某一方面、某一领域;建构中国化的马克思主义哲学还需要建构者具有全面丰富的中国哲学的知识和智慧,这就要求中国化的马克思主义哲学的建构者除全面掌握马克思主义哲学以外,还要认真研习中国哲学,全面掌握中国哲学,把握中国哲学之面貌和精髓,分清中国哲学之精华与糟粕,将中国哲学之精髓、中国哲学中的优秀成分与马克思主义哲学相结合。

当前,哲学界呼吁马克思主义哲学与中国哲学的对话、马克思主义哲学与中西哲学的对话,相关的学术会议也越来越多,这说明职业化的中国马克思主义哲学家开始意识到建构中国化的马克思主义哲学需要中国哲学的参与,需要研究中国哲学的学者的参与,但是,职业化的中国马克思主义哲学家没有意识到,建构中国化的马克思主义哲学虽然可以是"集体劳动",虽然可以邀请中国哲学的研究者加入,可是,这种"集体劳动"不是简单的分工合作,而是通过每一个建构者的"个体劳动"实现的,本质上则是"个体劳动"。也就是说,中国化的马克思主义哲学是由每一个中国化的马克思主义哲学的建构者独立建构出来的,这意味着职业化的中国马克思主义哲学家要建构中国化的马克思主义哲学,必须掌握中国哲学,而不可以在自己不懂中国哲学的情形下借用他人的力量。

总之,马克思主义哲学中国化有其困境,马克思主义哲学中国化的困境有其原因,化解马克思主义哲学中国化的困境的方法也是有的,关键在于是否能够通过行动、通过实践,走出困境,从实践维度建构出中国化的马克思主义哲学。

后 记

本书的出版得到了安徽省教育厅重点研究基地——安徽大学中国哲学与安徽思想家研究中心主任王国良教授的支持，得到了安徽大学出版社朱丽琴编审、程中业老师、王先斌先生以及责任编辑马晓波同志的帮助，特别说明，并谨致谢意。

本书的有些论文刊发于《孔子研究》《光明日报》《中国哲学史》《学术研究》《福建论坛》《现代哲学》《社会科学战线》《江西社会科学》《兰州学刊》《鹅湖》（台湾）《孔孟月刊》（台湾）《安徽大学学报》等报刊时，得到了王钧林老师、梁枢先生、郑万耕先生、魏语鸿先生、叶金宝先生、洪强强先生、杨海文先生、张利明先生、杨国平先生等的帮助，非常感谢。

本书第一辑"道家与当代"，是我参加我的老师李宗桂先生所主持的2012年度教育部哲学社会科学研究重大课题攻关项目"中国优秀传统文化的现代价值研究"时所写的论文，感谢李老师给了我参加课题的机会。参加这个课题，使我学会了写中国传统文化现代价值方面的文章，得到了学术训练。习作《道家与当代人生》（第一稿）是我所写的第一篇关于中国传统文化现代价值的文章，侧重于养生方面，我自己很不满意，在写完别的文章后，我又重新写这篇文章，从而有了《道家与当代人生》

(第二稿)。由于这两篇习作各有侧重,也为了警示自己做学问不要心急,不要怕写得差,我把它们都收入此书。李老师担心我"道家与当代"方面的文章难以发表,特意为我举荐了两篇,这让我感动又有些羞愧。作为师门中年龄偏大的弟子,还让老师这么操心。

本书第二辑"老子的思想世界",前三篇是我承担2011—2012年度安徽省哲学社会科学规划项目"《老子》的思想世界研究"时所写的文章,感谢安徽省社会科学院资深研究员余秉颐老师等评审专家对我的照顾。该辑中的其他文章均是短文,记录了我研读《老子》的心得体会。

本书第三辑"庄子的思想世界",其中的《〈逍遥游〉之逍遥》是我读硕时同我的老师孙以楷先生合写的文章,此文算是我在孙老师的指导和关怀下所发表的第一篇学术文章;其中的《逍遥论——庄子心灵窥探》是我的硕士论文,凝结了孙老师的诸多心血,孙老师为我修改论文时的情景时时浮现在眼前,我会永记在心。在写硕士论文时,我就想写一本关于庄子的书,就准备把硕士论文写成一本书的篇幅,可是,写出来的硕士论文仅仅是当初设想的三分之一。毕业留校后,一直想把尚未写出的另外三分之二补写出来,遗憾的是,一拖再拖,终究没有动笔补写。其实,写庄子是需要才情、需要感觉的,当初的感觉不再有,甚至关于当初的感觉的记忆也已模糊,既然拖到现在都没有动笔补写,那就不必写了。

本书第四辑"当代中国新哲学的建构",是我参加朱士群老师所主持的2006年度教育部哲学社会科学研究重大课题攻关项目"当代中国社会思潮与马克思主义理论建设"时所写的论文。我不懂马哲,朱老师让我参加课题,是希望我借此机会拓展知识面。朱老师无论是在安徽大学工作,还是先后担任安徽师范大学、安庆师范学院、安徽省社会科学院的领导,对我都很关照,我的心中充满感激。

后记

本书名为《新道家与当代中国新哲学》，并非简单地为出书而起个书名，它涵盖了本书的写作范围和思想主旨。无论是对老子、庄子思想的解读，还是对道家现代价值的探讨，我都是围绕新道家的建构来进行的。新道家属于当代中国新哲学，中国化的马克思主义哲学也属于当代中国新哲学。这些，是我将本书起名为"新道家与当代中国新哲学"的原因。

在写硕士论文《逍遥论——庄子心灵窥探》时，我没有建构新道家的想法，甚至头脑里还没有"新道家"这个概念。当时只是觉得自己是这个世界上最理解庄子的人，只有自己对庄子思想的解读才是正确的、精确的，同时又隐隐地感觉此文有自己的思想，似有借写庄子表达自己思想的意味。当时，曾为此纠结。现在看来，我应为此庆幸，此文可以算作我为建构新道家所作的不自觉的准备。从写硕士论文至今，已二十年左右，庄子的书也时常翻看，但我对庄子的理解，没有超过硕士论文，这让我有些感慨。当初为写硕士论文翻烂了两本《庄子》，一本是我自己的，一本是学校图书馆的，此后，写任何论文再也没有翻烂过任何书。用功不够，是学问平平的原因，这是我早就知道的。

在《建构新道家之尝试——从老子出发》的"后记"中，我曾写道："本来打算写三本关于新道家的书，现在也不想写了。"本书不是我计划中要写的关于新道家的书，而今成书纯属偶然，特此说明。

我以后不太可能再写关于新道家的东西了，真的。不是江郎才尽，也不是懒惰，是想给后人多一点空间，也是想让自己不要太累。当然，还有深层的原因，是怕玷污了新道家这个词。打着新道家旗号"招摇撞骗"，是我所讨厌的。这里的"招摇撞骗"，主要指学术层面的。有些学术毁了，原因似乎很多，根本的原因其实都是因为自己不争气。到目前为止，我所写的东西，都是经过认真思考的，这是我感到欣慰的。

在很多人看来，我这个年龄正是做学问、出成果的年龄，积累、阅历应该说都有了，甚至所谓资源、圈子也似乎有了，但我却不这么认为。我既不是早慧的人，也不是大器晚成的人，更不是能够一直在学术道路上爬坡的人，当然，更说不上是引领这个时代的人。最好的时候，其实也是走下坡路的时候。在别人的赞美声中自觉、不自觉地往下走，是我不愿意做的。这个世界不缺乏清醒的人，缺乏愿意清醒决断的人。承认自己努力过，也承认自己没做出过什么引以为豪的事，我想，是不需要勇气的。

怀揣梦想四十年左右，其间虽有曲折，也未曾被吓倒。小学时的梦想是当数学家，因为读了中专而失去了上高中的机会。二十三岁时考大学，考虑到年龄大了，学理科难有出息，才学了文科。读中专以及数学梦的破灭，对我的打击是毁灭性的。靠着一本薄薄的心理学书，我拯救了自己。从数学梦到哲学梦，是梦想支撑着我一路前行。写此后记的此时此刻，忽然觉得是时候了，该放下心中的梦想了。

每个人都在创造历史，但是，不是每个人所创造的历史都被历史记忆。不要遗憾，我们都仅仅是绝大多数人中的一员。如果想着"伟大"，那就是小丑了。

2014 年 10 月改定